U0682940

清華
汇智文库
QINGHUA
HUIZHI WENKU

聚学术精粹·汇天下智慧

汇智文库

QINGHUA
HUIZHI WENKU

聚学术精粹 · 汇天下智慧

清华
汇智文库
QINGHUA
HUIZHI WENKU

生计资本视域下贫困地区
精准脱贫户可持续生计研究

Research on the Sustainable Livelihood of the Households Lifted out of
Poverty in Impoverished Areas: Based on the Perspective of Livelihood Capital

孙晗霖⊙著

清華大學出版社
北 京

党的十八大以来,党中央把打赢脱贫攻坚战作为全面建成小康社会的底线任务和标志性指标,全面打响脱贫攻坚战,扶贫开发取得了举世瞩目的辉煌成就,中华民族千百年来存在的绝对贫困问题在 2020 年历史性地得到了解决。但 2006—2016 年《中国农村贫困监测报告》显示,我国脱贫与返贫交织共生,每年的贫困人口中约有三分之二在下一年会脱贫,同样下一年的贫困人口约有三分之二是新返贫的人口,且随着贫困标准的提高,返贫率会逐步上升,脱贫人口的返贫问题已成为蚕食扶贫开发工作成果和阻碍扶贫目标顺利实现的顽疾,极大地浪费了反贫困资源,使贫困主体丧失了反贫困斗志。习近平总书记在重庆考察并主持召开解决"两不愁三保障"突出问题座谈会时强调,要把防止返贫摆在重要位置,适时组织对脱贫人口开展"回头看"。衡量脱贫攻坚成效,关键要看能否做到不返贫,而做到不返贫,就要实现脱贫攻坚成果可持续。事实上,2015 年以来,由于经济发展、生态环境和社会脆弱性的持续增强,中国贫困地区农村返贫现象呈现出反复性、高发性态势,保障精准脱贫户可持续生计已然成为新时期党和国家关注的重点方向,也是未来我国后扶贫开发时期的重要内容,但目前学术界还鲜有对后扶贫时代减贫工作该如何开展的研究。那么,当前贫困地区已脱贫家庭生计状态如何? 不同致贫原因家庭脱贫后的生计有何差异? 精准脱贫户脱贫前后其生计资本发生了怎样的变化? 脱贫户整体生计的主要影响因素有哪些? 生计资本的变化如何影响和推动脱贫户实现可持续生计? 脱贫后的生计动荡风险怎样? 如何降低精准脱贫户生计动荡风险,促进生计可持续?

本书遵循"理论研究—实证研究—政策研究"的基本研究范式,基于生计资本视角,沿着"可持续生计文献综述—可持续生计框架搭建—可持续生计现状诊断—可持续生计多维评价—可持续生计实现问题剖析—可持续生计对策建议"的基本思路,对精准脱贫户的可持续生计展开研究。第一,对可持续生计相关理论和文献

目 录
Contents

但与此同时,我国仍处于社会主义初级阶段,贫困地区基础薄弱、发展滞后等瓶颈问题依然突出,制约贫困地区发展的深层次矛盾仍然存在,传统的区域化扶贫方式已难以适应新时期的贫困特征,亟须创新扶贫开发长效机制,积极探索符合贫困地区农村发展和农户需求实际的帮扶新模式,以巩固温饱成果,提高发展能力,加快脱贫致富。自2014年开始全面实施的精准脱贫战略是新时期我国扶贫开发的战略导向,是服务于"共富共赢"全面小康社会建设目标实现的关键途径,其强调在甄别贫困个体、瞄准致贫原因的基础上,采取灵活多样的帮扶措施靶向消除贫困个体致贫风险,切实培育并增强贫困个体自我发展能力,进而达到可持续脱贫的目标。"干群一心",攻坚克难,精准脱贫战略使贫困群众走上了脱贫致富的快车道,使得贫困地区的贫困状况显著改善,居民生活水平不断提高,贫困发生率由1978年的97.5%下降至2018年的3.1%。党的十八大以来,脱贫攻坚已成为全面小康的底线任务和标志性指标,2016年国务院颁布的《中国的减贫行动与人权进步》白皮书承诺在2015年已完成1 442万人脱贫的基础上,自2016年起完成年均1 000万人以上的脱贫任务。

2. 全面小康目标及中国梦的实现要求贫困户必须持续性脱贫

全面小康,不是追求暂时的脱贫摘帽,而是要实现可持续发展。"十三五"时期的农村扶贫开发工作迈入"精准扶贫攻坚战"阶段。所谓"攻坚",即一方面要"攻克"农村当前3 000万深度贫困群体的脱贫难题,另一方面更要积极防范农村贫困的"反扑"。由于时间紧任务重,贫困户一旦脱贫退出后,地方政府的帮扶重心必然发生位移,社会的支持力度亦随之消减,有限的人力物力财力必然会流向更有需要的贫困群体,在政策逐渐脱钩后,精准脱贫户能否依靠自身能力走上小康之路直接决定了精准脱贫的最终成效。2016年3月,习近平总书记指出,脱贫攻坚要扭住精准,要特别关注脱贫效果的可持续性问题,党的十九大报告进一步强调"要做到脱真贫,真脱贫",完成2020年战略目标只是扶贫工作的阶段性目标,由于农村贫困人口生计的脆弱性、兜底保障的有限覆盖率以及贫困线的动态性,2020年"现有扶贫标准下贫困人口全部脱贫"目标的达成并不意味着反贫困的终结。扶贫不能仅关注短期效果,要想真正实现"真扶贫、长久脱贫",必须强调"可持续性",建立有活力、有内生动力的长效帮扶机制,尤其应注重贫困群众的后续发展(刘永富,2016)。若为了快速完成脱贫任务而采用了"短平快"的临时性政策,脱贫根基不牢固,后续保障不到位,可持续性不强,则可能在未来造成严重的返贫问题(汪三贵,

2016）。2019 年一号文件提出的"聚力精准施策，决战决胜脱贫攻坚""注重发展长效扶贫产业"，是补齐全面小康社会建设短板的重要举措，是降低贫困发生率，力推持续性脱贫的重要保障。

3. 当前条件下的脱贫户存在"脱贫—返贫—再脱贫—再返贫"的风险

在上承脱贫攻坚目标任务如期完成，下启向第二个百年奋斗目标迈进的历史关口，能否做到不返贫直接决定了脱贫攻坚质量和全面小康社会成色。然而我国发展不平衡不充分问题仍然突出，已脱贫人口返贫风险和边缘人口致贫风险凸显，巩固脱贫成果难度很大。处于帮扶项目退出边缘的脱贫人口，由于其自身的抗风险能力脆弱性和反复贫困可能性等特点，在不可预估的外部风险冲击下更易再度陷入贫困，甚至脱贫后富裕起来的农户也会因家庭经济条件恶化而再度返贫（汪三贵和刘未，2017），近年来，我国农村地区返贫现象呈现出严重性、反复性、高发性态势，各地返贫率通常在 20% 以上，据统计，目前中国农村还极有可能返贫的农村低收入人口为 5 825 万人，保障其可持续生计是我国"后 2020 时代"的减贫战略方向，也必将是我国未来扶贫开发时期的工作重心。

1.1.2　问题提出

1. 扶贫开发工作的本质意义在于消除社会中的贫困问题并保障脱贫效果可持续

精准扶贫不能局限于对现有贫困线以下群体的帮扶，更不宜将精准扶贫理解为仅为了实现短期扶贫目标。扶贫工作的核心意义在于消除社会中的贫困问题，帮助农村贫困人口摆脱贫困是消除农村贫困问题的第一步，要让农村彻底告别贫困，还需跨越中等收入陷阱，保持脱贫可持续性。2019 年中央一号文件再次明确指出要巩固和扩大脱贫攻坚效果，及早谋划脱贫攻坚目标任务 2020 年完成后的战略思路。换言之，帮助贫困农村人口脱贫之后，在"后 2020 时代"应尽可能防止精准脱贫户返贫，同时还要为弱势群体继续提供必要的支持，在巩固扶贫效果的同时，尽量提升脱贫群体和处于贫困边缘群体的生活能力和生活水平，以实现可持续生计。

2. 从生计资本角度评估脱贫户可持续生计,及时发现生计的风险性和脆弱性,是维持生计可持续、降低贫困发生率和返贫率的关键

"可持续生计",是社会经济发展研究的核心主题,是扶贫最终目标之一(Chambers and Conway,1992)。家庭是理性的决策者,可以获得有形与无形的资本组合(Rakodi,2002),他们结合自己的生计目标,根据自己可支配和可获得的资本,做出相对应的生计决策,以更好地维持家庭生计(Chambers,1989)。但家庭的决策不仅取决于户主的内在能力,还取决于在特定情况下可用的资本组合和资本选择。在各种社会因素、外部趋势和影响因素的控制下,家庭利用现有的生计资本,选择相应的生计策略,会产生不同的生计成果。换言之,家庭总体生计取决于家庭能够获取和使用的各种内部和外部因素,这些因素是可持续生计所必需的社会、人力、物质、金融和自然资本。事实上,实现可持续的生计并不是一个确定性的问题(Scoones,2009),改善生计的战略总是受到不可持续的农村资源、高人口增长率、脆弱的农业环境、显著的社会不平等的限制(Shaw and Kristjanson,2014;Ouyang,2014)。在长期社会不平等和贫困的情况下,低收入家庭依赖的生计资本的不稳定性会破坏可持续生计指数,使得这部分人再度陷入贫困(Chambers,1992)。现行的反贫困战略大多基于一定的标准,例如人口贫困、贫困差距和贫困程度(Ligon and Schechter,2003),这些事后评价的贫困信息无法反映家庭事先存在贫困的可能性(Dercon and Krishnan,2000)。目前在贫困线以上的家庭有可能在未来面临贫穷的风险(Foster et al.,1984;McCulloch and Calandrino,2003),而这种风险的特点即为生计资本的缺乏(Sen,1993)。因此,对于低收入群体而言,从生计资本角度事前评估其可持续生计,及时发现生计的风险性和脆弱性,是维持生计稳定,降低贫困发生率和返贫率的关键(Zhang and Wan,2006;Ozughalu,2014)。

3. 考量贫困地区已退出扶贫项目的精准脱贫户实现可持续生计需要研究一系列问题

贫困退出,可理解为"去贫困对象身份化"或"扶贫开发政策福利与权益的收回"(郑瑞强,2017)。自2010年以来,我国每年贫困人口减少量都高达千万(中国扶贫报告,2016),面对如此庞大的建档立卡退出群体,我们不禁要问,贫困地区已退出扶贫项目的精准脱贫户是否实现了可持续生计?政府如何帮助脱贫户真正实现可持续脱贫?由此引申出一系列需要研究的问题:首先,精准脱贫户可持续生

计多维评价。评估精准脱贫户的生计可持续性应充分考虑家庭异质性,探讨不同致贫原因、不同生计策略家庭的生计状态,从而有针对性地制订帮扶策略。其次,精准脱贫户生计资本变化对可持续生计的传导机制。对于这一问题的回答有助于理顺贫困地区精准脱贫户生计资本、生计策略、生计可持续之间的内在联系,探索实现积极的、可持续的生计产出的生计决策形式,有利于规避传统评价的狭隘性,对提高"后扶贫时期"精准脱贫政策对特定人群的瞄准精度具有一定的参考价值;此外,生计资本对精准脱贫户可持续生计的动力机制和保障机制。精准脱贫户的可持续生计是一项复杂的系统工程,对于该问题的研究有助于明确对精准脱贫户可持续生计至关重要的影响因素,有助于解答"扶上马再送一程"中"如何送""送多久"的问题,有助于创新"后小康"时期脱贫保障政策,优化稀缺公共资源配置,夯实脱贫成果,实现脱贫质量和效果的可持续,以满足我国后扶贫时期的深层次需求。

基于上述分析,精准脱贫户的生计可持续问题是关系到能否持续补强农业农村农民发展短板,顺利实现小康并推动高质量发展,进而稳步推进第二个百年目标和中国梦实现的关键问题。加强精准脱贫户可持续生计问题的研究在理论、实践及政策方面均显得尤为重要。

1.1.3　研究意义

1. 理论意义

首先,进一步完善扶贫理论体系。提高精准脱贫户的可持续生计能力,不仅是精准脱贫战略的实施重点,也是实现贫困地区永久脱贫的前提保障。本书基于发展经济学、行为经济学、数理经济学等理论,从理论分析维度初步构建精准脱贫户可持续生计理论分析框架,并通过多维度对理论进行实证检验,将已脱贫退出农户可持续生计的研究视角嵌入扶贫理论的发展之中,能够有效弥补当前理论体系的不足,完善扶贫理论体系的构建,为后扶贫时期的扶贫开发工作提供理论支撑。

其次,推动丰富可持续生计的科学内涵。当前国内外可持续生计相关研究几乎都基于既定的可持续生计框架,本书在可持续生计框架的基础上,融入代际可持续性相关指标,对不同贫困类型和生计策略脱贫户家庭的可持续生计指数、生计资本耦合程度、生计策略多样性与收入多样性进行全方位评估,并将家庭可持续生计嵌入地区社会、经济发展现状,从内在和外在两方面探讨了生计可持续的影响因素,从而优化了传统的可持续生计框架,突破以往研究的理论视角,有利于从理论上拓宽可持续生计的研究思路。

最后,助力创新中国特色社会主义扶贫理论体系。鉴于中国特殊的经济背景和脱贫攻坚的紧迫性要求,本书将党的十九大精神贯彻落实到贫困地区脱贫退出户的可持续生计研究当中,其研究视角由"全面小康"时代的"政府主导式"帮扶视角转变为后2020时代"自主发展式"的维稳视角,研究对象由建档立卡贫困户转变为脱贫退出户,创新脱贫保障机制,与国际脱贫实践先进经验相结合,形成一套具有国家政策理论依据的普适性的中国特色社会主义扶贫理论体系,为世界减贫贡献中国智慧。

2. 实践意义

首先,有利于破解当前帮扶工作的瓶颈,提高帮扶效率。经历了长时期的粗放式扶贫,我国的扶贫工作正面临着帮扶投入效率低下和帮扶难度加大、返贫率居高不下的双重瓶颈,反复扶贫和阶段性扶贫现象突出,严重延缓了我国消除贫困的进程。由于贫困人口绝大部分是处于地理位置偏远、生产条件落后、贫困人口集中、人地矛盾突出、自然灾害多发、生态环境退化的贫困地区,农户的生计尤其脆弱,已脱贫农户一旦遭遇风险冲击极容易重新陷入贫困。仅由政府单方面地进行扶贫开发工作的推进,难以有效提高脱贫的效率。因此,合理评估精准脱贫户生计状态,明确实现可持续生计的动力机制和保障机制,提高对生计薄弱家庭的目标瞄准和后续支持,是有效解决当前扶贫工作困难的重要途径。

其次,有利于保持现阶段全面脱贫的目标,确保一个民族不能少、一个人不能掉队,全面建成小康社会。要全面实现小康社会的难点在于贫困地区人口的全面脱贫,而全面脱贫的核心则在于如何提升贫困人口自身的脱贫能力。因此,要充分重视精准脱贫户的分异特征,评估不同贫困类型的精准脱贫户的生计资本,分析影响其生计决策和生计结果输出的主要因素,有利于准确把握不同类型精准脱贫户的现实需求和发展瓶颈,有针对性地提升其可持续生计,从而巩固脱贫成果,按期实现全面脱贫目标。

最后,有利于各地党委和政府准确聚焦后扶贫开发时期帮扶重点,优化配置贫困地区扶贫资源,打赢打好脱贫攻坚战,确保脱贫地区和人群实现可持续的高质量发展。不同生计资本对于生计策略影响程度不同,由此带来的生计结果也呈现出差异化特征,这就需要充分量化不同生计资本所产生的回报,对于低资产储备的低收入群体进行有针对性的帮扶,这对于优化稀缺公共资源的使用至关重要,有利于减少盲目投入,提高脱贫政策的牵引力和外部帮扶的推动力,对于加速推进未来中国"后小康"社会经济发展,引领当前脱贫攻坚工作,提高"后 2020 时代"扶贫开发政策的顺承性意义重大。

1.2 研究目的与内容

1.2.1 研究目的

本书总体目的是基于生计资本视角,以政策问题为导向,研究我国贫困地区精准脱贫户可持续生计,旨在丰富和完善精准脱贫理论体系,为顺利实现"全面小康"这一宏伟目标提供理论与实证支持。为实现这一总体目的,本书必须实现以下具体目的:在全面实现小康社会并迈向第二个百年奋斗目标的进程中,在实现全面脱贫后,在强化推行"减贫"战略的重要背景下,以贫困地区的精准脱贫户为研究主体,以其可持续生计为研究对象,以其生计资本为研究视角,基于精准脱贫户存在生计脆弱性和风险性的客观现实,研究如何通过搭建精准脱贫户可持续生计分析框架,挖掘、归纳和总结生计资本视角下精准脱贫户实现可持续生计的逻辑起点、实现路径和系统动力。在理论分析、现状分析与问题诊断基础上,对精准脱贫户生计状态进行多维评价,利用实证方法具体分析精准脱贫户实现可持续生计的传导路径、影响因素和潜在风险,为提升精准脱贫质量和可持续效果提供理论与实证支持,在此基础上提出操作性强的对策建议,以促进精准脱贫户生计的可持续发展。

为实现上述研究目的,拟定如下研究目标。

1. 理论目标

构建贫困地区精准脱贫户可持续生计的研究框架,在这一框架下探讨五类生计资本优化对精准脱贫户可持续生计的协同作用和传导机制,针对脱贫可持续的发展目标,充分考虑贫困地区的客观制约和影响要素,从自然因素、社会因素、经济因素三个维度梳理精准脱贫户实现生计可持续的条件与约束,厘清脱贫主体生计资本、生计策略、可持续生计三者的内在关联,并基于此生成生计资本视域下精准脱贫户生计可持续的系统化动力网络,为本书后续研究提供科学的逻辑起点。

2. 实践目标

通过理论梳理和理论分析,结合实证验证,设计较为科学合理的贫困地区精准脱贫户可持续生计评价指标体系,综合分析脱贫户的生计现状及发展能力,准确把握精准脱贫政策实施效果,判断精准扶贫政策设计和执行状态,探究脱贫户可持续生计能力提升的现实制约与影响因素,找准问题及根源,提出因应对策,为推进精准脱贫效果的可持续提供实践参考。

3. 政策目标

脱贫摘帽仅仅是将贫困户"扶上马",要想实现真正意义上的脱贫还需要再"送一程"。基于我国贫困地区客观条件和脱贫退出群众的生计资本而构建的可持续生计分析框架,是对我国高质量脱贫政策的有益补充和具体细化,本书将从消除贫困以及预防贫困的双重视角,修补和完善现有脱贫政策并提出若干减贫建议,从现实条件出发,准确回答"扶上马仍需送一程"中"送什么,如何送,送多久"的问题,为"保稳定"创新后续保障机制,为全面消除贫困提供可资借鉴的制度创新框架及政策建议,为后扶贫时代各地政府部门开展减贫工作提供参考和借鉴。

1.2.2　研究内容

本书以党的十九大精神为指导,以发展经济学、区域经济学、产业经济学、农业经济学、制度经济学、计量经济学的相关理论为基础,采取多元化的理论视角和研究方法,围绕"贫困地区精准脱贫户可持续生计"这一科学问题,为了实现上述研究目标,设计了如下研究内容。

1. 生计资本对实现精准脱贫户可持续生计的理论分析

本部分以发展经济学理论、可持续生计理论、贫困减缓理论和数理经济学理论为基础,从生计资本视角对贫困地区精准脱贫户实现可持续生计的逻辑起点、实现路径、系统动力进行理论分析。首先通过剖析精准脱贫户生计资本优化与可持续生计实现的协同路径,揭示实现可持续生计的根本基础和驱动要素,明确精准脱贫户实现可持续生计的逻辑起点;其次,基于生计资本之间的作用关系和对可持续生计的内在传导机理,探讨生计资本对实现可持续生计的传导过程;最后,从自然、社会、经济三个维度梳理精准脱贫户实现可持续生计的条件与约束,并基于生计资本对可持续生计的作用机制,生成生计资本下精准脱贫户实现可持续生计的系统化动力网络,从而初步构建起本研究的理论分析框架。

2. 贫困地区精准脱贫户生计现状分析与问题诊断

本部分内容主要是综合运用宏观统计、微观调研数据以及相关政策文件,通过对我国贫困地区的精准扶贫背景进行系统梳理探讨,归纳我国脱贫帮扶策略演变的驱动因素,明确精准脱贫户的脱贫历程,剖析其生计资本存量特征及其外部干扰因素,诊断当前精准脱贫户生计发展的瓶颈问题,进而为从生计资本视角优化脱贫与退出群体生计状况提供可靠的现实依据。

3. 生计资本视角下精准脱贫户可持续生计的多维评价

对于退出减贫计划家庭的可持续生计综合评估有助于明确精准脱贫群体赖以发展的资产状况及其改善生计的能力。本书强化了家庭分异特征和贫困地区的地域性因素,基于代际可持续性和马斯洛需求理论构建起一个改良的可持续生计评价指标体系,并采用 BP 神经网络综合评估不同类型精准脱贫户的可持续生计指数、生计资本耦合协调度和生计多样性指数,发掘精准脱贫后续保障中的加强点,从而预防农村贫困"反扑",为后扶贫时期的脱贫保障政策制定的细化与落地提供参考。

4. 精准脱贫户实现可持续生计的传导路径分析

理论分析表明生计资本、生计策略、生计可持续之间存在某种内在逻辑关系,本书在前文分析的基础上,检验了生计资本变化对实现可持续生计的传导路径:其一,对精准脱贫户脱贫前后生计资本变化进行评估,把握精准脱贫户生计资本的存量和增量,探讨精准脱贫战略在微观贫困户生计资本层面的最终落脚点;其二,测度生计资本对精准脱贫户生计策略选择的影响程度,探讨不同生计策略对生计资本变化的敏感性;其三,剖析生计策略对实现家庭整体可持续生计的作用以及对各类生计资本的积累效应,探索实现积极的、可持续的生计产出的生计决策形式;其四,进一步分析生计策略在生计资本促进可持续生计过程中的作用形式,量化生计资本、生计策略、可持续生计三者之间的内在逻辑。

5. 精准脱贫户实现可持续生计的影响因素分析

精准脱贫户的可持续生计是一项复杂的系统工程,单一生计资本的积极能动作用在一定程度上有助于生计状态的改善,但不足以持续地全面推动生计的提高和稳定,因此需要五类生计资本协同作用,并有赖于宏观经济社会发展环境、制度环境等给予的充分保障。该部分实证研究基于贫困地区精准脱贫户家庭异质性,从可持续性和脆弱性的双重视角对影响其可持续生计实现的内部因素和外部因素进行系统分析。鉴于教育对于我国"造血式"脱贫战略以及保障生计活力的重要意义,本部分进一步从拓展生计来源和降低生计风险两方面探讨了教育水平对于提高精准脱贫户生计稳定性的货币效应和非货币效应,探究在何阶段加大教育投资力度才可使得教育脱贫产出最大化,以期优化稀缺公共资源,为各级政府制定后扶贫时期帮扶政策提供理论依据。

6. 精准脱贫户实现可持续生计的风险分析

对于生计尚欠稳定的精准脱贫户而言,如何把握其可持续生计发展脉络,剖析其动态变化,提高抗风险能力,是"后 2020 时代"的焦点问题。本部分从生计动态转换和生计多样化视角对精准脱贫群众实现可持续生计的风险降解路径进行了深入探讨,剖析影响精准脱贫户可持续生计稳定的关键因素,探索"扶上马,送一程"中"送多久、如何送"的问题,有助于相关部门及时给予生计欠稳定精准脱贫户有针对性的帮扶措施,从而阻隔反复扶贫和阶段性扶贫,保证脱贫成果真实有效,经得起时间的检验。

7. 研究结论与政策启示

充分结合本书理论研究和实证研究结论,探索优化精准脱贫户生计水平、巩固脱贫成果的政策路径。本书结尾对本研究存在的不足之处进行了总结,作出研究展望。

1.3　研究思路与方法

1.3.1　研究思路

当下,精准扶贫已经成为中国新时期贫困治理基本方略,精准扶贫战略指明了消除贫困的主要方向,凸显了可持续发展的重要性。贫困地区作为我国脱贫攻坚的"硬骨头",其精准脱贫户的生计稳定性正逐渐成为一个焦点问题。若无法保证贫困地区已脱贫农户的可持续生计,其扶贫成效就没有最终体现,精准脱贫的基本要求就没有达到,精准脱贫的成果也就得不到保障,这直接影响到全面小康的最终成色。因此,探究贫困地区脱贫群体可持续生计是十分紧迫且必要的。考虑到生计资本是家庭决策者维持生计并应对风险冲击的重要基石(Farrington,2001),家庭的总体生计取决于家庭能够获取并支配的各种生计资本组合(社会、人力、物质、金融和自然资本),不同的生计资本组合会产生不同的生计策略并直接影响生计结果,因而生计资本已被广泛用于评估家庭或社区的可持续生计(Lindenberg,2002;Bhandari and Grant,2007;Chen and Ravallion,2010)。

本书遵循"理论研究—实证研究—政策研究"的基本研究范式,基于生计资本视角,沿着"可持续生计文献归炼—可持续生计框架搭建—可持续生计现状诊断—可持续生计多维评价—可持续生计实现路径剖析—可持续生计对策建议"的基本思路,对精准脱贫户的可持续生计展开研究,具体表现如下(如图 1-1 所示)。

(1)对可持续生计相关理论和文献进行归纳梳理,甄选相关性理论和观点作为本书研究的理论基点,同时基于当前决胜全面建成小康社会以及打赢脱贫攻坚战的现实格局,广泛吸收借鉴既有的相关理论与实践,结合现阶段我国贫困地区精准脱贫户生计状况,在充分厘清精准脱贫户生计资本对可持续生计的作用和传导机理的基础上,深刻揭示实现贫困地区精准脱贫户可持续生计的基础性条件,由此形成本研究的理论分析框架,为后续研究奠定理论基础。

(2)以理论分析为逻辑起点,考察贫困地区精准脱贫户可持续生计的现实情况,从宏观与微观视角深入剖析贫困地区精准脱贫户实现可持续生计的宏观困境

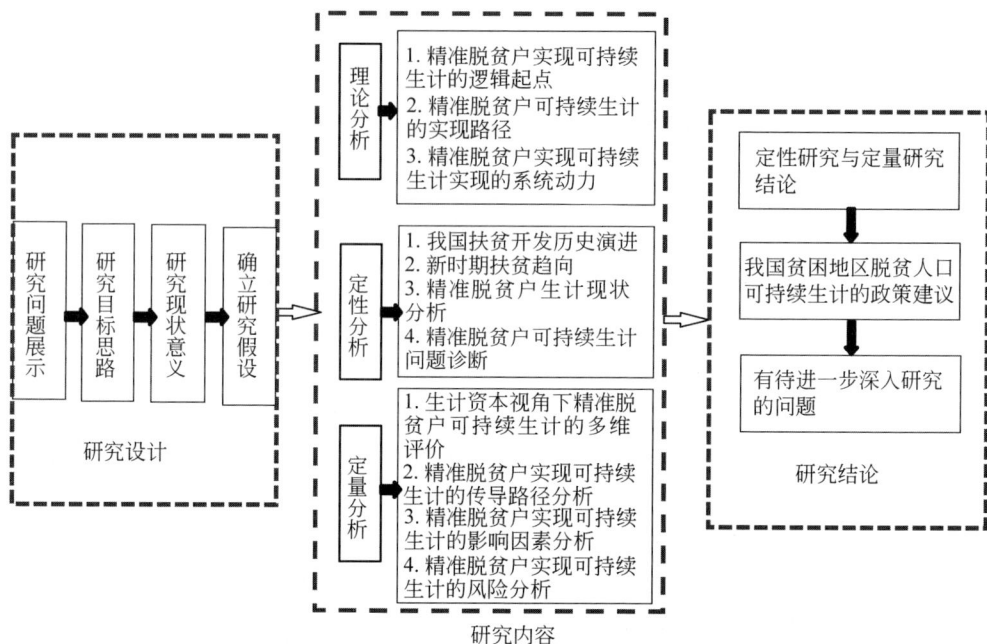

图1-1 研究思路

及微观障碍,为本研究提供有力现实保障。

(3)在此基础上,基于我国贫困地区精准脱贫户微观调查数据,通过构建一个改良的可持续生计框架并基于 BP 神经网络,勾画出精准脱贫户生计资本整体性水平,给出对其生计可持续性的总体性评价。

(4)在生计资本视角下,以生计策略为中介,分析精准脱贫户实现可持续生计的传导路径,具体为利用熵值法对精准脱贫户脱贫前后生计资本变化进行评估,采用 Logit 模型测度生计资本变化对不同生计策略的影响,基于倾向得分匹配和广义倾向得分匹配法探讨生计策略对实现家庭整体生计可持续的作用以及对各类生计资本的积累效应,探索实现积极的、可持续的生计产出的生计决策形式,运用中介效应模型进一步分析生计策略对可持续生计的作用形式。

(5)基于贫困地区精准脱贫户家庭异质性,从可持续性和脆弱性的双重视角对影响其可持续生计的内部因素和外部因素进行系统分析,探索生计资本对精准脱贫户实现可持续生计的推动作用,剖析影响贫困地区精准脱贫户家庭可持续生计的关键因素。

（6）综合采用 Kaplan-Meier 生存函数、Kaplan-Meier 风险函数、Cox 比例风险模型和无序多分类 Logistic 模型把握精准脱贫户可持续生计发展脉络，剖析其动态变化，探讨精准脱贫户实现可持续生计的风险降解路径，以保障精准脱贫户后续生计的平稳可持续。

（7）以决胜全面建成小康社会与脱贫攻坚为准则，构建具有可持续性、操作性强的贫困地区精准脱贫户可持续生计保障政策体系，为切实提高我国扶贫效率、降低扶贫成本、巩固脱贫成果、规避阶段性扶贫和反复性扶贫、保质保量完成全面小康目标、实现高质量脱贫和高质量发展提供理论支撑、决策依据和政策建议。

1.3.2　研究方法

本书坚持定性分析与定量分析相结合、规范分析与实证分析相结合，对精准脱贫户的可持续生计进行了较为系统全面的研究。

1.定性分析与定量分析相结合

定性分析中，综合运用了比较分析、历史分析、制度分析等方法，全面梳理改革开放以来我国反贫困政策的历史演进脉络，积极探索政策演变历程的内在逻辑以及未来政策制定的趋势与难点。定量分析基于数理模型展开，分析数据充实可靠，研究方法客观公正，研究维度多元化。

2.规范分析与实证分析相结合

规范分析主要体现在贫困地区精准脱贫户可持续生计实现过程中的概念界定，而实证分析方法则是围绕规范分析展开，具体实证分析方法如下：在生计资本视域下精准脱贫户可持续生计的理论分析部分主要体现为数理模型等方法；在对精准脱贫户可持续生计多维测度时主要运用了 BP 神经网络等方法；在分析精准脱贫户实现可持续生计的传导路径时主要采用了熵值法、两步聚类分析、Logit 模型、倾向得分匹配（PSM）、广义倾向得分匹配（GPS）、中介效应模型等方法；在研究精准脱贫户实现可持续生计的影响因素时主要采用了跨层线性回归模型、两阶段最小二乘法、分位数回归、Logit 模型等方法；在探索精准脱贫户实现可持续生计的风险降解时主要采用了生存分析法、数理模型法、无序多分类 Logistic 回归等方法。

1.4 研究数据与资料

为了更为全面、科学地揭示贫困地区精准脱贫户生计情况,进而优化既有贫困地区精准脱贫户可持续生计保障政策体系,本书从宏观与微观、定量与定性的视角进行了考察,所涉及的相关研究数据和资料如下。

1.4.1 研究数据

研究的数据主要来源于国家宏观统计数据以及课题组微观调查数据,具体而言,主要包含以下几方面。

1. 统计年鉴

主要来自《中国统计年鉴》(1978—2016)、《中国农村统计年鉴》(1985—2016)、《中国农村贫困监测报告》(历年)、《全国农村固定观察点调查数据汇编》(历年)、《新中国六十年农业统计资料汇编》《新中国五十年统计资料汇编》《国民经济和社会发展统计公报》以及各省市历年统计年鉴等。

2. 微观调查数据

本研究的微观调查数据主要依托全国社科基金规划重点项目(16ASH008、18ASH006)、全国社科基金规划项目(15BJY085)、中央高校基本科研业务费专项资金(SWU1709402)、中央高校基本科研业务费专项资金(SWU1709210)2016—2018年间分三次进行的大规模微观农户入户调查。

具体而言,课题组依据贫困地区的经济发展水平与社会经济特征,以分层随机抽样和随机抽样方法的方法选取了包括六盘山区、秦巴山区、武陵山区、乌蒙山区、滇桂黔石漠化区、滇西边境山区、燕山—太行山区、四川藏区、罗霄山区在内的中国九大连片特困地区,甘肃、四川、重庆、贵州、湖南、云南、山西、江西等8个省(直辖市)27个贫困区县134个行政村作为研究样本。同时,为了保证调研数据的质量,调研小组由 3 位教授、4 名博士研究生、10 名硕士研究生及 15 名本科生组成,并进行了预调研。在正式调研前,由问卷设计者对调查人员进行前期培训,以使调研成员掌握调研内容、具体操作要求以及其他相关注意事项。在 2016 年 7 月至 2016 年 9 月、2017 年 7 月至 2017 年 9 月、2018 年 1 月至 2018 年 3 月期间,课题组前往样本区对精准脱贫家庭情况进行了一对一的问卷调查及访谈,每户问卷的访谈时间为 1～2 小时,共随机抽取了 3 147 个农户家庭,最终收回有效问卷 2 660 份,问卷的有效率为 84.5%,调查的样本区如表 1-1 所示。

表 1-1　调研样本区分布

贫困片区	省份	样本(市)区、县、村分布
六盘山区	甘肃	(兰州市)榆中县瞿家湾村、范家山村、大坪村、郭家庄村;(平凉市)泾川县陈坳村、永丰村、高丰村、代家村;(定西市)陇西县中沟村、马家湾村、包门村、小湾村
秦巴山区	四川	(南充市)仪陇县双河村、铜鼓村、烽岩村、新洪村、琳琅村
	甘肃	(陇南市)成县新村、黄陈村、化垭村
武陵山区	重庆	黔江区兴泉村、双泉村、兴旺村、大营村;酉阳土家族苗族自治县长运村、峡口村、官清坝村、红霞村、鹅塘村、菖蒲村、马鹿村、井园村、甘溪村;丰都县绿春坝村、大岩口村、白沙嘴村、黄龙坝村、合山洞村;石柱土家族自治县黄鹤村、双河村、黄雀村、五河村
	湖南	(张家界市)桑植县新桥村、朝阳地村、云丰村、洪家关村;(张家界市)慈利县大坊村、七方峪、五狮寨村、朱家咀村、夹石村;(益阳市)安化县梨坪村、柏木村、黄金溪村、铁炉新村
	贵州	(遵义)正安县安山村、联兴村、光明村、胜利村、解放村、支前村
乌蒙山区	四川	(泸州市)古蔺县新店子村、锅厂村、永吉村、两河口村、麻柳滩村、飞龙村、龙坪村、玉田村、王堂村;(凉山彝族自治州)布拖县博日村、火烈村、老真村、若普村
滇桂黔石漠化区	贵州	(黔东南苗族侗族自治州)黎平县肇兴侗寨村、堂安村、新平村、方良村;从江县岜扒村、小黄侗寨村、弄向村、占里村
滇西边境山区	云南	(临沧市)云县黑马塘村、南河村、大帮卡村、勐勐村、平掌村、河外村;(大理白族自治州)云龙县永安村、胜利村、大工厂村、哨上村;(楚雄彝族自治州)双柏县古木村、大庄村、尹代箐村、木樟榔村、干海资村、小古木村、新会村
燕山—太行山区	山西	(忻州市)五台县北大兴一村、北大兴三村、南大兴村、尧山村、西山村;(大同市)阳高县杨家堡村、管家堡村、大元沟村、榆树沟村;(大同市)广灵县张家洼村、黑土洼村、下白杨村、庄头村

贫困片区	省份	样本(市)区、县、村分布
四川藏区	四川	(康定市)青杠三村、塔公村、新房子村、陇须村、舍联村、门坝村、老五大寺村、新五大寺村、阿斗沟村、折骆村
罗霄山区	江西	(吉安市)永新县小湾村、江口村、牛田村、民主村;(吉安市)万安县上陈村、小溪村、里仁村;(赣州市)于都县黄龙村、上关村、下关村、井塘村

1.4.2 研究资料

研究涉及的相关资料主要包含以下两个部分。

(1) 国内外权威学术期刊。国内权威期刊主要包括《中国社会科学》《经济研究》《管理世界》《世界经济》《数量经济技术经济研究》《经济学季刊》《管理科学学报》《金融研究》《财政研究》《中国软科学》《中国农村经济》《中国农村观察》《农业经济问题》等,国外权威期刊主要包括 American Economic Review、Journal of Political Economy、Econometrica、Agricultural Economics、Review of Economic Studies、Food Policy、merican Journal of Agricultural Economics、World Development 等。

(2) 相关研究报告及政策文件。党中央、国务院及各部门制定颁布的相关政策文件、党的十九大报告、历年国务院政府工作报告、历年中央"一号文件"、中央农村工作会议文件、中央经济工作会议文件等,以及国内外学者的相关研究报告及著作。

1.5 可能的创新与不足

1.5.1 可能的创新

本书综合应用农业经济学、发展经济学、政治经济学、区域经济学、产业经济学理论,以问题为导向,采用理论分析、实证分析相结合的研究方法,对贫困地区精准脱贫户的可持续生计问题进行了系统研究,其可能的创新之处如下。

(1)把我国精准脱贫战略、贫困地区精准脱贫户的可持续发展统一纳入可持续生计理论框架内,全面揭示了贫困地区精准脱贫户实现可持续生计的逻辑起点、实现路径、系统动力。现有文献研究主要着眼于贫困线以下群体的帮扶路径和生计状况,未能对脱贫退出群体的生计问题进行深入探讨,而脱贫退出方面的研究成果相对较少且以定性研究为主;对于退出机制的实施,各地并没有具体、统一、规范的量化标准,没有形成科学合理的评价指标体系,无法对脱贫群众的生计状态进行综合评价。因此,本书将我国精准脱贫战略、贫困地区精准脱贫户的可持续发展统一纳入可持续生计理论框架内,一方面可以厘清贫困地区精准脱贫户实现可持续生计的基础性条件、发展障碍、内在逻辑与驱动要素,从而揭示了以往研究并未论及的精准脱贫户生计问题"黑箱",进一步延伸了可持续生计理论的研究范围,丰富和完善了中国特色社会主义扶贫理论体系,另一方面,基于代际可持续和生计可持续的双重视角优化完善了可持续生计指标体系,使得对于我国贫困地区精准脱贫户的生计评估更具有针对性、合理性、科学性。

(2)本书所探讨的精准脱贫户可持续生计问题,并不仅局限于对其生计的测度,还包括对可持续生计的传导路径、影响因素、潜在风险的系统分析。已有生计研究普遍基于既定的"可持续生计框架"展开,采用"可持续生计指数"反映农户生计情况,而对于影响因素的研究主要基于单一化的微观视角且一般采用定性分析、线性回归分析、统计性描述等方法,很少有研究将可持续生计框架与脆弱性视角相结合,且无法同时关注当地经济社会发展对生计稳定的影响效应。本书突破了以往精准脱贫研究"扶贫识别—扶贫施策—扶贫效果评价"的研究范式,致力于解决贫困地区精准脱贫户脱贫效果的持续性问题,综合了可持续生计指数、生计资本耦合协调度、生计策略多样性指数以及收入多样性指数对精准脱贫户生计进行多维化评价,并按照"生计资本—生计策略—生计结果"这一主线量化了生计资本对可持续生计的传导路径,在探讨生计策略对可持续生计的作用时,同时考虑了决策以及决策规模的作用差异以及生存策略的中介效应,是对可持续生计理论的量化检验与拓展。本书从可持续性和脆弱性的双重视角剖析了影响脱贫户可持续生计的内部和外部关键因素,将家庭可持续生计嵌入地区社会经济发展,重点考察了村级经济社会发展促进家庭层面各类生计资本积累的积极效应,是对我国乡村振兴与精准脱贫战略有效衔接路径的有益探索。此外,本书捕捉到了精准脱贫户生计动态发展过程,基于时间维度描绘出不同类型脱贫户生计动荡概率曲线,其研究视角具有一定的创新,在一定程度上弥补了当前对于"后扶贫时期"研究较少且多为理论研究和定性描述的短板,是对我国精准脱贫战略实施有针对性的新探索。

(3) 本书尝试将更恰当的方法合理引入研究,以规避现有研究的局限性并有所突破。第一,本书采用 BP 神经网络设定可持续生计各项评价指标权重,突破了生计研究普遍采用的"主观经验赋权法""等权重法"等方法的局限性。第二,本书采用两步聚类分析法自动划分生计策略,避免了已有研究对生计策略分类标准设定的随机性和主观性。第三,考虑到精准脱贫家庭生计决策是家庭成员根据自身因素以及外部风险因素的"自选择"结果,本书采用倾向得分匹配法(PSM)和广义倾向得分匹配法(GPS)分析生计策略对实现可持续生计的影响,有效规避了当前研究由于忽视样本"自选择"而造成的偏误。第四,本书采用跨层线性模型从家庭层面和村级层面剖析贫困地区精准脱贫户实现可持续生计的影响因素,并明确两个层面的效应联系,有效解决了相关性和面板数据不足的问题。第五,本书将生存分析法引入脱贫领域,突破了以往生计研究因面板数据匮乏而引致的"研究静态化"问题,有助于克服传统计量方法的局限性,具有一定的新意。

1.5.2　存在的不足

(1) 微观调查数据的不足。囿于研究经费、能力以及时间的限制,尽管研究的微观调查数据涵盖了我国极具代表性的贫困地区,但数据类型仅局限于截面数据,无法更为深入地揭示贫困地区精准脱贫户生计状态的中长期变化,有待在今后的研究中,进一步跟踪调查。

(2) 缺乏对贫困地区精准脱贫户生计策略的进一步探讨。本书采用两步聚类分析法对贫困地区精准脱贫户生计策略进行了初步划分,但未对分类生计策略下的流动路径及雇佣方式进行更深入探讨,这虽然能从整体上反映贫困地区精准脱贫户的生计策略选择情况,但难以进一步揭示某一类型生计策略下的选择差异和生计影响。

(3) 缺乏对可持续生计其他环节的深化研究。本书对于精准脱贫户的可持续生计研究仅着眼于生计资本这一环节,但可持续生计还与个体能力、外部环境、后续保障等环节紧密相关,可以认为精准脱贫户可持续生计问题类似于"木桶原理",任何一个环节都可以对其家庭整体生计产生显著影响。因此,有待在后续研究中有针对性地进行更为深入的研究。

第 2 章
理论基础及文献回顾

可持续生计作为永续脱贫的实现途径,一直是学术界关注的焦点问题。本章基于当前国内外研究动态,探索该领域剩余研究空间,为研究的深入展开提供借鉴依据。本章内容分为三个部分:第一部分为基本概念界定,通过科学界定贫困地区、精准脱贫户、生计、可持续生计、生计资本等概念的基本范畴,为本书奠定清晰的逻辑起点;第二部分为理论基础,介绍了本书主题相关理论,包括贫困成因相关理论、可持续生计理论、资本积累理论、农户经济理论等,为研究夯实理论基础;第三部分为文献回顾,主要从贫困(包括贫困定义、贫困生成机理、贫困缓解)、精准扶贫(包括精准识别、精准帮扶)、精准脱贫(脱贫绩效评价、退出机制、后续保障机制)、可持续生计等方面的研究成果进行概括和梳理,挖掘现有研究的不足之处,为深入研究提供借鉴依据。

2.1 基本概念界定

2.1.1 贫困地区

所谓贫困地区,是指由于自然、民族、宗教、政治、历史、社会等原因,经济发展相对迟缓,未能参与国家经济全面增长过程,人民生活文化水平较低,人均消费未达到全国平均水平的地方,主要集中在我国中部地区、西部山区及西南、东北地区,覆盖全国 22 个省(自治区、直辖市),包括集中连片特困地区和片区外的国家扶贫开发工作重点县共计 832 个县,11 775 个乡镇,2015 年行政区划面积 464 万平方千米,约占全国行政区划总面积的 48%,户籍人口数 30 517 万人,占全国总人口 22.2%(国家统计局,2017)。按照区域类型可将贫困地区分为边远山区、革命老区、连片特困地区、少数民族聚居区等,自然环境恶劣,基础设施薄弱,公共服务水平滞后,财政收入水平偏低,贫困人口基数大,贫困成因复杂,返贫率畸高是其共同特征。"十三五"规划指出由于贫困地区多是革命老区、民族地区、边疆地区,基础设施和社会事业发展滞后,生态环境脆弱,自然灾害频发,贫困人口占比和贫困发生率高,人均可支配收入低,脱贫任务重,因此上述区域是新时期扶贫攻坚的主战场,2020 年我国实现全面建成小康社会的目标,难点就集中于贫困地区。

2.1.2　精准脱贫户

精准脱贫户是指参与精准扶贫项目,达到了脱贫退出标准,即贫困户年人均可支配收入稳定超过当年国家贫困标准,吃穿不愁,享受义务教育、基本医疗,住房安全有保障,并被认定脱贫销号的建档立卡贫困户。基于我国基本国情和现阶段扶贫困境而提出的精准扶贫战略,指的是针对不同贫困地区的发展环境、地理位置以及当地贫困户的生产生活情况,采用合理有效程序对困难群体进行精准识别、精确帮扶、精确管理的减贫方式。有别于传统的粗放式扶贫,精准扶贫强调"六个精准"(扶持对象精准、项目安排精准、资金使用精准、措施到户精准、因村派人精准、脱贫成效精准),其核心要义是聚焦贫困地区和贫困对象,精准发力,切实改善扶贫工作的效益,从而如期实现全面小康的宏伟目标。精准扶贫的目的在于精准脱贫。建档立卡环节是基于农户收入情况,综合考虑生理、心理、物质情况等,通过个体申请、民主评议、公示公告和逐级审核等方式,整户识别并纳入全国扶贫信息网络系统统一管理。作为精准扶贫战略中"精准识别"的重要内容,建档立卡旨在明确帮扶主体,摸清帮扶需求,落实帮扶措施,实施动态管理。

2.1.3　生计与可持续生计

1977年"可持续发展的倡导者"罗伯特·钱伯斯(Robert Chambers)最早提出生计(livelihood)一词,指出生计是人们为了生活而寻求的新的生活方式,是确保基本生活必需品(食物、水、住所和衣物)的手段。英国国际发展机构(DFID)在《可持续生计指南》中强调了人类在追求高品质生活的过程中资产拥有量和决策之间的关联,认为生计中不仅包含了个体或家庭在谋生过程中获取的物质和社会资源,还更强调在生产生活中获得的能力。卡尼(Carney,1998)认为资本、能力以及某种生活方式所需的谋生活动是生计的基本组成。布洛克斯(Blocks,2006)将生计看作是谋生的方式,包括决定个体生活状况的资产、活动以及获取上述资产或进行上述活动的途径和权利。艾利斯(Ellis,2008)强调生计包含资本、活动和获得这些资本的途径,生计资本的拥有量决定了个体的生活质量和生计水平。马尔默(Malmo Hogskola,2011)将生计定义为一系列的活动,包括通过使用禀赋(人力和物力)来获得水、食物、饲料、药品、住所、衣物等必需品的个人或团体的能力,以满足自我和个体家庭有尊严地持续下去,且这些活动通常是反复进行的。在社会科学中,生计概念延伸到包括社会和文化手段,即个人、家庭或其他社会团体掌握可用于或交换以满足其需要的收入或资源束,这可能涉及信息、文化知识、社交网络和法律权利以及工具、土地和其他物质资源,重点关注可持续性和人权。

可持续生计理念(sustainable livelihood,SL)是由世界环境与发展委员会(1987)首先提出的,认为可持续生计即个体或家庭为了满足生活的基本需要,需确保有稳定的收入和一定量的资源,并且储备足够的生活必需品和现金,以维持生计稳定,提高生活质量。1992年联合国环境与发展会议将其广义化,主张把稳定的生计作为消除贫困的主要目标。钱伯斯和康威(Chambers and Conway,1991)从综合性角度定义了家庭层面的可持续生计,认为当某种生计能够抵御外部冲击并易于恢复,且能在当前以及将来持续维持乃至加强其资产存量和资产获取能力,为家庭带来长期或短期净收益,并为下一代提供可持续的生计机会,同时对自然环境和他人生计不造成破坏,该生计即被看作是可持续的。《哥本哈根宣言》(1995)进一步强调了可持续生计对于减贫发展的重要意义,将可持续生计表述为只有让所有人自由择业并获得稳定的收入来源,让生活得以继续,可持续生计才得以实现。有别于传统的消除贫困将关注点集中于贫困的某一表现(如收入),可持续生计考虑到了贫困的其他重要方面,例如脆弱性和社会排斥,更多地关注在经济、生态和社会上可持续地约束或提高穷人谋生能力的各种因素和过程。斯库恩斯(Scoones,1998)将生计定义为资产、获取资产的活动及其所需要的各种能力的组合。可持续的生计具有应对外来风险和从压力中恢复的能力,不破坏自然资源并且能够维持或提高资产拥有量。该定义既强调生计的社会可持续性,又强调生计的环境可持续性,体现出塑建可持续的生计不仅是缓解贫困、提高发展能力的重要措施,更是实现人与自然和谐共处的重要保障(何仁伟,2013)。辛格(Singh,2010)等分析指出可持续生计应体现在既要满足人们生活所需的日常开销,又要不断提高生产力以保障财产、资源以及现金的获得和储备量的充裕,并且在利用这些资源创造财富时不能妨碍他人的任何谋生资源或者方式,这种具有稳定性的生计就是可持续的。基于当前我国国情和精准脱贫户的现实情况,本书将精准脱贫户的可持续生计定义为精准脱贫户运用其所有生计资本,能够实现家庭生活的正常运转,在失衡状况下可抵御外界冲击进而恢复并维持的生计状态,实现可持续生计即可被看作是脱贫目标的最终达成。

2.1.4　生计资本

生计资本(livelihood assets)是指社区和不同类别家庭的资源基础(粮农组织,2005)。它们被分为物质、金融、人力、社会、自然资本(DFID,1999;FAO,2005)。农户生计资本的组成可以用五边形来表示(如图 2-1 所示),其中心代表对该类资本价值零拥有,而外部边界代表对该类资本价值拥有的最大化。在不同情况下,五种生计资本可以相互转化。

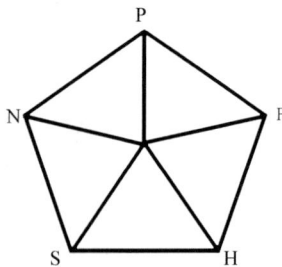

P—物质资本　F—金融资本　H—人力资本　S—社会资本　N—自然资本

图 2-1　生计资本框架

物质资本(physical capital)指的是用以维持生计的生产资料和基础设施。生产资料是农户为了提高生产效率所使用的设施,基础设施即无偿使用的公共物品,用于提高生产力。

金融资本(financial capital)通常指人们在生产和消费过程中为了获得生计目标所需要的现金积累和流动,以及在遇到风险时人们能够获得外人给予的贷款及援助。

人力资本(human capital)一般是指用于谋生的知识、技能、文化、劳动能力、健康状况等,在一定程度上决定了农户生计策略的选择。由于人力资本是其他四类资本能够得到充分利用的重要基石,因此它被看作是最基础的生计资本。

社会资本(social capital)指的是人们为了追求生计目标所能够利用的社会资源,包括社会关系网、社会组织、社会联系三部分。社会资本能够增强人们相互信任和合作的能力,并使相关机构对于其需求给予更及时更充分的反馈。

自然资本(natural capital)所反映的是自然资源的储备量,即个体能够利用的所有自然资源作为基本生计来源。自然资本又可细分为无形公共资本(如生物多样性、大气等)和有形可分的直接用于生产的资本(如树木、土地等)。由于传统农户生计高度依赖于自然资源,因而自然资源的多寡在一定程度上决定了当地农户面临的生计风险和生计脆弱性,很多造成低收入农户生计动荡的风险冲击本身就是自然资本削减的过程。

可用的资本构成了一个可以储存、积累、交换和投入工作以产生收入流动的资产库存(Rakodi,1999;Ellis,2000;Babulo,2008),利用现有的五项资本,可实现各项生计战略,达成生计目标。因此,有足够资产的人有面对不利情况时的"自由"(Sen,1981)。

2.2 理 论 基 础

2.2.1 贫困成因理论

经典贫困理论从物质资本、金融资本、人力资本、社会资本、自然资本、制度环境等不同视角对贫困做出深层次探讨,突破了单一贫困维度的局限性,为本书探究精准脱贫户的可持续生计,防止返贫和代际贫困提供了多元化的研究视角,成为本书构建生计评估指标的重要理论依据。

1.物质资本与金融资本视角

20世纪50年代,西方发展经济学家的主流观点认为,经济发展缓慢或是停滞不前、人均收入水平低下是发展中国家陷入贫困的主要原因,而究其根源在于物质资本和金融资本投资的匮乏。因此,物质和金融资本被经济学家认为是经济发展的制约条件和决定因素。

沿袭物质资本与金融资本匮乏的这一视角,纳克斯(Nurkse,1953)提出的贫困恶性循环理论(vicious circle of poverty),揭示了资本与经济发展之间的紧密联系。纳克斯认为发展中国家的长期贫困并不是源于国内资源匮乏,而是由于经济中存在若干互相作用的"恶性循环系列"导致的(如图2-2所示)。从供给方面看,不发达经济导致发展中国家人均收入水平偏低,恩格尔系数较高,储蓄能力不足,这进一步制约了资本形成,而较低的资本形成会阻碍生产规模的扩大,使得生产效率低下,低效率所引致的低产出必然导致低收入,从而形成"低收入—低储蓄—低资本形成—低生产率—低产出—低收入"的恶性循环。需求方面,发展中国家落后的经济水平导致的人均收入偏低会直接反映为消费乏力,进而导致投资引诱不足和资本形成受限,极大地阻碍生产规模扩大和生产率的提高,低效率所引致的低产出必然导致低收入,由此形成"低收入—低购买力—低投资引诱—低资本形成—低生产效率—低产出—低收入"恶性循环。

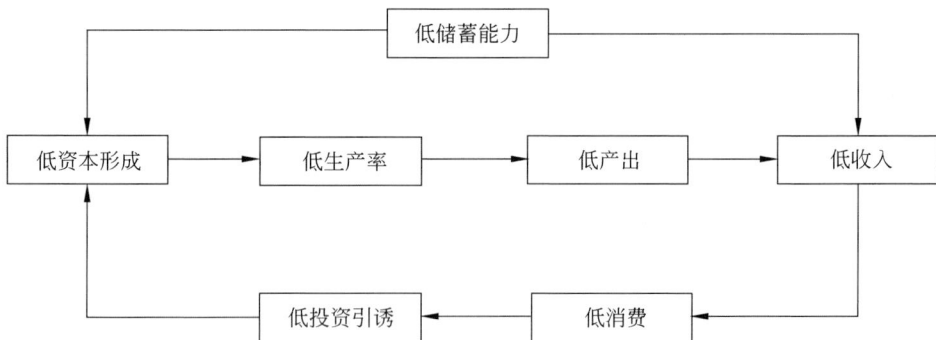

图 2-2 贫困恶性循环理论关系

随后,美国发展经济学家纳尔逊(Nelson,1956)基于"准安定均衡"理论进一步完善提出"低水平均衡陷阱"理论(low level equilibrium trap),该理论着重探讨了人均资本、人口增长、产出增长与收入增长的内在关联,指出欠发达经济的症结在于人均收入的长期低下,难以为继的居民收入使得死亡率畸高,人口增长缓慢,储蓄投资受限。若提高收入以期刺激储蓄投资,又可能引致人口数量激增,从而将人均收入拉回到低水平均衡状态中,这就是不发达国家难以逾越的"低水平均衡陷阱"。"低水平均衡陷阱"理论强调了物质(金融)资本形成对摆脱"低水平均衡陷阱"的根本性作用,认为发展中国家贫穷落后的关键在于人均收入过低、投资量过小和资本形成不足,而人均收入低的根源在于资本形成不足,为了冲出"低水平均衡陷阱",就必须进行大规模投资,使投资和产出的增长超过人口的增长,大幅度提高资本形成率,以实现经济快速稳定增长。

在此基础上,美国经济学家哈维·莱宾斯坦(Harvey Leeibenstein,1957)进一步提出了"临界最小努力"理论(the theory of critical minimum effect),该理论认为不发达经济中推动人均收入增长的刺激力量和拉低人均收入的阻碍力量并存,若经济发展力度低于某一水平,使得人均收入的增长刺激小于临界规模,则无法克服发展障碍。为了转变国家经济落后状态,就必须使其在一定时期内受到大于临界最小规模的增长刺激。莱宾斯坦的理论建立在一个经验证据之上,即当人均收入处于低水平均衡状态时,人口死亡率较高,此时可假定人口增长率为0。当人均收入冲破低水平均衡状态时,在出生率不变情况下,死亡率下降,人口增长率提高,此时增长的收入倾向于提高人口增长率。当人均收入提高至临界点后,出生率和增长率均降低,为经济发展注入了新的活力(张敦福,1999)。由此可见,若人均收入的增长不低于临界点(无法达到使得人口增长率降低的水平),则增加人均收入的努力反而会拉低收入水平,使经济发展再次恢复至低水平均衡状态。所谓"临界点"是指人均收入始终保持在仅能维持生存的均衡点。从长期看,发展中国家提高人均收入的刺激力量普遍低于人口增长率的上升过程中形成的阻力,因而陷入反复轮回的"恶性循环"。发展中国家若想要摆脱"恶性循环",经济发展刺激须大于"临界最小努力",同时应投入更多资源,才能促进经济高速稳定持续增长(黄继忠,2001)。

2. 人力资本视角

20世纪60年代兴起的人力资本理论突破了以往的资本认识,拓展了新古典经济学的研究框架。在这一理论的基础之上,国内外众多学者开始从贫困主体自身审视贫困问题,并形成了人力资本的贫困理论。区别于既往的物质资本以及金融资本视角,该理论的核心观点认为,贫困产生的根本原因在于人力资本存量不足和投入匮乏,这将导致劳动生产率的低下,从而产生贫困问题。其中,具有代表性的理论主要有舒尔茨(Schults)的人力资本理论、阿马蒂亚·森(Amartya Sen)的能力贫困理论以及甘斯(Herbert J. Gans)的功能贫困理论。

"人力资本"概念由美国经济学家西奥多·舒尔茨于 1960 年首次提出,即劳动者的受教育程度、技能、健康、劳动熟练程度等综合素质,强调资本是由人力资本和物质资本共同组成的,且经济发展主要取决于人的质量,而不是资本存量的多寡。在其代表作《改造传统农业》认为传统农业的配置是有效率的,由此提出了"贫困且有效率"命题,其基本含义是贫困人口同样有能力根据自己掌握的知识、技能、经验、信息和可利用的基础设施等条件,使其可支配的资源配置最优化,增加贫困人口知识、技能、经验和信息,提高其人力资本,有助于消除贫困。因此,他认为贫困的根源是人力资本存量缺乏及投入不足,教育投资是人力资本积累的关键性途径。

随着对贫困问题研究的不断深入,20 世纪 90 年代以来,以阿马蒂亚·森(Sen,1980,1984,1985)为代表的众多经济学家突破传统物质贫困的视角,围绕"可行能力"提出了能力贫困理论。该理论认为个体能力大小直接决定了其获得福利的难易程度,贫困是功能性福利缺失的体现,其根本原因则是可行能力的缺失。可行能力由一系列功能构成(如保障温饱需求、获得教育机会、参与社会活动等),一方面,这些功能的丧失是贫困生成的直接原因;另一方面,它们本身就是贫困的表现(Sen,1983),若个体上述功能缺失则可被认为处于贫困状态,摆脱贫困状态的根本途径在于重塑和优化个人能力。基于"可行能力"对贫困的界定催生了多维贫困理论,阿纳德和森(Anand and Sen,1997)指出在市场不完善的现实情况下,收入匮乏无法完全反映个体被剥夺程度,要准确衡量个体贫困程度,必须从多个功能性维度综合考虑个体被剥夺状况。

美国社会学家赫伯特·J.甘斯(Herbert J. Gans)具体概括了贫困或穷人在美国社会中的十大正功能,从而成为功能贫困理论的主要代表。功能贫困理论将贫困看作是社会为维持自身高效运转而产生的优胜劣汰结果,认为贫困者之所以贫困是由于自身能力不足和教育投入匮乏,其知识技能等综合素质不足以担当实现社会价值的重要角色,无法获取较高的社会地位,只能获得对实现社会主导价值目标重要程度相对较低的职位,并取得与之相对应的较低薪资回报,低人力资本所导致的低收入又使得其教育支付能力不足,从而陷入低收入的贫困恶性循环。因此,对低收入群体进行适当的人力资本投资,提高其综合素质和发展能力,是获取较高就业机会,提高家庭收入,从而彻底摆脱贫困的根本途径。

3. 社会资本视角

20世纪60年代以勒内·勒努瓦(Rene Lenoir)、奥斯卡·刘易斯(Oscar Lewis)、布劳(Blau)、邓肯(Duncan)等为代表的学者开始从社会资本的视角研究贫困问题,认为贫困的根源在于弱势群体受到主流社会的排挤而日渐成为孤立无援的群体,并且这种排挤逐渐形成的"贫困亚文化"可通过社会的"再造"而累积和传递。

马歇尔在《公民资格与社会阶级》(1950)一文中将市民权利、社会权利、政治权利看作是公民资格的有机组成。1974年法国学者勒内·勒努瓦(Rene Lenoir)首次提出了"社会排斥理论"(social exclusion theory),把社会排斥概念与社会权没有充分实现联系起来。根据排斥生成的原因,席尔瓦(Silver,1995)和德哈恩(De Haan,1998)将社会排斥进一步划分为三类形式,即团结型、垄断型、特殊型。"团结型"将社会排斥看作是个体与社会间联系削弱的过程。"垄断型"理论基础来自韦伯的相关理论,认为社会排斥是集团垄断所形成的后果之一。"特殊型"将社会排斥看作是群体性差异的体现,认为这种差异否定了个体充分参与社会互动的权利。英国政府"社会排斥办公室"将社会排斥定义为某些人或地区受到的诸如失业、住房困难、收入低下、技能缺乏、丧失健康、环境恶劣等交织在一起的综合性问题时所产生的现象(Social Exclusion Unit,2001)。我国学者认为社会排斥是指某些个体或社会群体缺乏参与社会活动的机会,被逐步边缘化或隔离的系统性过程,是由宏观政策、社会结构、意识形态等多方面的因素共同导致的。社会排斥程度可通过社会流动率加以反映(李斌,2002;唐钧和王婴,2002)。

基于对大量贫困家庭及社区的走访调查,美国人类学家奥斯卡·刘易斯在1959年首次提出了贫困文化理论,该理论从文化视角重新审视了贫困现象,认为在现代社会中,由于居住环境、生计状况、生活方式等方面的特性而产生的独特文化观念促进了穷人间的互动,最终形成了脱离社会主流文化的"贫困亚文化"。贫穷文化的经济特征包括长期操劳温饱、失业或不充分就业、劳动报酬偏低、从事低技术含量的职业、无存款、经常性现金短缺等。文化作为一种特殊的生活结构,具有代际延续性,在贫困环境中成长起来的下一代会从父母和周边亲友那里自然而然地习得贫困文化,并基于此塑造基本人格特性和思想观念,从而造成缺少参与社会活动的机会,最终导致被社会边缘化,即使将来获得脱离贫困的重要机会,也会因为根深蒂固的贫困文化而无法加以充分利用。这种社会群体中的贫困及产生贫困的因素在代际之间延续,造成贫困群体的后代重复其父母的贫困境遇的社会现象被刘易斯进一步阐述为"贫困代际传递理论"(intergenerational transmission theory)。在此基础上,布劳和邓肯(Blau and Duncan,1967)提出了可反映父母教育及职业对子女社会获得影响程度的"布劳-邓肯"模型,为贫困代际传递理论提供了可量化的分析框架。针对贫困代际传递的形成机理,贝克和汤米斯(Becker and Tomes,1986)从就业方面研究了代际传递,认为低收入家庭的资源匮乏使得子女无法获得足以跳出贫困陷阱的人力资本,米德(Mead,1992)强调"福利陷阱"是贫困家庭子女延续贫困的重要因素,斯坦因伯格(Stenberg 2000),提出三类相关性解释,认为贫困代际传递与文化行为、政策、经济结构三者高度相关。

4.自然资本视角

20世纪50年代的早期空间经济学及之后的新经济地理学将新贸易理论、新增长理论引入区位论中,将研究重点聚焦于贫困与地理环境的内在联系,由此形成了空间贫困理论的雏形。继传统贫困(收入贫困)、能力贫困、多维贫困之后,地理位置、区域环境对经济的影响被越来越广泛的关注。20世纪90年代中期,以孟德斯鸠(Montesquieu)、拉采尔(F. Ratzel)、亨廷顿(Huntington)、泰勒(Taylor)、查理斯·瓦伦丁(Charles Valentin)、海曼·罗德曼(Hayman Rodman)为代表的学者们提出了"地理环境决定论""空间贫困陷阱""气候贫困论""贫困与土地退化相关关系论"等观点,与前者重点从经济社会角度研究贫困问题不同,这些理论考虑到了自然环境对于贫困的影响,进一步丰富了贫困研究的内涵。

地理环境决定论认为贫困的生成与区域地理位置具有某种内在关联性,地理环境对人类政治、经济与社会等方面起着绝对支配的作用,是社会经济发展的决定性因素。在此基础上,空间贫困理论将空间的概念引入贫困问题的研究之中,旨在探讨贫困的空间分布以及贫困与地理环境之间的关系,该理论将地理环境广义化为自然环境和人文环境两部分,其中,自然环境是人类赖以生存的自然界,而人文环境则涵盖了社会发展所需的政治、文化、经济、历史等。随后,莱思维特(Lewthwaite,1966)的"贫困处境论"强调了自然环境对于人类活动的重要意义,指出人是自然环境的产物,人类的生活、生产和发展受到自然环境的直接影响,地理环境的差异必然会形成区域之间的贫富差距。托达罗(Todaro,1967)提出"自然资源匮乏论",认为人的经济活动是围绕自然资源(土地、矿藏、森林、水域等)展开的,贫困地区往往伴随着自然资源的匮乏。"贫困与土地退化相关关系论"则指出,穷人为生活所迫,会竭尽所能从自然环境中榨取产出,但同时又缺乏可用资本和能力来改善生产条件,这种掠夺式土地经营加速了环境的恶化,造成农户收入持续偏低,无法维持基本生活需求,由此形成"低收入—低资本来源—低收入"的贫困恶性循环。海格尔和斯内尔(Henninger and Snel,2002)强调贫困是一种空间异质现象,即穷人往往聚集在特定的地方,贫困发生率和严重程度的差异通常是由于空间层面因素(如自然资源禀赋)造成的。因此,从地理和历史的角度分析和理解贫困,对于提高贫困聚集地区的生计稳定是一个宝贵的贡献(Olaf Erenstein,2010)。

5. 制度环境视角

早期的制度贫困研究可追溯到马克思的剥削理论,即制度导致贫困。在《资本论》(Marx,1844,1876)中马克思提出了"资本累计理论",将无产阶级的贫困与雇佣劳动制度联系起来,认为资本主义社会贫困的根源是"资本积累一般规律"作用的结果,其实质是由资本主义制度造成的(王朝明,2008)。马克思将过剩人口分为流动(就业状况不稳定的工人)、潜在(占有少量的生产资料,能掩盖失业状态的农村人口)和停滞(收入低,劳动条件差,处于半失业状态的城乡居民)三种形式,强调由于贫困和失业,相较于富裕的资产阶级,无产阶级的消费绝对量占社会生产总量比重会日益降低,从而导致穷者越穷、富者越富,因而资本积累会导致社会贫富两极分化。

英国资产阶级经济学家马尔萨斯(T.Malthus)根据非均衡性的食物供给(算术级数增长)与人口数(几何级数增长),将贫困归结为人口过度增长,认为相对于土地能生产的食物等生活资料的能力,人口的增长能力是无限且巨大的,生活资料的产出速度远低于人口增长速度,必然会导致人类生活只能维持在最低生存水平,因此贫困是由于贫困者自身所导致的,并提出了抑制人口增长消除贫困的主张。在马尔萨斯"人口挤压贫困理论"的基础上,英国资产阶级经济学家李嘉图(D.Ricardo)进一步提出了人口增长速度高于资本积累速度的观点,认为劳动市场上自由竞争的结果及工人人口自然率的变化,会使工资趋向于最低生活资料的价值,即劳动力过度供给和劳动力要素要价过高是造成低收入回报和失业的直接原因,贫困则是由于这些因素相互作用而导致的。尽管在今天看来,"人口法则"实则是为掩盖资本主义制度下贫困的根源,"救贫即制贫"的观点显然失之偏颇,但它开启了人类反贫困研究的先河,在贫困研究的历史上具有里程碑式的意义。

针对发展中国家贫困问题,瑞典经济学家纲纳·缪达尔(Gunnar Myrdal)于1957年首次提出了"循环积累因果关系理论",他认为社会经济制度是在经济、文化、社会、政治、技术进步等多重相互关联、互为因果的因素共同推动下不断演进的动态过程。某一因素的改变会促使另一因素产生继发性改变,而后者又会反过来强化前一个因素,并最终促使社会经济过程沿着最初那个因素变化的方向累积性循环式向前发展。对于贫困个体而言,若增加其收入,就会使其生活水平相应程度的提升,进而提高劳动力素质,从而提高劳动生产率和产出水平,而较高的劳动生产率和产出水平,反过来会提高其收入。此外,缪达尔指出事物之间还存在着下降的循环运动,例如低收入阶层劳动者的收入降低会直接导致其生活水平降低,进而影响劳动者素质,致使其劳动生产率低下,而较低的劳动生产率会阻碍产出增长,低反过来会进一步促使其收入状况的恶化。针对发展中国家的贫困问题,缪达尔进一步指出由于低资本形成、收入分配不公等原因造成的贫困人口低收入,会导致家庭生活水平、教育水平低下,最终使得贫困主体发展能力差、就业困难和低回报,从而陷入低收入的积累性贫困循环中不能自拔,只有通过完善公共服务制度等措施才能推动低收入群体摆脱贫困循环状态。在此基础上,托达罗(1970)进一步强调贫困和收入分配的严重不公并不是自然增长的必然结果,贫困的根源在于制度的短缺,贫困地区的制度短缺表现为制度因素与市场经济发展的错位和矛盾,制度的短缺造成了社会资源和资本的浪费,使得输入要素形成继发性匮乏,使得贫困无法消除。

2.2.2 可持续生计理论

1. 可持续生计分析框架

(1) 英国海外发展部(DFID)可持续性生计分析框架。可持续生计分析框架(SLA)旨在探究个体或家庭在外部影响下改善其资本的能力(Castaneda,2000;Stephen,2009)。2001年英国国际发展机构(DFID)基于森的能力贫困理论和可持续农村生计咨询委员的前期研究成果,建立了可以指导生计战略并分析单个家庭限制条件的可持续生计分析框架(如图2-3所示),该框架采纳了钱伯斯和康威

（Chambers and Conway，1992）对可持续生计的定义，认为生计涉及各种资本、策略、活动和生活中常见的其他因素，只有当一种生计拥有抵御外部冲击的能力，能够长期维持并加强其资产储备，同时不损害自然资源和他人生计，这类生计才是可持续的。DFID 可持续生计框架旨在基于二维平面图展示生计构成要素，通过分析潜在风险因素寻求最佳的资产组织方法和生计策略，从而促进可持续的生计增长和限制脆弱性。DFID 强调生计结构和过程的转变是实现可持续生计的重要途径，反映了生计资本、生计策略和生计目标之间的交互作用，认为人们要获得积极生计成果，必须有不同类型的资本（包括物质、自然、金融、社会、人力资本），这五类资本被认为是个人或家庭生活水平的支撑（Morse and McNamara，2013），单靠一种资本不可能产生人们所寻求的多样化的生计成果。在脆弱性背景下，资本五边形是可持续性生计框架的核心内容，它形象地描绘出个体资产状况，从而生动地反映了多重资产间重要的内在关联，可用于分析不同类型资本的可持续性，反映出个体或家庭在外部影响下改善其资本的能力（Gentle and Maraseni，2012）和应对压力和冲击并从中恢复的能力（DFID，1999）。

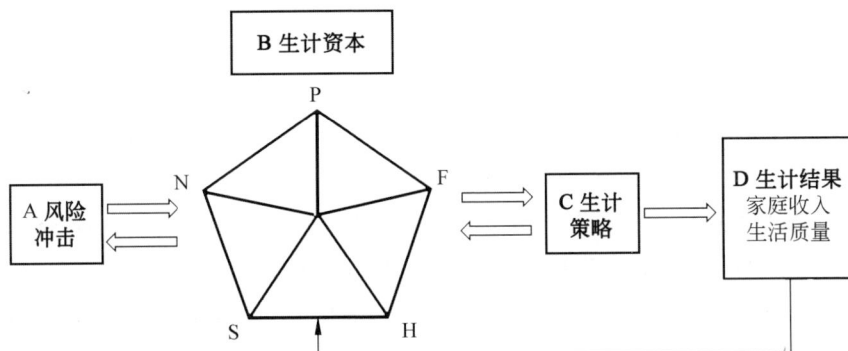

P—物质资本　F—金融资本　H—人力资本　S—社会资本　N—自然资本

图 2-3　DFID 可持续分析框架

（2）联合国开发计划署（UNDP）可持续生计分析框架。UNDP 可持续生计框架研究始于 1995 年，它试图通过探讨穷人资产拥有量对发展进行重新定义，把对发展的思考引向提高个体的才能、知识和技术上来，旨在了解人们和他们所处的环境，并试图从微观和宏观两个维度探究有助于可持续生计实现的内在逻辑。其中，在微观层面,个体能力、机会与资源可获得性的提高以及相应的公共保障和投资被看作是促进生计可持续的主要驱动因素;在宏观层面,自然资源的有效利用与保护、金融服务、政府治理、政策、科技和投资之间的互动等因素被认为是实现可持续生计的有效途径。UNDP 强调了政策、技术和投资在实现可持续生计过程中的重要作用,指出地区应结合当地实际情况,在资产、知识和技术等方面做出相应调整,以改善当地群众生计状况。在生计成果的度量方面,UNDP 开发了生计投入(可持续生计政策落实行动规划所投入的资源)、生计产出(来自可持续生计政策和规划的实物和服务的总量)、生计成果分享(上述产出被分享的程度)、生计成果影响(人们生活得到改善的程度)和生计成果实现过程(利用投入获得产出、成果和影响的路径)五类指标对生计安全进行监测,目标在于推动一种涉及收入、自然资源管理、赋权、工具合理使用、金融服务等方面协同作用的整体发展观,以实现更加有效的可持续生计结果。

(3) 关怀国际(CARE)农户生计安全框架。CARE 生计框架所使用的生计安全定义与 DFID 可持续生计框架类似,认为生计包括个人能力(如教育、技能、健康等)、资产(储备、资源、可获得性)和某种生活方式所需要的活动,这三个核心要素共同决定了农户的生计活动。CARE 生计安全框架将家庭作为分析单元,强调不同性别、年龄、健康状况的家庭成员在生计资源控制力上的差别,其研究目的在于:一是基于综合性视角来看待生计发展问题。CARE 主张通过促进农业生产多样化和市场化、发展组织机构、提供社区服务、增加储蓄和信贷、提升个人能力、重塑健康等方式实现生计稳定。二是注重生计保护,降解生计脆弱性。CARE 认为个人能力塑造、赋权以及基本公共服务全覆盖应成为政府生计保障工作的焦点,防止低收入家庭生计安全性降低。三是探索生计相关的核心内容,即生计组成、生计战略和生计输出。

2. 需求层次理论

美国心理学家亚伯拉罕·马斯洛(Maslow,1943)提出的需求层次理论(Maslow's hierarchy of needs),用生理需求(包括空气、水、食物、睡眠、衣服、住所等)、安全需求(包括人身安全、金融安全、健康保障、免受伤害等)、社交需求(包括友谊、家庭、亲密关系等)、尊重需求(包括尊重、信心、成就等)、自我实现(包括创造力、公正度、解决问题能力等)来划分人类普遍存在的需求与动机。马斯洛认为生理需求(physiological needs)是维持人类生理机能正常运转的前提和保证,也是推动人们行动最首要的动力,如果这些要求没有得到满足,人体就无法正常工作,因此生理需求被认为是最基本的,也是应该被首先满足的,只有当人从生理需求的控制下解放出来后,才可能出现更高级的的需要。需求层次理论强调了人类需要遵循着从低级向高级递阶发展的过程,在不同时期,都有一种需要占主导地位,只有当该层需要获得满足后,另一层需要才会出现,在多重需要未获满足前,首先满足较低层的迫切需要,当该需要相对满足后,就会向高一层次发展,此时追求更高阶的需要就成为驱使个体行为的主要动力,而已被满足的低层需要就不再具有激励作用。

综合分析从生计资本流动视角探讨低收入农户生计脆弱性的 DFID 可持续生计分析框架、以政策、技术和投资为驱动因子的 UNDP 可持续生计分析框架和以基本需要和权利为基础的 CARE 农户生计安全框架,本书认为由于 DFID 可持续生计框架强调了生计资本对于低收入群体可持续生计实现的基础性作用,指出贫困群体要想跨越低水平均衡陷阱必须以五类生计资本为重要抓手,并着重探讨了低收入群体在制度政策、市场环境、自然状况、地理位置等诸多因素造成的风险性环境中,如何最大限度利用自身资产以及选择适当的生计策略去提升自身生计水平,能够深刻反映出农户生计资本、生计策略、生计目标之间的交互作用,并明确了对自然资源基础状况的关注。因此,DFID 可持续生计框架更贴合本书的研究内容,能充分反映本书研究的核心思想。此外,DFID 框架遵循"以人为本"原则,认为增加教育、信息、技术、培训和医疗卫生服务的权利或机会、营造平等的社会环境、扩宽资金来源和渠道、创新多样化政策环境能够增加脆弱性人群的生计可持续性,这与我国现行的"精准脱贫"战略方针高度相符。综上,本书采用 DFID 可持续生计框架作为研究基本分析范式和逻辑。然而,DFID 可持续生计框架强调生计发展能力对于选择和完成基本生计活动的重要性,却忽略了"需求"对于行为的影响,需求层次理论强调人的动机是由需求决定的,行为受动机和意识的支配,因而本书在评价精准脱贫户可持续生计时融入需求层次理论思想,优化可持续生计框架,从能力和需求两个维度综合理解和分析精准脱贫户生计状况。

2.2.3 资本积累理论

在西方经济学中,对资本积累在经济发展中重要地位和核心作用的强调由来已久,各种经济增长理论从不同角度论证了资本积累对于经济增长的重要作用,认为资本积累规模是经济增长数量实现的重要保障,而资本积累结构的改进是经济增长质量提高的重要方式。

1. 古典经济学视角

作为"古典经济学理论体系的创立者",亚当·斯密在《国富论》(1776)一书中肯定了资本积累的重要性,强调资本积累是社会分工的先决条件和驱动要素,也是促进生产技术进步的引擎动力。在此基础上,让-巴蒂斯特·萨伊(Jean-Baptiste Say,1803)认为生产三要素(劳动、资本、自然)资本积累是财富增长的重要源泉。李嘉图继承并发展了亚当·斯密的资本积累理论,将国民财富增长的深层原因归于资本积累的扩大,认为资本积累主要来源于两条途径,一是通过提高利润率从而增加收入;二是通过提高劳动生产率降低商品价格和赋税从而减少支出。密尔(John Stuart Mill,1848)在《政治经济学原理》中综合了二者的理念,将财富创造规律归结于物质的性质、在特定时间对该特性的了解程度以及社会制度、道德、心理等。巴斯蒙迪(Sismondi,1819)和马尔萨斯(Malthus,1820)指出有效需求不足是导致生产过剩危机的根源,而消费的不足,是因为缺乏资本。上述古典经济学家对于资本积累的促经济增长作用受到需求制约的思想影响了凯恩斯(1936)的有效需求理论,他将失业率攀升和经济危机归因于市场经济中的有效需求不足,并认为增加货币供应量、降低利息率,刺激私人投资是扩大需求的有效举措。马克思(1865,1894)提出资本积累的本质实则是资本主义生产关系的扩大再生产,强调了资本的价值属性,明确了资本主义再生产中的生产关系,为社会经济现象的分析提供了完整的理论体系。

2. 发展经济学视角

早期的发展经济学进一步拓展了古典经济学"唯资本主义"思想,其代表人物有刘易斯、纳克斯、罗丹、罗斯托等。刘易斯从 20 世纪 50 年代中期就开始了对发展中国家贫困问题的研究,他所提出的著名的"二元经济"模型理论强调了经济发展的核心动力在于资本积累率的提高。纳克斯将发展中国家的"贫困恶性循环"问题归因于资本稀缺,指出人均收入过低、资本形成不足是经济发展的约束条件和主要障碍。尼尔森的"低水平均衡陷阱理论"同样也将大规模的资本投资看作是摆脱贫困陷阱的重要支点。在此基础上,莱宾斯坦提出"临界最小努力理论",强调通过大规模投资而形成的临界最小努力,是冲破低水平均衡陷阱和贫困恶性循环的关键。缪达尔用循环积累因果关系理论揭示了发展中国家经济增速缓慢的内在因素，主张通过土地、教育等方面的制度改革推动资本积累以实现经济快速增长。罗丹的大推进理论也将工业化看作是经济增长的发动机，在罗斯托的经济增长阶段理论中，同样将提高资本积累率看作是经济发展根本途径。

3. 新古典经济学视角

资本积累对于推动经济增长的内在机制研究是新古典经济学的理论核心。20 世纪 40 年代哈罗德、多马拓展了凯恩斯的等式，形成哈罗德-多马积累增长模型，认为资本积累是保持经济持续稳定增长的重要决定性因素。20 世纪 60 年代后期，以斯旺、索罗为代表的新古典经济增长理论强调了技术进步对于经济发展的引擎作用，形成了劳动、资本和技术共同推动经济增长的积累增长方程式。20 世纪 80 年代中期，保罗·罗默、罗伯特·卢卡斯等人基于对新古典增长理论的批判性思考，提出于经济体系内部力量是推动经济长期稳定持续增长的核心动力，由此生成了内生增长理论。该理论重视对人力资本投资、知识外溢、劳动分工和专业化等问题的研究，重新阐释了经济增长率和人均收入的跨国差异，具有很强的现实解释力。

从上述理论回顾可发现，古典经济学和发展经济学家强调资本积累对增长作用，形成了一种经济发展"唯资本论"的观点，这与发展实际不相符合。20 世纪 60 年代中期以后，西方经济学开始意识到资本积累仅是经济发展的约束条件之一，并且强调技术进步、人力资本增加在经济发展中的作用，哈罗德-多马经济增长模型反映了资本积累对经济增长的作用及变化特征，内生增长理论对内生技术进步的分析，进一步丰富了现实资本积累路径变化的理论依据，这为我们思考与资本有着天然联系的资产积累提供了分析框架和理论视野。

2.2.4 农户经济理论

1. 道义小农论

"道义小农"理论强调农户既是生产单位也是消费单位，其经济行为遵循"家庭效用最大化"原则，其目的是为了满足家庭成员的消费需求。道义小农理论的发端源于恰亚诺夫在其所著的《农民经济组织》一书中提出的"劳动消费均衡理论"，该理论将农户生产消费的均衡看作是"有条件的均衡"(即消费与休闲边际效用相等的均衡),由于满足家庭日常消费需求是小农的主要生产目的,因此小农生产投入的动力随着家庭消费需求的满足而减少,这种追求低风险而非利益最大化的小农经济被认为是落后保守的理性低效经济。卡尔·波兰尼基于对资本主义经济学形式主义分析方法的批判,在《大转型》一文中强调由于经济行为根植于社会关系,因此对于经济的研究应遵循"社会制度的过程"。斯科特延伸了恰亚诺夫和卡尔·波兰尼的研究思路,在《农民的道义经济学》中认为传统小农行为的主导动机是"避免风险"和"安全第一"的生存经济学。

2. 理性小农论

理性小农论的代表人物西奥多·舒尔茨(Theodore W. Schultz,1964)认为农户是趋利避害的理性投资者,由于在生产过程中农民已竭尽所能地最大化了所有有利的生产可能性,因此传统农业可被认为是贫穷而有效率的。生产要素的落后是传统农业发展滞后的根本原因,因此建立适用传统农业改造的制度、加大现代生产要素供给和农户人力资本投资力度是改造传统农业的有效途径。基于舒尔茨分析模型,波普金(Popkin,1979)在《理性的小农》中拓展了"农户经济行为"的理性范畴,提出了"农民是理性的家庭福利最大化者"的假设,将理性定义为个体基于其偏好和价值观,在评估其行为选择结果后做出其认为能够实现期望效用最大化的选择。在此基础上,波普金以"经济理性"和"期望效用最大化"假设为基础建立了选择模型,从公共选择理论视角对农户行为进行了解读。

3. 综合小农论

基于道义小农论和理性小农论,美国经济学家黄宗智提出小农既是利润的追求者,又是维持生计的生产者,更是受剥削的耕作者,主张从家庭生产功能和消费功能的角度,分别考察小农的行为及目标,最后将"生产目标"和"消费目标"统一起来。在此基础上,黄宗智基于格尔茨的"农业内卷化"思想,进一步提出了"内卷化增长"观点,重点关注由人口增长导致的劳动力边际报酬递减问题,且以此为理论基础对中国农民经济发展困境展开研究。研究表明,中国的农户经济行为不仅受到"市场经济"和"家庭劳动结构"的双重制约,且农民所处的较低社会阶层亦会对其经济行为产生较大影响。基于此形成的"过密论"将小农家庭在较低边际报酬下仍继续加大劳动力投入的原因归结于其缺乏相对于边际劳动投入的边际报酬概念,将劳动力投入和收成看作是密不可分的整体。在该情况下,由耕地不足而导致的生存压力会使得小农家庭劳动力投入畸高,直至在理论上其边际产出接近零。

4. 风险规避论

风险规避论把风险引入农户经济行为分析,其讨论的核心问题是风险和不确定性条件下的农户决策行为。迈克尔·李普顿(Michael Lipton,1968)把农户看作是典型的风险厌恶者,认为其行为逻辑是规避风险,而非追求利润最大化。他指出"追求利润对于挣扎在饥饿边缘的小农而言显然是过于奢侈了,他们以生存为基本法则,追求风险最小化,他们所表现出的一些看似不合理的行为其实质上是出于'灾难避免'的理性考虑"。风险厌恶论流派代表人物斯科特(James C. Scott,1976)顺承了李普顿的研究思路,认为由于农民生活在接近生存线的边缘,"安全第一"和"生存伦理"是农民生活中的行动逻辑,具有强烈生存取向的农民所追求的不是通常伴随着较高风险的较高收益,而是较低的风险分配和较高的生存保障。

本书将研究对象即已退出精准扶贫战略的精准脱贫户的范围集中于农村贫困地区,其理由如下:

(1)中国作为世界上农业人口数最多的发展中国家,长期以来形成的城乡二元结构和薄弱的农村经济基础,造成了农村贫困人口多、分布广、程度深的基本格局。

(2)《中共中央 国务院关于打赢脱贫攻坚战的决定》(2015)强调精准脱贫关键在农村地区,将农村贫困人口脱贫看作全面建成小康社会最艰巨的任务。与此同时,农村地区返贫率畸高,经济基础差的脱贫农户抗御经济风险能力薄弱,易落入"脱贫—返贫—再脱贫—再返贫"的恶性循环状态。

(3)农村地区发生不利风险冲击的概率更高,这是导致贫困脆弱性的主要来源(Hulme and Shepherd,2003)。

农户经济理论为本书分析精准脱贫户的决策行为夯实了理论基础。但基于我国国情,上述理论仍有不完善之处:第一,劳动消费均衡论所提出的"劳动力市场不存在"的假设与我国农村劳动力市场实际情况不相符;第二,理性小农利润最大化论提出的"完全竞争的劳动力市场"与中国的二元结构和市场不完善的经济状况相冲突;第三,风险规避理论给本书的启示在于"家庭生计安全"是农户行为选择的基本准则,"市场价格风险"是风险规避论关注的焦点,而对于我国现阶段精准脱贫户来说,失业、疾病以及自然灾害等风险更应该被关注。

2.3　国内外文献综述

本节主要从贫困、精准脱贫、可持续生计三方面对已有研究进行归纳总结：首先，对于贫困研究方面的文献归纳主要围绕贫困的定义、贫困的生成机理、贫困的缓解而展开；其次，要研究"精准脱贫户"，必须对我国精准精准脱贫战略进行宏观把控，本书遵循"精准识别—精准帮扶—脱贫绩效测度—精准退出—后续保障"的脱贫逻辑，对精准脱贫相关研究进行归纳总结；最后，从理论发展、分析方法、实践应用三个维度对可持续生计相关研究现状进行了梳理。

2.3.1　贫困问题相关研究

贫困是一个全球性问题（USAID, 2006），消除贫困是绝大多数发展中国家所面临的严峻挑战。在消除贫困的过程中，国内外学者做出了诸多的探索，对贫困的认识也在逐步地深入。接下来，本书将从贫困的定义、贫困的生成机理以及贫困的缓解三个方面对已有研究进行全面梳理，从而为本研究提供扎实的逻辑起点。

1. 贫困的定义

朗特里（Rowntree, 1902）首次从收入角度将贫困定义为家庭总收入不足以维持最基本的生存需求。基于"收入贫困"概念，汤森德（Townsend, 1980）从物质资源视角将贫困看作是因资源匮乏而无法获得生活资料、缺少劳动力再生产的物质条件以及基本社交条件的个体或家庭，其生活水平达不到社会接受的最低标准（国家统计局, 1990; Macpherson and Silburn, 1998）。随着人类社会的发展和对贫困问题的不断深入，学者们逐渐认识到贫困不仅体现为物质的短缺，还表现为社交与情感的缺乏（Oppenheim, 1993）。赵冬缓等（1994）、康晓光（1995）将贫困定义为一种由于不能获取稳定充足收入而导致的在较长时间里无法获得最基本物质生活条件和社会活动参与机会的不被社会主流文化认可的窘迫生活状态。森（Sen, 1999）将贫困的概念扩展到能力、权利、功能等维度，强调贫困源于个体或家庭对公共产品及服务的获取乏力,导致人力资本积累量不足,没有发展的机会和手段,无法依靠自身能力抵御外界风险压力并维持家庭生计良好运转(童星,林闽钢,1994;Hartley,2009;Vizard,2011)。联合国(1990)以其理论为基础提出了人类发展指数(HDI),从人类发展的视角定义了贫困,世界银行(2001)将贫穷定义为"在经济机会,教育,健康和营养方面的不可接受的匮乏,以及缺乏赋权和安全",在结构性障碍,即妨碍穷人获得外部资产(如信贷、土地、基础设施、共同财产)和内部资产(如健康、营养、教育)的情况下,注意到剥夺和福利的概念,这种多维度提出了更为复杂的扶贫战略标准(Stewart,2007;World Bank,2005)。《长期贫困研究报告2008—2009》(Chronic Poverty Research Centre)和《贫困反思:世界社会形势报告2010》(Rethinking Poverty)从多维剥夺(饥饿、营养不良、文盲、不安全的饮用水、缺乏获得基本卫生服务、社会歧视、物理安全、政治排斥)等方面定义了贫困。基于联合国前年发展目标,阿尔基尔(Alkire,2014)、维嘉亚(Vijaya,2014)等构建了个体层面的多维贫困指标(MPI),以提高贫困个体的瞄准精度。此外,一些学者从地理和历史的角度分析和理解贫困,海格尔和斯内尔(Henninger and Snel,2002)将贫困定义为一种空间异质现象,即穷人往往聚集在特定的地方,贫困发生率和严重程度的地理差异通常是由于空间层面的因素决定的,如自然资源禀赋,医疗和教育等服务的获得(Olaf Erenstein,2010),且贫困具有多元性、社会性、不完整性和相对性的特点,不会随着时间的推移而自发地得到改善(汪三贵,2008;黄承伟等,2010)。

从学者对贫困认识的演进可以发现,对贫困的认识已经从单一的收入贫困发展到包括能力贫困、环境限制、权利剥夺、文化差异等因素在内的多维贫困(Alkire,2002;Sen,1985,1999;Stewart,2007),从经济层面和非经济层面对贫困进行多角度的探讨,更能准确反映出贫困人口的真实情况,这为本研究提供了十分宝贵的经验借鉴。

2. 贫困的生成机理

随着反贫困研究的不断深入,贫困生成机理的研究日臻成熟。马尔萨斯(1798)基于资本积累视角提出的"马尔萨斯人口论"被看作是最早从理论视角研究贫困的生成机理。该理论认为因人口增长速度(几何级数增长)快于生活资料供应速度(算术级增长),随着时间的推移人口将超过生活资料供给量从而导致贫困生成(蔡昉,2003)。马克思(1894)基于唯物史观对资本主义生产方式进行深刻分析,强调资本主义私有制是导致贫困的根本原因。纳克斯(1953)基于资本投入视角提出的"贫困恶性循环"理论对资本和经济发展之间的关联性进行了深入探讨,并提出了"一国穷是因为它穷"著名论点。纳尔逊(1956)提出"低水平均衡陷阱理论",指出人均收入的增长将会被人口的增长所抵消,最终导致贫困的产生。莱宾斯坦(1957)的"临界最小努力"将不发达国家的贫困问题解释为经济发展的努力不足,提高人均收入的刺激力量低于临界规模。舒尔茨(1965)将研究视角转向非物质资本,强调人力资本积累量不足是导致低收入和低生活水平的根源。缪达尔(1968)基于对经济、社会和制度内在关联性的系统分析提出的"循环积累因果关系"理论,采用扩散效应和回波效应,阐释了区域发展不平衡问题。由于经济全球化和城市化(林毅夫,2003),产业结构的调整,行业收入分配差距加大(李实,2011),要素集聚与产业升级往往导致发达地区越来越发达,而落后地区越来越落后,强化了区域差异格局(万广华,2008)。2001年,阿马蒂亚·森基于微观视角,将贫困的成因归结为个体可行能力不足。由于社会流动性弱,社会不平等现象加剧(Bourguignon,2004;Bourguignon,2006;何其春,2012),贫困和不利因素极易由父母传递给子女,使后代重复贫困境遇(Orville and John,2013),不发达地区和代际贫困的交织所形成的旋涡效应又进一步加筑了贫困陷阱,导致深度贫困的发生(李裕瑞,2016)。除此之外,地理环境对区域经济的影响引起了越来越多的关注。20世纪90年代中期"空间贫困陷阱"和"地理环境决定论"均认为贫困的生成与区域地理位置具有某种内在关联性(Yusuf,2004;Duraiappah,2007)。莫拉尔和扎曼(Moral and Zaman,2011)从理论分析视角进一步得出了农业活动对自然资源的掠夺式开发与贫困生成之间具有双向因果关系的结论。在我国,贫困与生态环境脆弱往往是共生的(徐鲲,李晓龙,2014),针对我国分布范围广、贫困人口集中、贫困程度深、返贫率畸高的贫困地区的贫困问题,我国学者分别从资源约束性贫困(周侃,樊杰,2015)、资源富足性贫困(李小云,2015)、生产性贫困、革命老区因素(李志萌,2016)、制度供给不足(王介勇,2016)、人力资本缺乏(丁建军,2014;马文武,2017;刘欢,2017)、基础设施薄弱、公共产品供给不足(葛志军和邢成举,2015)等方面探讨了其致贫因素。

3. 贫困的缓解

认识到贫困对于社会经济发展的巨大危害,众多学者对贫困的缓解路径进行了深入探讨。早期的反贫困研究普遍认同经济增长所形成的"涓滴效应"对贫困减缓的重要作用,通过发达地区的扩散效应带动周边欠发达地区的经济增长。随着

反贫困研究的不断深入,越来越多学者对该理论的合理性提出了质疑。缪达尔
(1956)指出在市场机制的作用下,劳动力、资本、技术、贸易等要素往往流向条件较
好区域并在累积因果作用下得到加强,从而进一步加剧地理二元结构。阿尔德曼
(1974)通过实证分析发现欠发达国家的经济增长所形成的"向上�)敛"反而造成了
贫富差距的扩大。发展中国家的实际经验表明,仅依靠自然的经济增长无法实现
有效的减贫(Son,2004),世界银行在《2000—2001 年世界发展报告》中明确地指出
经济增长是减贫的强大动力,但是减贫程度并不完全依赖于经济增长(Ravallion
and Chen,2007)。因此对于欠发达地区而言,减贫政策应更多地与亲贫式增长相
结合(Shorrocks and Van der Hoeven,2004;Kraay,2006)。罗(Luo,2011)基于
1988—2002 年中国统计数据分析指出,低收入群体对经济增长下的"涓滴式"减贫
反馈差异较大,政府应制定精准帮扶的政策体系设计,通过合理的制度设计来保障
贫困群体的受益(Klasen,2007;Son,2007)。

在中国,学者们普遍认同中国区域化扶贫战略消除了大面积的贫困人口,为中
国扶贫事业的发展做出了巨大贡献(陆汉文和覃志敏,2015;申秋,2017;曾小溪和
汪三贵,2017)。然而,随着经济水平的逐步提升,区域经济增长所带来的"益贫性"
渐渐呈现出"精英俘获"现象。学者们开始对区域化扶贫战略进行反思。叶普万
(2004)、岳希明(2007)等将经济增长看作是反贫困的必要不充分条件,指出政府主
导下的区域化扶贫战略因其受助主体的宽泛性、帮扶周期的短暂性、扶持方式的单
一性导致扶贫资金漏损率高,贫困瞄准的精度不足,无法覆盖大多数贫困群体,已
不适用于当前扶贫新形势(李小云,2004;帅传敏,2008;洪名勇,2009)。都阳和蔡
昉(2005)、姜锡明(2007)强调应从帮扶主体多样化、受助群体微观化、帮扶措施多
元化、保障措施合理化等维度对扶贫战略进行适当调整。基于当前我国贫困人口
分布的个体性、地域性特征,罗楚亮(2010)、李小云(2013)主张将受助主体由区域
瞄准转变为个体瞄准,加强帮扶政策的灵活性和高效性。我国自 2014 年开始全面
实施的精准扶贫战略是为了抵消经济减贫效应的下降而采取的必要措施(汪三贵,
2015),这将是中国未来扶贫的主要方式,也是中国到 2020 年全面建成小康社会的
根本保证(刘永富,2015)。

2.3.2　精准脱贫相关研究

精准扶贫是精准脱贫的铺垫和前奏,精准脱贫是精准扶贫的导向和升华(李小

云,2015;虞崇胜,2016)。消除贫困是全面建成小康社会的重要内容,我国自2014年起建立了精准扶贫工作机制。精准扶贫意味着将扶贫工作单元由传统的区域瞄准转为个体瞄准,在区域发展格局下更加重视贫困农户自我发展能力的培养与提高。同时,精准扶贫战略将社会保障的兜底作用与扶贫开发的增收作用相结合,形成到2020年解决绝对贫困问题的基本框架(陆汉文和黄承伟,2016)。针对这一顺应我国当前扶贫开发新阶段、新特征而生的新型扶贫方式,学者们从多维度进行了全方位的有益探索。

1. 精准识别

精准识别是实施精准帮扶的重要前提和保障。国外虽无"精准扶贫"概念,但对于"贫困瞄准"早有研究。早期的贫困认定依据的是单一维度的"测算收入贫困线"方法(Rowntree,1901),根据此方法,世界银行基于33个发展中国家贫困状况,将"一天两美元"和"一天一美元"分别作为判定"贫困"和"极端贫困"的标准。随着反贫困研究的不断深入,基于恩格尔定律,由食物贫困线和非食物贫困线两部分共同组成"贫困线"即"马丁法"(Martin Feldstein,1990)被认为是定位贫困人群较为科学的方法。随着贫困靶向定位的不断精确,诺贝尔经济学奖获得者森(1999)提出了多维贫困理论(multidimensional poverty),该理论认为贫困的成因复杂而多变(包含自然因素、社会因素、个体因素、能力因素等),应在科学识别和多维指标测量的基础上综合性地评估个体贫困状况,若单纯以收支水平测度贫困,可能会忽视个体的贫困的长期性和生计的脆弱性。基于此,森进一步提出了"能力贫困"观念,认为贫困其实质是基本能力的剥夺,必须通过构造多层次贫困指标体系,从多维度综合评估个体能力剥夺的现状,才能精准识别贫困个体并全面把握其贫困程度。在森提出的功能与能力的基础上,阿尔基尔(2002)将贫困维度扩展到139个,当前运用较多的是努斯鲍姆(Nussbaum,2003)所界定的包括健康、寿命、情感、感知、个人环境等在内的10个基本维度。阿特金森(Atkinson,2003)将多维贫困识别方法归纳为"联合法"(union)和"交叉法"(intersection),前者注重要素的缺失(Bourguignon and Chakravarty,2003),后者注重要素的满足(Layte,2000),阿尔基尔和福斯特(Alkire and Foster,2011)结合两类贫困识别方法,提出了"双贫困线"(dual cutoff)方法,被广泛运用于贫困居民的甄别。迪托马索(Di Tommaso,2007)、纳迦(Naga,2008)运用多指标多因子模型(multiple indicator multiple cause model)探究了多维贫困的度量,以求更精准地靶向定位贫困个体。阿比吉特·巴雷特(Abhijit Barrett,2010)、雷玛·汉娜(Rema Hanna,2010),本杰明·奥尔肯(Benjamin Olken,2013)通过对印度等地 640 个村庄 5 756 户居民的调查研究后指出,虽然有针对性的现金转移计划已成为发展中国家减少贫困的一个越来越普遍的工具,但由于政府往往缺乏可靠及时的信息反馈,确定穷人仍然具有挑战性。现目前,贫困的确认依赖于人口普查(Julia Tobias,2009),其重点是物质资产统计(PMT),虽然这一大规模调查行动可较准确的确定贫困目标,但纯粹基于消费和物质资产的 PMT 无法考虑到近期的经济冲击或潜在致贫因素,因此,在政府制定贫困瞄准机制时应考虑到那些超越贫困本身的因素,并改良传统的由村领导直接判定和仅收集资产数据的扶贫模式,从而避免因定位不准造成的资金分配不当,以实现更为精准的扶贫目标(Vivi Alatas,2008)。针对由于政治动机决策制定(Sopchokchai,2001)而造成的扶贫资源浪费问题(Boonyarattanasoontorn,2006),海格尔和斯内尔(2002)主张采用先进的信息采集工具来识别发展落后、贫困的地区,如通过 GIS、SA 等统计技术对环境、社会、物理等因素进行分析,以便更好地把握贫困地区的现实状况(Akinyemi,2008),从而使得扶贫工作更加高效。

在微观层面上,皮特·戴维斯(Peter Davis,2011)在对孟加拉 293 个农村进行实地调研后指出有形资产(如商店、土地、牲畜、车辆和农业机械等)和有形资产负债(如借款等)对贫困有直接的影响,而非有形资产(如教育投资、网络关系、社会地位等)和非有形资产负债(如疾病、残疾、社会耻辱、身体不安全感、被支配,以及其他形式的缺点和无能)是难以量化评估却重要的因素,以资产为基础的扶贫测定办法应综合考虑以上各方因素,以防止忽略或误判那些可使生活质量下降或停滞的原因,以降低政策制定误差,阿尔基尔(2014)和维嘉亚(2014)指出家庭层面的贫困瞄准机制可能忽略由于个体原因所导致的内部差异,并开发了基于个体层面的多维贫困指标(MPI),将社会排斥和政治参与融入了个体贫困测度之中(Philip Davis,2014)。邓小海等(2015)将包含资源、人、效益的"RHB"框架引入扶贫识别当中,强调精准识别是实现精准帮扶、精准管理的基础。基于阿尔基尔-福斯特多维贫困测度模型,陈辉和张全红(2016)以粤北山区农村家庭为例,从多维度定量测算出主要贫困地区、贫困村和贫困家庭,提出应按农户贫困程度决定扶贫资金的使用,并建立以提高贫困群众造血能力为导向的帮扶机制。我国的扶贫瞄准机制由县级瞄准逐渐过渡为户级瞄准,这一变化反映出我国扶贫政策瞄准精度不断提高和瞄准单元不断下沉(洪名勇,2017),但在实际操作中存在贫困村覆盖不完全(汪三贵等,2007)、贫困人口底数不清、针对性不强、帮扶资源指向不准(顾仲阳,2014;

邢成举和李小云,2013)、信息不对称(陆汉文,2016)、规模排斥、区域排斥、识别排斥(邓伟杰,2014)、贫困户实际甄别标准差异较大等问题(左停,2015),精准扶贫在现实工作中"脱靶"现象非常突出,以收入为标准的建卡立档无法精准识别贫困农户(汪三贵,2015)。唐丽霞、李小云等(2015)从贫困识别的政策和技术困境、乡村治理现状、贫困农户思想观念的改变及扶贫政策本身的制度缺陷四个维度探讨了当前精准扶贫机制面临严峻的挑战,强调精准瞄准应着重考虑其本身所产生的组织、技术、人力资金和政治成本等,并且还需兼顾贫困群体对扶贫政策的差异化反馈。汪磊等(2016)通过梳理6个省区的贫困人口识别方法,从信息维度、政策维度、方法维度、识别标准等方面对识别过程中存在的共性问题进行了分析,并从整合多维数据、创新扶贫政策、推广定量方法、道德标准优先等角度提出了具有针对性的对策建议。

2. 精准帮扶

精准帮扶重点解决"谁来扶""怎么扶"的核心问题,是精准脱贫的根本抓手,也是提高贫困户生计稳定的关键所在,对此国内外学者进行了大量有益探索。由于地理、自然、历史、种族、市场、公共服务和基础设施等因素,不同区位的贫困表征体现出较大的异质性(De Janvry and Sadoulet,1997;Bloom and Sachs,1998;Jalan and Ravallion,2002),为了制定合理的减贫政策,有效利用稀缺资源达到最优减贫效果,应充分考虑贫困地区的空间差异性(Ghosh and Rao,1994),构建区域层面的贫困指标(Bigman,2000;Hentschel,2000;Elbers,2003)。尼尔·麦卡洛赫等(Neil McCulloch et al.,2007)基于对1993—2000年的印度尼西亚家庭生活情况的调查得出发展中国家的大多数贫困人口仍然生活在农村地区,主要从事低生产力农业活动的结论。因此,增加农民在农村非农企业的参与度、推动城乡迁徙是缓解农村贫困的重要途径。与此同时,也要通过提高农产品价格、工资和生产力等方式兼顾农业贫困人口,让农村人口脱离贫困。世界银行(2009)的研究报告指出应将脱贫重点集中于提高贫困群体参与政治、社会、经济等方面的机会获得,从而为其创造脱贫的客观条件。基于美国过去50年间资金投入高、社会福利项目广但贫困发生率居高不下的扶贫困境,康奇安和丹齐格(Concian and Danziger,2013)强调扶贫最佳途径应该是来自于对贫困人口下一代的教育。菲利普·戴维斯(Philip Davis,2014)也强调扶贫重点应在于向贫困个体提供资本(资金、教育、技术),完善法律制度,推动社区发展,提高社会融入,以抵消不利的激励和市场失灵。我国学者普遍指出,在精准帮扶过程中要注重创新帮扶机制,如构建和完善多维贫困识别机制(汪三贵,2015)、生态补偿机制(李小云,2007)、干部驻村帮扶机制(覃志敏和岑家峰,2017)、区域学习机制(寻舸,2013)、内生增长机制(刘彦随,2016)、资源开发与整合机制(邓小海,2015)、金融扶贫机制(王小华,2014;邓坤,2015)、对口帮扶机制(吴秀敏等,2016)等,以提高精准帮扶合理性和操作性。

针对一些地区精准帮扶路径缺乏差异性、灵活性,扶贫效益不高(葛志军,2015),扶贫资金有限,资金使用不精准(许汉泽,2015)项目安排不合理(张全红,2010),农户参与度不足等帮扶困境(王兆峰,2017),学者提出精准帮扶政策不能过于死板(葛志军和邢成举,2015),要从多元发展、多重视角、文化自觉三个层面进行贫困治理工作(吕方,2017),要以交通扶贫(张光南等,2011)、水利扶贫为切入点,以产业扶贫为根本(许汉泽,2017;王立剑,2018),以教育扶贫作保障(孟照海,2016;王志章,2017),以生态移民和小城镇建设作补充,培育增长极(童中贤,2017),加大对口帮扶力度,完善和落实差异化的扶持政策(宫留记,2016),从而带动区域经济健康协调快速发展。在跨境公共事务处理方面,应构建“跨域合作、多元协同”的跨域治理和协同发展模式(戈大专,2016),并逐渐建立起贫困地区社会治安防控、生态安全、重大突发事件协同治理机制和重大政策、项目风险评估机制(杨安华,2014)。针对贫困地区扶贫开发面临的资源问题,应积极引导贫困地区走扶贫开发与生态建设相结合的低碳扶贫道路(陆汉文,2012),整合各项利贫资源(刘宇翔,2015),注重政府主导与群众参与,增强扶贫攻坚的科学性(黄承伟,向家宇,2013)。与此同时,政府应广泛吸纳社会力量的支持,规范扶贫资金的使用过程,强化监督考核机制和外部保障机制,构建科学的财政扶贫评价体系和动态管理机制,提高财政扶贫资金的使用效率(高波和王善平,2014;王敏等,2016;郑瑞强,2016)。

3.脱贫绩效评价

国内外学者主要从实证分析、政策设计等层面探讨了脱贫绩效。比纳亚克·森(Binayak Sen,2003)搜集了孟加拉国 1987 年和 2000 年的 379 个农村家庭的面板数据,使用生计框架评价了 20 世纪 80 年代和 20 世纪 90 年代孟加拉国实施多种扶贫策略(作物集约化、农业多样化、非农活动等)的实施效果。尼格尔·普尔和雷米·高塞尔(Nigel Poole and Remi Gauthier,2007)基于自然资源、社会经济资产和生计策略视角,通过定性和定量相结合的方法考察了墨西哥社区资源使用和扶贫政策实施情况,研究结果表明当地扶贫政策的有效实施主要是由于涉农企业的积极营销,要进一步提高区域的可持续发展能力需要政府针对不同财富群体制定相应干预措施。阿兰和伊丽莎白(Alain and Elisabeth,2000)、埃文斯(Evans A,2000)、奇尔瓦(Chirwa,2008)采用面板数据,通过实证分析拉丁美洲贫困村三年的扶贫成果,指出虽然农村贫困发生率有所下降,但城乡不平衡情况依然严峻,农村相对城市贫困人口的减少主要是迁移的结果,而不是成功的农村发展,脱贫效益不显著,政府的扶贫工作应重点关注分权与参与。针对英国的返贫问题,贾科莫·达米奥利(Giacomo Damioli,2011)、安(Ann,2011)构建了1992—2006年的贫困退出再入风险率模型和贫困过渡模型,用以量化和考察贫困的持久性和过渡期的脱贫成效,研究结果表明教育的改善和就业率的提高对于降低返贫率作用显著。露西娅·科波拉等(Lucia Coppola et al.,2011)构建了包含教育和就业的指标评价体系,运用EU-SILC面板数据研究了2007—2010年意大利的减贫绩效,结果表明区域减贫有很强的政策性和政府主导型,教育和就业在减贫和脱贫过程中发挥关键作用。针对巴西地区的贫困问题,阿曼多·巴林托斯等(Armando Barrientos et al.,2014)评价了扶贫迁移在包容性增长和稳定脱贫中的绩效,研究结果表明反贫困的转移和迁徙是减少极端贫困和扶贫脆弱性的有力武器,有助于减少不平等和社会排斥,加强脱贫成果的可持续性。诺顿(Notten,2015)通过使用"剥夺指数",从社会因素方面构建了多维度的减贫指标体系,用以研究欧洲近年来的脱贫绩效问题,结果显示除财政资源外,情感、精神和物理资源等支持系统也是提高扶贫效益的有力抓手。

徐孝勇(2010)等对我国贫困地区移民开发、乡村旅游、特色产业培育、参与式整村推进等帮扶方式的脱贫绩效进行了测度,得出了创新适宜的帮扶模式是高质量脱贫的基础性保障。陈小丽(2015)基于层次分析法构建三级指标体系对民族地区扶贫绩效进行定量研究,得出在相同扶贫投入条件下,不同的经济阶段、法律基础、社会状况会产生迥异的扶贫效果的结论。陈升(2016)以东中西部精准扶贫作为研究对象,对我国精准扶贫绩效的影响因素进行了系统探究,研究发现精准扶贫绩效的影响因素包括精准识别、精准帮扶、精准管理、精准考核4个层面的9个因素。冯伟林(2017)基于国家级贫困村样本构建了AHP-FCE组合评价模型,从动态和静态两维度综合评估了整合扶贫的绩效情况,主张通过创新扶贫方式,不断推动综合扶贫的整体效益的提升。在选取评价指标时,向德平(2013)认为贫困率降低、基本生活条件、医疗条件、教育条件等应被纳入扶贫指标中,指标体系须体现出发展基础、经济阶段、社会状况、农业技术等方面情况（徐莉萍，2013）。高波等（2014）进一步强调评价扶贫绩效的指标应包含两方面内容，即经济方面（贫困人口收入、产业结构等）和社会方面（贫困人口减少量、医疗卫生设施、基础设施、学龄儿童在校率等），不仅要关注贫困群众当期经济增长，更要考虑到经济的包容性增长和可持续增长。何军等（2017）也认为扶贫绩效评价指标应涵盖政策相关性、扶贫效率、扶贫效果和可持续发展能力。上述学者的研究为本书在指标选取方面提供了经验借鉴。

4. 退出机制研究

自 2000 年以来，贫困项目退出机制的研究受到越来越多学者的关注。较早的研究集中于联合国针对南部非洲国家的食品安全项目和美国国际开发署实施的食品和营养技术援助项目。马西亚斯（Macias，2004）认为退出战略是针对贫困地区援助项目如何撤出所制定的具体规划，其核心在于撤出的同时需保证福利项目影响的持续性，使得受助个体退出帮扶行动后其生计状态不会偏离良性发展轨道。加德纳等（Gardner et al.，2005）在研究有条件现金转移支付（conditional cash transfer，CCT 减贫项目）时强调减贫项目退出计划应包含项目减速（phasing down）、项目转移（phasing over）、项目退出（phasing out）三类实施方式，主张在实施退出战略初期设置一定时间的过渡缓冲期，随后伴之以辅助性的保障项目，最终是项目完全撤出。重新认证（recertification）程序，即对受益人的资格进行重新评估和再次确认的过程，是拉美国家对脱贫个体进行甄别筛选时的普遍做法。其中，评估可分为家计调查（mean test）和代理家计调查（proxy mean test，PMT）两种方式，家计调查即对贫困家庭的经济状况进行综合评价，而代理家计调查则是采用家庭消费、资产储备量、家庭收入等反映家庭人口结构、贫困状况、资本存量的一系列替代性指标对家庭整体生计进行评估（Veras Soares Herrera et al.，2007）。德戈·海鲁和法比奥（Degol Hailu and Fabio，2016）在研究墨西哥脱贫政策时强调脱贫是长期性过程，在制定退出标准时应格外重视人力资本的积累情况，以准确衡量家庭的发展能力和潜在脆弱性。达到退出标准仅反映了贫困家庭在某一时间点或某一阶段脱离了贫困状态，但并不意味着实现了永续脱贫，尤其是在就业和经济不稳定的拉美地区，脱贫家庭普遍存在较高的返贫风险。

2020 年，我国现行标准下 3 000 多万贫困人口有序脱贫、全部摘帽，这依靠的是一个规范连续、操作性强的贫困退出机制，以规范退出标准程序、实现有序退出、动态管理(刘司可,2016)。当前,我国农村退出机制不灵活,区域差异性较大,缺乏统一动态管理,"政绩式退出"现象明显,贫困退出机制实施主体没有得到有效监督(汪三贵,2016)。对于贫困县、贫困乡镇、贫困村、贫困户等不同退出主体缺乏连续性、统一性的衡量标准和实施程序(李瑞华,2017)。退出机制实施过程中,民主评议和公示环节容易被忽视,贫困退出机制具体实施细则与保障机制不完善(陈赤平,2013),且由于当前贫困标准和脱贫标准相对较低,经济新常态下的经济增长不稳定,带来了脱贫波动性较强,脱贫可持续性较差,返贫形势依然严峻(张琦和史志乐,2016)。基于此,扶贫退出需要坚持"实事求是、分级负责、规范操作、正向激励"的原则(刘永富,2016),构建涵盖贫困退出的动力、补偿、风险、激励与约束以及第三方评估的综合衡量机制(王佳宁,2017),从贫困基础、经济发展、人文发展和生存环境四个向度构建起贫困户的退出标准体系(张琦和史志乐,2016),并对扶贫实施主体适当加入约束、惩罚机制(刘彦随,2015),切实提高贫困退出机制的运行效率(辜胜阻,2016),保护扶贫果实,解决"漏贫、返贫、被脱贫"等"三贫"难题(丁赛,2017)。

5.后续保障机制研究

尽管许多发展中国家的减贫战略在缓解贫困方面发挥了关键作用,但它们无法解决其他持续存在的社会风险,因此单靠货币转移还不足以可持续地减少贫困(Elva López Mourelo,2017)。对于退出减贫计划的家庭而言,有两个核心问题值得关注:一是退出后是否有能力维持家庭整体生计(Madoery,2011;李裕瑞,2016)。若受助家庭收入的恢复是临时性的,当遭遇外部风险冲击时仍有可能再次陷入贫困状态(Belsky,1984)。二是是否积累了相当程度的人力资本,以实现长期的收入稳定(Cecchini and Simone,2011),保障子女受教育机会的持续获得,阻隔贫困代际传递(Wu,2014;房连泉,2016)。因此,退出帮扶项目后的收入干预措施是极其必要的,许多拉美国家为此建立了对接 CCT 减贫项目的收入创造计划,基于受益人的就业形态,干预措施分为工资就业和自雇就业两大类(Barrientos and Villa,2015),以及协助完成小学、中学教育及职业培训(Giles et al.,2006)。而发达国家则普遍采用了"福利到工作"(welfare to work,WTW)减贫战略,强调"工作第一"原则,贫困者退出福利计划后,为其提供后续综合性收入干预措施,包括为失业或半失业状态的低收入群体提供技术培训、将受助者技能与劳动力市场空缺职位进行匹配等,确保退出贫困项目者实现长期脱贫(Morais and Michelle,2017)。

项目退出意味着从整个项目领域撤出外部提供的所有人力物力资源和技术服务等,受益者享受的待遇即刻终止(Bane and Ellwood,1994)。但需要强调的是,国内外关于退出战略的研究尤其强调退出不等于单纯地催促受助个体脱离项目,其真正目的在于切实保障受益者可持续生计(Cecchini and Simone,2011)。通过评估他们的财务前景来瞄准弱势家庭,并采用教育、就业培训等干预措施消除潜在脆弱性(Almeida and Galasso,2010),稳定弱势家庭财务状况,保障其良性发展轨迹(Galasso et al.,2004),这是社会可持续发展和进步的关键。同时,保障机制应尽量减少复杂性(Ellwood and Adams,2015)、分散性和变化性(Nightingale,2009),以贴合受助者的知识水平和接受能力。此外,退出机制应确定统一的标准和工作要求,避免不同保障机制之间相互矛盾的激励措施及差异化的资格规定,从而提高政策的适应性和可操作性(Brodkin,2007;Lipsky,2011)。

当前,我国已完成2020年的全面脱贫目标,该目标应是"扶贫项目的退出"阶段性目标,而全部贫困群体的脱贫则是一个长期性工程,需做好充分准备以应对后小康时期的减贫与发展工作(房连泉,2016)。现如今,关于脱贫群体的后续保障工作,我国缺乏标准统一、行之有效的政策安排(王小林,2016),各级政府在实际工作中存在目的不明、手段单一、方法简单(张铁军,2012),基础设施跟进缓慢(李培林,2013),已脱贫户就业形势不容乐观(陈成文,2017)、社会适应性问题突出(王华,2009;陈倩倩,2013;李霞,2017)、社会保障公共服务体系与社会保障制度体系不配套(周恩宇,2017),脱贫长效机制有待完善(吴新叶,2018)等问题,极易导致脱贫户失去扶持后返贫,造成反复贫困和资源浪费。其次,由于脱贫责任约束所导致的面向贫困人口的资源集中极易忽视陷入"中等收入陷阱"农户,表现为脱贫之后发展乏力,无法融入主流社会系统之中,造成可持续生计能力的弱化甚至中断(刘解龙,2018)。此外,在当前的政策安排中缺乏"脱贫户返贫"的预警机制,构筑精准脱贫后续保障机制已成为完善精准扶贫战略的现实需要。在实际操作过程中应该创新思路,需要从政府层面、主体层面、社区层面和社会层面努力,建立灵活高效的财政支持体系,加大资金和政策扶持力度(张若健,2002),完善基础设施和配套保障设施建设(王红彦,2014),注重发挥非政府组织作用,充分吸取群众意见(苏海,2015),努力创造良好的社会环境,因地制宜培育和发展后续产业,选择实施差异化管理策略,重视知识扶贫(王志章,2014)、教育救助(王三秀,2010)的内生发展推动力,从根本上防止贫困问题的代际传递,积极引导提高群众自身能力建设(徐月宾,2007),激发其自发、自助、协同的创造性,解决好后续发展问题(李娜,2010),建立脱贫户生计特征动态监测体系(张琦和史志乐,2016),准确掌握其脱贫后在生产生活中遇到的新问题,并给予适时指导和适当帮助,避免脱贫户因主客观因素重新返贫,以提高精准脱贫的稳定性(朱玲,2011)。

2.3.3 可持续生计相关研究

1.可持续生计理论发展

可持续生计(sustainable livelihoods,SL)作为个人和家庭为改善长远生产生活状况所获得的谋生能力、拥有的资产、可借助的外部支撑条件以及以收入创造为核心的行动,其理论形成于对贫困问题的研究当中。早期学者主要关注由于收入引致的贫困,随着对贫困问题认识的不断深入,20世纪80年代至90年代早期,森提出了权利或能力的概念,即拥有足够资产的人有面对不利情况时的"自由"。从该意义上说,森首次将家庭福利定义为多层面的,与获取资产和相关的生计策略密切相关(Moser,2006)。根据森的理念,各种以资产为基础的生计和家庭福利方式都强调资本的稳定获得和合理支配,以确保家庭在面临不利情况时的生计安全(Wu,2004)。可持续生计理论的起点源自于钱伯斯和康威(Chambers and Conway,1991)对生计的概念化,他们将生计定义为"生活资料所需的能力,资产和活动",关注人们在追求更高收入水平和生活水准的过程中,所拥有的资本和其决策之间的关联。基于生计多样性视角,艾利斯(Ellis,2000)认为生计是包括资产(物质、自然、金融、人力和社会资本)、行动和获取这些资产的途径,它决定了农户生存所需资源的获取程度。斯库恩斯(Scoones,1998)指出基本生活所需的能力、资产以及行动是生计的重要组成,强调了生计的可持续性。汤青(2015)提出可持续生计是以"资产—可获得性—活动"为主线,综合了对贫困、脆弱性背景、适应能力等方面的内容,只有当一种生计能够应对压力并易于恢复,能够在当前及未来保持乃至增强其能力和资产储备,同时又不损坏自然资源,该类生计才是可持续性的(Chambers and Conway,1992;Camey,1998)。20世纪80年代,世界环境和发展委员会(WCED)首次将"可持续生计"写入发展报告中,主张通过提高生产力、加强对资本的获取能力、增加现金储备量等方式满足低收入群体基本生计需求,这为世界反贫困提供了明确的目标(Bull,2015)。联合国环境和发展大会(1992)将此概念引入行动议程,揭示了贫困多维度的本质以及与资本之间的关系,认为从个体、家庭、社区、社会等各维度维系并逐步改善生计系统能力是缓解贫困的关键,主张把"拥有可靠和稳定的生计"作为消除贫困的终极目标。哥本哈根社会发展世界峰会和北京第四届世界妇女大会(1995)进一步强调了可持续生计对于减少区域贫困、促进经济发展和社会整合的重要意义。至今,可持续生计分析(SLA)已被广泛运用于世界减贫与发展事业中(Scoones,2009)。

2. 可持续生计分析方法

可持续生计分析方法为进一步探索提高生计稳定性的路径设计奠定了基础,为反贫困研究提供新视角。20 世纪 90 年代末期,对于可持续生计研究侧重于构建科学合理的生计分析框架。学者们认为,一个物体具有很多属性,因而需要在评估时进行多维度考量(Liu,2008)。此外,复杂系统的决策需要综合考虑许多相关因素(Qin,2012;Vahabzadeh,2015),要做到这一点需要一个全面而整体的评估(Koplovitz,2011)。生计分析方法旨在准确把握个体或家庭生计的复杂性并提供最优干预途径以保障生计的稳定(Farrington and Carney,1999)。它包含了原则、分析框架和发展目标三要素(Farrington,2001),强调了生计资本结构及其相互作用(Scoones,2009),这与主流的经济学思想高度相符(Small,2007)。发展研究所(IDS)和国际可持续发展研究所(IISD)从 20 世纪 80 年代中期开发了可持续生计分析(SLA)方法。SLA 在确定与生计有关的重要资产(物质、自然、金融、人力和社会资本)的基础上,结合社会单位外部影响,探索改善其资产的能力(Castaneda,2000;Stephen,2009)。按照对生计所涵盖内容的不同理解,形成多种可持续生计分析框架(Hoon,1997;DFID,2001;Solesbury,2003),主要包括英国国际发展署(DFID)构建的可持续生计分析框架、美国援外合作组织(CARE)提出的农户生计安全框架以及联合国开发计划署(UNDP)提出的可持续生计途径(Lasse,2001)。其中,应用最广泛的是 DFID 在《可持续生计指南》中提出的可持续生计分析框架,其优势在于对生计环境、生计资本和生计策略相结合的可持续生计的全面理解,能够有效弥补因追踪数据无法获取所造成的局限性(Ifejika Speranza and Wiesmann,Rist,2014;Scoones,1998;Wang,2016)。可持续生计分析方法作为一种寻找农户生计薄弱点并提供多重解决方案的集成分析工具(Chambers and Conway,1992;Carney,1998;Scoones,1998;Ellis,2001),被广泛用于扶贫开发(Chambers,1995;Helmore and Kristin,2001;Khamaldin,2015;Morse and Stephen,2013;An Ansoms,2010;Sadalia,2017)、资源管理(Soumyendra Kishore,

2014；You，Heyuan，2017)、能源消费(Sajjad and Haroon，2016)、政策制定(Chen HaiYun，2013)、服务创新(Nyssen and Jan，2015；Clay and Nathan，2018)、气候变化(Li and Mengping，2017；Pandey and Rajiv，2017)等研究，探讨了生计多样性、生计脆弱性、生计安全等诸多问题。

3. 可持续生计理论在我国的应用

可持续生计方法作为增强农户生计稳定的建设性工具(Martha Roberts，杨国安，2003)，受到越来越多学者的关注，并在世界各地的扶贫开发和生计建设项目中得到了广泛运用和实践(杨云彦，2009)。与城市居民相比，中国 6 000 多万农村社区的地位相对较低，由于土地破碎化导致农业生产收入处于较低水平(Nguyen，1996)。另外，许多农民暴露于干旱、水土流失、环境污染和土地退化等生态风险下，尤其是在西部省份(Chen，2014；Ongley，2010；Zhang，2014；Xu，2014)，保证农民生计可持续已成为我国城镇化进程中的关键性问题(汪三贵和张伟宾，2011)。实现可持续的生计并不是一个确定性的问题(Scoones，2009)，而改善生计的战略总是受到不可持续的农村资源、高人口增长率、脆弱的农业环境和显著的社会不平等的限制(Qu et al.，2011；Shaw and Kristjanson，2014；Ouyang，2014；Dai and Dien，2013)。因此，尽管改革开放以来，农村经济社会发展势头迅猛，但农民的可持续生计还没有完全实现(Rozelle，1996；Gao，2014；De Brauw，2002)。可持续生计框架为深度观察农户生存现状提供了崭新视角(李小云，2007)，可用来发现农户生计发展的主要限制因素及其互动方式(安祥生，2015；仲俊涛，2015)，评估现有的发展活动对于农户可持续生计所做的贡献，并有助于识别出恰当的切入点以支持新的生计发展规划(关云龙，2009)。

(1)生计脆弱性研究。可持续性反映了家庭或个体应对压力和冲击并从中恢复的能力(DFID，1999)，生计资本作为可持续生计框架的重要组成部分，被普遍认同是影响个体福祉的关键因素(Obrist，2016)，在扶贫和发展领域，生计资本被广泛用于分析和描述人类的生计现状。虽然可持续生计框架提供了许多有用的信息，但因其无法捕捉长期资本活力而存在着一定的局限性(Small，2007)。在生计变化研究中，国内外学者逐渐意识到，融合可持续生计和脆弱性方法可以为降低区域规模化风险提供独到的见解(Eriksen and O.Brien，2007；Nelson and Kokic，2010；Lin and Polsky，2016)。2000 年，世界银行在其《世界发展报告》中首次提出了"贫困脆弱性"概念，用以描述个体风险暴露的财富损失或生活水平低于某一社

会可接受水平的程度(Mujumdar,2001)。作为渐进风险积累的动态过程,它解释了贫困和脆弱性的两个维度(Alkire and Foster,2011)。其中,脆弱性强调对家庭福利的事前分析以及风险影响的初步预测,而贫困更多的是强调事后估计(Anyanwu,2005;Howe and McKay,2007;Sricharoen,2011;Osawe,2013)。特纳(Turner,2003)认为生计脆弱性是指系统、子系统或系统组件可能遭受危害的程度,用以反映个体或家庭的易受害性、风险性、社会边缘性的生存状态,包括暴露、敏感性、响应能力三个评估维度(Mengtian Cao,2016),其中,暴露涉及系统遭受环境压力或社会政治压力的程度(Kasperson,2005),灵敏度是系统受内部或外部干扰影响的程度(Reed,2013),响应能力(也称为"应对能力"或"适应能力")是系统能够适应干扰、消除潜在损害、利用机会应对未知变化的能力(Gallopín,2006),通过对脆弱性的分析有助于降低风险,提高生计可持续性(Adger,2006)。在已有研究中,国内外学者们主要从以下几个层面定义生计脆弱性。乔杜里(Chaudhuri,2002)、万广华和章元(2009)、李丽和白雪梅(2010)将家庭在 T 时的生计脆弱性定义为它在 T+1 时期陷入贫困的可能性,即预期贫困的脆弱性 $V_{ht}=E(p(c_{h,t+1},z))|I_T$。科查尔(Kochar,1995)、利根和谢克特(Ligon and Schechter,2002)、杨文等(2012)采用贫困线的效用和未来消费的期望效用之差来测度脆弱性,即期望效用的脆弱性 $V_{ht}=U_h(z)-E(U_h(c_{ht}+1))$。库尔(Kühl,2003)将脆弱性定义为个体或家庭因遭受重大冲击而导致其福利水平降低到贫困线以下,即风险暴露的脆弱性。阿明(Amin,1999)、格莱维和哈尔(Glewwe and Hall,1995)认为若家庭消费支出与外部冲击同时变动,则反映出该家庭缺乏平滑消费能力和抵抗冲击手段,对外部压力过度敏感,进而以家庭对风险冲击的暴露或过度敏感性测度生计脆弱性(Dercon and Krishnan,2000)。英国国际发展署(DFID)主张从外部环境(自然灾害和生态环境)和生计资本配置(自然、物质、金融、人力、社会资本)两方面对农户生计脆弱性进行测度。莫斯特和霍兰德(Moster and Holland,1997)强调脆弱性源于生计资本的缺失,有形或无形的资本可通过风险管理和增加投资等方式从规避损失和提高收入两方面减少生计脆弱性,个体或家庭的脆弱性随着资本积累而逐渐降低,生计资本存量越小,生计不安全指数越高(Isabel Günther,2009)。脆弱性作为可持续生计框架的外部环境和宏观背景,在个体层面上具有不可控性(汤青,2013),而农户生计脆弱性主要来源于自然灾害、经济波动、突发事故、疾病、失业等风险(韩峥,2004)。李小云等(2005)认为低收入群体的生计资本自身具有脆弱性特征,这导致了农户在面对外部冲击时抵御和化解风险能力十分有限,这一观

点有助于深刻理解贫困人口生计资本的典型特征。在此基础上,李小云等(2007)从生计资本视角定量测度了农户的脆弱性,得出农村地区不同群体间生计脆弱性差异明显的结论,且生计资本的匮乏是导致农户生计脆弱性的根本原因。基于风险和脆弱性框架,陈传波(2005)得出了贫困农户更易陷入贫困恶性循环,相应地其生计脆弱性更强的结论,深刻揭示了贫困农户的多风险交织状态。阎建忠等(2011)在对青藏高原农牧民生计进行测度时构建了农牧民生计脆弱性指标体系,发现自然环境和地理位置劣势会使得该地区农牧民生计脆弱性显著提高,并主张以优化人力资本和金融资本为抓手降低当地农户生计脆弱性。马晓倩(2014)以黄土高原典型村落进行了研究,分析了干旱扰动对于农户可持续生计的影响。金赛拉(Kinsella,2000)、艾利斯(Ellis,1999)和科菲(Cofie,2010)在分析不同区域农户差异化生计策略的基础上指出农村生计多样性有助于降低当地农民生计脆弱性。须注意到,尽管脆弱性是贫困地区农户福利状态的直接体现,但农村面板数据的缺失是发展中国家的共同短板(Morduch,2005),迄今为止大多数研究依靠横截面调查来估计农户脆弱性(Chaudhuri,2002;Christiaensen and Subbarao,2004;杨龙和汪三贵,2015)。当前脆弱性工具方法已应用于灾害、气候变化、社会变化、城市化和土地利用变化等许多领域(Cutter and Finch,2008;Eakin et al.,2010;Füssel,2007;Huang et al.,2012),此类文献的关注点是家庭风险管理能力。

(2)生计资本研究。尽管学术界关于贫困的界定仍存在较大争议,但越来越多学者将贫困看作个人获得物质需求和社会服务的能力不足(Coudouel,2002),而能力不足的实质为生计资本的缺乏(Sen,1993),因此,生计资本对实现可持续生计至关重要(Adam,2013)。生计资本是可持续分析框架的核心内容,可用的资本构成了一个能够储存、积累、交换、投入并产生收入流动的资产库存(Rakodi,1999),五种生计资本可以相互转化(Brodkin,2007;Lipsky,2011),如人力资本影响其他类型资本的所有权(Bryan,2015),金融资本转化为其他资本(Tian and Chen,2014),社会资本促进人力资本的发展,拓宽农民融资渠道,扩大农村生活资本投资组合等(Xu,2015;Wang and Xie,2014)。生计资本形象地反映出人们的资产整体状况,可用于分析不同家庭生计状况和实现收入、安全、福利目标的可能性(DFID et al.,2001;Carloni and Alice Stewart,2005)。亚当(Adam,2013)将农民的总体适应能力量化为五大类型资本的加权平均值,认为生计资本的相互作用和可得性(Frusher,2015)是农民生计适应能力的体现,生计资本较高的家庭具有较高的生计适应能力,而生计资本较少和单一的家庭其生计适应能力较低(DFID,2000),而生计资本又取决于农民的资本禀赋(Wang,2016),不同的资产组合可以达到不同的生计结果,生计资本的组合和优化配置降低了生计风险(Moser and Satterthwaite,2008),提高了生计决策合理性和收益性,具有较高生计资本指数的农民有更多的选择来处理风险冲击,从而减少生计脆弱性(Rahman,2014;苏芳,2012)。生计资本是农户选择生计策略和抵御风险冲击的基础,也是其获得生计输出的必要前提和扶贫工作的切入点(Hoddinott,2003;李小云,2005,何仁伟,2014)。生计资本的获取水平与多样化水平之间存在正相关关系(Onanong Longpichai,2012),人们取得幸福的能力在很大程度上取决于他们对生计资本的拥有。基于可持续分析框架,徐鹏等(2008)、杨云彦等(2009)分别分析了西部地区和南水北调库区农户生计资本情况,得出该地区农户社会排斥凸显,生计脆弱性较高的结论,主张对接生态补偿机制和移民开发政策,推动农户生计资本量提升,以实现可持续生计。靳小怡(2011)基于生计资本视角,对农民工可持续生计的关键问题进行了探讨,拓展可持续生计分析框架的应用领域。胡业翠等(2016)对迁入区农户生计资本重构与变化进行了研究,并指出生态移民工程中存在资源占有与分配的失衡问题。在生计资本的量化研究方面,李小云等(2007)率先将农户生计资本的量化方法引入国内,王利平(2012)基于"PRA+3S"相结合的方法,建立了农户属性与地块空间数据相连接的"农户-土地"数据库,对农户生计资产配置情况进行了研究。宁泽逵(2017)采用熵权法对农户生计资本进行量化,并借助莫兰指数分析了村级户均生计资本的空间聚集特征,提出了精准扶贫的政策建议。

(3) 生计策略与生计结果研究。生计策略是指为实现生计目标,农户对自身生计资本进行组合使用的方式(Gentle,2012)。在外部风险冲击和内在生计资本禀赋的影响下(Van den Berg,2010),农户通常会通过对其所拥有的各类资源进行多样化配置,选择不同的生计活动以获得最大化利益及最小化风险(Su,2009)。在资本变动和要素约束下,家庭基于现有生计资本储备量,做出不同的生计决策,会产生差异化的生计成果(Huang Tai,2017;苏芳,2012)。可持续生计就是通过统筹利用各类生计资本的生计策略获得持续发展的能力,其取决于各类生计资本在特定生计策略下应对经济、社会、自然等诸多风险并通过资本组合获得资产积累的情况(黎洁,2009)。因此,生计策略可被看作是家庭可持续生计的实现基础和根本保证(Su and Shang,2012;郝文渊等,2014),通过对个体生计资本和生计策略的把握可展现出一个全局性的生计发展路径,从而有助于找到需要进一步加强的关键点(Baumgartner,2014)。

针对生计策略与贫困减缓之间的联系,学者们普遍认同生计策略,尤其是非农生计策略,在打破贫困恶性循环方面作用显著(Lanjouw and Feder,2001;Haggblade,2002;De Janvry,2005;Word Bank,2009;Haggblade,2010;Prem B. Bhandari,2013)。范登贝尔赫(Van den Berg,2010)基于自然灾害和人均收入视角强调农村贫困人口参与非农活动的必要性,认为农村贫困问题可通过发展非农产业得以缓解(Alemu,2012)。但与此同时,阿拉瑞(Alary,2011)、克里斯蒂安森(Christiaensen,2011)、荷加斯(Hogarth,2013)提出相反观点,认为通过扩大农田面积,发展高附加值产品,调整农业生产结构,提高农业生产效率等方式,农业生计策略亦可实现贫困缓解,但未知气候变化对农业活动的影响更为显著(Gentle and Maraseni,2012),不利的自然条件被看作是非农生计策略选择的重要动因(Fang,2014)。阎建忠等(2009)、黄建伟(2011)、蒙吉军(2013)、田素妍(2014)等运用数理分析方法得出多元化的生计策略选择将提高农户的资本禀赋及抗风险能力,并降低贫困程度以及对自然环境的依赖性。

针对生计策略的影响因素,德哈恩和佐麦斯(De Haan and Zoomers,2005)指出各种生计策略都嵌入在制度和社会背景之下,政策因素、自然因素、风险因素、技术因素对农户生计行为影响显著(闫志明和蒲春玲,2015)。我国学者主要从退耕还林(草)(李树苗,2010;谢旭轩,2010;唐珂,2013)、退稻还旱(董文福和李秀彬,2007)、退田还湖(于秀波,2006)、禁牧(陈洁和苏永玲,2008)、征地(刘家强,2007;王晟,2007;黄建伟,2009)、生态补偿(韦惠兰,2008;赵雪雁,2013)等方面探讨了生态保护政策的实施对农户生计策略及结果的影响(汤青,2015),提出了增强农户生计能力的建议。周洁等(2013)采用模糊物元模型对失地农民可持续生计状况进行了量化评估,主张应从完善征地补偿、就业扶持、全面保障等方面进行征地政策的调整与改进。赵雪雁等(2011)基于对甘南高原115户农牧民家庭的定量研究得出农户的生计资本存量直接作用于生计决策,自然资本存量不足的农户可寻求非农生计活动,而人力资本、物质资本与金融资本匮乏以及社会关系的局限性对农户生计多样化具有一定的抑制作用。苏芳(2012)也认为人力资本和金融资本是影响农户生计策略最显著的因素,可通过提升农户的人力资本、金融资本存量等措施,增强农户的抗风险能力。

2.3.4　研究述评

总体而言,国内外学者在贫困减缓及可持续生计问题相关领域成果颇丰,为本研究提供了扎实的理论基础以及科学的逻辑起点。具体来看:

(1)国内外对于贫困的研究由来已久,在贫困界定、生成机理与缓解方面形成了丰富的研究成果,使得本研究对于贫困形成了更加全面的认识。现有文献提出在脱贫攻坚关键期,政府应当基于"发展"的视角,从多维度看待贫困问题,提高贫困人口自身发展能力,赋其更多权力,从而保障贫困人口脱贫效果的可持续性,这为本书提供了新的思路。

(2)基于区域性扶贫战略效益不断下降的国际扶贫新形势,国内外学者将目光投向了更加微观化和精准化的扶贫战略,已形成了从贫困群众精准识别、建档立卡贫困户精准帮扶,到贫困人口脱贫绩效测度,再到精准脱贫户退出机制及后续保障的完整理论体系,大量文献资料集中于贫困人口精准帮扶方面,有助于本研究厘清当前贫困人口多元化的帮扶形式,为进一步研究其脱贫效果提供重要的前提保障。精准扶贫的目标在于精准脱贫,学者们主要围绕绩效评价、退出机制、后续保障机制三方面对现行的国内外相关政策进行了探讨,这有助于本研究明确当前我国脱贫退出过程中以及已脱贫农户后续发展中存在的问题,为后续研究奠定夯实的现实基础。此外,在可持续生计方面,大量研究已证实在脆弱性背景下基于生计资本存量及组合状态而做出的生计决策直接影响最终可持续生计结果的实现,生计分析已成为了解农村居民谋生能力和生计状况的主要手段,可持续生计评估作为以干预为目标的帮扶政策精准实施的先决条件和关键指标,已被国内外学者广泛使用,围绕生计可持续性而展开的理论和实证研究能够使本研究更加全面地把握当前可持续性研究的发展动态和理论前沿,为本研究提供了丰富的理论指导和经验借鉴。

但现有研究尚存在可以完善之处:第一,在研究对象上,我国学者将研究焦点集中于贫困线以下群体的帮扶路径和生计状况。虽然已脱贫群众的可持续发展问题已成为我国顶层设计的重点内容,但对于已经脱贫退出的"精准脱贫户"的可持续生计相关研究才刚刚起步(You and Zhang,2017),难以为后扶贫时期的脱贫保障工作提供科学的指导。第二,在退出机制方面,"减贫"仍是当前研究的主流,而在脱贫退出方面的研究成果相对较少且以定性研究为主,对于退出机制的实施,各地并没有具体、统一、规范的量化标准,没有形成科学合理的评价指标体系,无法对脱贫群众的生计效果进行综合评价，在实施过程中还存在着诸多问题。如何科学评估脱贫成效，是完善贫困退出机制须解决的核心问题，是确保真脱贫的关键点（陆汉文，2017）。第三，在后续保障机制方面，当前针对已退出的贫困人口的后续保障机制研究主要围绕以易地扶贫搬迁为帮扶手段的受助主体展开，对于贫困地区精准脱贫户的保障措施研究较少且多为理论研究和定性描述。而作为我国脱贫攻坚的主战场，贫困程度深重、贫困人口基数大、致贫原因复杂、返贫率畸高的贫困地区是新时期脱贫攻坚的重难点，因此，对贫困地区已脱贫的农户进行研究更具现实意义。第四，在可持续生计研究内容方面，当前国内外学者针对特定地域农户的可持续生计研究较多，且主要解析相关政策或者制度的优劣或是可行性，而忽视了家庭内部构成的异质性和受助群体的差异化需求。事实上，家庭构成、所处环境不同的农户，其生计水平和适应能力之间可能存在较大差异（Rahman and Akter，2014；汤青，2015）。与此同时，应清楚认识到，经济落后地区（西部地区）、山区和生态脆弱区农户生计问题更为复杂，上述区域应成为农户可持续生计研究的重点区域，研究内容应与扶贫开发紧密结合（何仁伟，2013）。第五，在可持续生计研究设计方面，现有的可持续生计评价大多基于既定的 SLA 构建指标体系，但可持续生计框架所强调的是基于生计资本而进行生计策略选择最终实现可持续生计输出的过程，无法反映出代际可持续的能力大小。对于精准脱贫户而言，预防贫困反扑和斩断贫困代际传递是精准脱贫战略成功实施的直接体现。第六，在可持续生计衡量方法方面，关于可持续生计指标的权重赋值，绝大部分研究采用的是主观经验赋权法、等权重法，上述方法虽然具有一定的合理性，但因其结果主观随意性过强，与现实的经济社会存在一定差距而存在着明显缺陷。也有学者采用主成分分析法、logistic 回归等客观评价方法，然而精准脱贫户的生计评估是多因素交互的非线性复杂问题，存在着不确定性、离散性等关系，若过于依赖回归分析，有可能剔除一些重要的社会经济指标变量进而损害指标体系的解释力。第七，在可持续生计的保障措施方面，当前研究对可持续生计保障的探讨主要停留在生计策略和生计资本层面，并未体现生计的"动态变化"。第八，对于生计策略的研究普遍忽视了"自选择"问题，可能造成一定程度的偏误。第九，当前研究主要基于家庭或户主的微观视角，且一般采用定性分析、线性回归分析、描述性统计等方法筛选归纳影响因素，并未同时考察贫困地区社会经济发展对于精准脱贫户家庭生计的影响。

　　本书在已有研究的基础上，以贫困地区精准脱贫户为研究对象，从以下几方面对精准脱贫户可持续生计的研究进行补充和探索。

（1）基于精准脱贫户生计资本的系统结构与特点，探讨精准脱贫户生计资本之间的作用关系，探索精准脱贫战略下脱贫户生计资本优化与实现可持续生计的协同机制，并进一步讨论生计资本推动精准脱贫户实现可持续的传导机制，构建起精准脱贫户生计可持续的系统化动力网络。

（2）从可持续生计和代际可持续的双重视角优化可持续生计框架，采用BP神经网络综合评估不同类型精准脱贫户可持续生计得分、生计资本转化协调能力、生计策略多样性与收入多样性。

（3）从定量角度拆分精准脱贫户生计资本、生计策略、生计结果三者之间的逻辑关系，分析精准脱贫户实现可持续生计的传导路径。

（4）从多层面探讨影响精准脱贫户家庭可持续生计和保障生计稳定的关键因素，回答好精准脱贫战略"扶上马、送一程"中"如何送、送多久"的问题。

（5）基于我国现实背景，提出实现贫困地区精准脱贫户可持续生计的政策建议，以期为当前精准脱贫研究做出些许有益补充，为规避反复扶贫和阶段性扶贫，切实提高精准脱贫效率，如期实现全面小康建言献策。

2.4　本 章 小 结

本章首先对贫困地区、精准脱贫户、生计与可持续生计、生计资本等研究涉及的核心概念进行了内涵界定，以形成对本书研究对象和研究内容的清晰认知，为全文的展开和深入奠定了夯实的概念基础。随后对相关基础理论进行了系统回顾，主要包括多维视角下的贫困成因理论、可持续生计理论、资本积累理论、农户经济理论，将其作为全文分析重要的理论借鉴基础。紧接着对已有相关国内外研究进行了全面梳理，主要包括贫困问题相关研究（贫困的定义、贫困的生成机理、贫困的缓解）、精准脱贫相关研究（精准识别、精准帮扶、脱贫绩效评价、退出机制研究、后续保障机制研究）、可持续生计相关研究（可持续生计理论发展、可持续生计分析方法、可持续生计理论在我国的应用），发现已有文献对于"后小康时代"帮扶研究十分有限，对于已脱贫退出的"精准脱贫户"的可持续生计相关研究仍处于空白，故本书选题对于"后2020时代"的扶贫开发具有一定的前瞻性和指导意义。

第3章
生计资本视域下精准脱贫户可持续生计的理论分析

本章以发展经济学理论、可持续发展理论、可持续生计理论、贫困减缓理论和数理经济学理论为基础,探讨精准脱贫户可持续生计的实现基础、驱动要素以及生计资本对精准脱贫户可持续生计的传导机理,从自然因素、社会因素、经济因素三个维度梳理实现精准脱贫户可持续生计的条件与约束,并基于此生成生计资本视域下精准脱贫户生计可持续的系统化动力网络,从而构建起本研究的理论分析框架。

3.1 精准脱贫户实现可持续生计的逻辑起点: 生计资本的积累与改善

生计资本及其构成是 DFID 可持续生计分析框架中的核心内容(何仁伟,2013),对农户生计策略、生计结果起着决定性作用。贫困农户可以通过利用某种或多种资本组合来优化其生计策略,实现可持续的生计输出,进而摆脱其贫困状况。因此,提高贫困农户的可持续发展能力,核心在于提升其生计资本配置及存量(DFID,1999)。

3.1.1　精准脱贫户生计资本的系统结构与特点

生计资本是社区和不同类别家庭的资源基础(粮农组织,2005),可持续生计框架将人们为了实现良好的生计结果所需的生计资本进一步细分为人力资本、自然资本、金融资本、物质资本和社会资本(DFID,1999;FAO,2005),这些资本构成了一个可以储存、积累、交换和投入工作以产生收入流动的资产库存(Rakodi,1999;Ellis,2000;Babulo,2008),资本的拥有量决定了个人和家庭的生活质量和生计水平。

1. 人力资本

人力资本作为具有主观能动性的资源,是指人们为了实现有利的生计目标而拥有的具有经济价值的知识、技能、体能等要素的总和,能为其带来一定量的收入流。在家庭层面上,人力资本包含了实际劳动力的量和质两部分,且随家庭成员健康状况、知识技能水平、人口规模等因素而变化(Mankiw and Romer,1992)。在可持续生计框架中,人力资本作为生计资本的有机组成,是实现有利生计输出的一种途径。因此,人力资本的积累可作为一个独立的目标进行,个体可通过积累人力资本,获得较高报酬的生计活动,以实现可持续生计。人力资本具有以下特点:

(1)依附性。正如贝克尔所说:"与金融资产和物质资产等易于分割的身外之物相比,一个人和他所拥有的技能、知识、健康等价值是无法切分的。"人力资本生成并存在于人体之中,与其承载体不可分离,必须在劳动和劳务过程中才能得以体现,人力资本的交易特性体现在其不能被直接买卖或转让,而是必须建立在人力资本所有者的意愿前提下。人力资本的产权权利一旦受损,其资产可以立刻贬值或荡然无存(周其仁,1999)。

(2)能动性。人力资本对其他形式的资本具有支配和推动作用,物质资本、金融资本、自然资本等价值量的实现和创造必须通过人力资本的运作。人力资本(知识和劳动力或支配劳动力的能力)是充分利用其他四种资本创造经济价值的前提条件,因此,从可持续生计的实现角度看,拥有人力资本是一个必要不充分条件。此外,人力资本可以创造出超出自身价值量的经济效益。在当前经济、知识、科技和信息全球化的形势下,决定一个地区或国家经济发展的核心要素不再是所拥有的物质财富,而是人力资本存量(秦元芳和张亿钧,2005)。

（3）异质性。人们可以通过后天的学习拥有相应的体能、智能、技能和知识以实现人力资本的积累和优化，但由于原始天赋和学习能力、接受能力、健康状况在不同个体之间差异明显，因此人力资本具有较强的异质性。

（4）边际收益递增性。在资本应用过程中，由于人力资本的非消耗性、无限增值性、再生性，其表现出了较强的边际报酬递增趋势，人力资本会由于经验积累或继续教育培训等因素促使自身存量不断增加，从而不断增殖。

（5）积累性。人力资本的产权特性决定了人力资本的配置以积累为前提，人力资本存量的差异导致其在配置过程中的成本收益也不尽相同。人力资本价值是在投资过程中不断积累而成（舒尔茨，1960），最低层次的纯粹自然人力是普通劳动力所具有的最基本能力，通过简单培训并获得相应知识技能后可形成价值量较低的低层级人力资本（又称一般型人力资本），在配置过程中具有可替代性，继续加大人力资本投资，进行更高端系统的学习深造，可获得更高层级的具有不可替代性的技能型人力资本。不同层次人力资本其内在价值构成不同，且由自然人力到一般型人力资本，再到技能型人力资本的积累过程，其获取成本和难度也逐步提升。

2. 金融资本

金融资本是指人们用来设法获得构建重要生计要素、实现其生计目标的金融资源，是消费和生产所需的积累和流动，是各项生计策略能够有效顺利开展的前提保障（Anthony Bebbington，1999）。金融资本是家庭财富的重要组成也是家庭财富最直观的体现，主要包括现有存量（现金、银行存款、信贷等）、定期资金流入（工资性收入、家庭经营收入、财产性收入和转移性收入）等，金融资本在家庭生计中具有较高的流动性和观测便捷性，这种特性决定了它是与其他生计资本结合最为紧密的资本，金融资本往往可看作是其他资本的转化源和衡量标准，具有流动性、积累性、支配自主性等特点。

（1）流动性。可持续生计中的金融资本主要指金钱（苏芳，2009），具有货币属性，可立即投入流通，用以劳务或商品买卖，或作为偿还债务的交换媒介，具有普遍的可接受性，是五类生计资本中最具流动性的资本，能够直接转化为其他任何资产形态，它在一定程度上反映了家庭整体购买力水平和生计水平，家庭必须拥有一定量的金融资本，以确保各项生计活动的顺利展开并防范未知的风险冲击。

（2）积累性。金融资本存量是由流量累积而成，它可被直接用于投资转换或从外延式和内涵式两方面扩大再生产，从而进一步推动金融资本的增值和积累，使得所有者权益增加。金融资本是家庭财富的直接体现,其积累过程被等同于家庭财富的积累,只有当金融资本积累达到一定的门槛时,才具有抵抗生计风险的能力(Lemos,2016),因此,金融资本积累量被看作是贫困识别的关键指标,2011 年我国将农民人均纯收入 2 300 元(2010 年不变价)作为新的国家扶贫标准。

(3) 支配自主性。金融资本归私人所有,可由拥有者任意支配使用,在理性假设下其支配行为是以实现个体或家庭的生计目的为根本动力。因此,金融资本所有者的支配行为是对自身生计有益的,金融资本支配或转换的自主性反映了个体实际的生计需求。但在实际情况下,对于缺乏投资渠道和投资能力的贫困个体而言,支配自主性可能导致有限的金融资本得不到充分利用。

3. 社会资本

格伦·洛里(Glen Loury)首次提出了"社会资本"一词,布尔迪厄(Bourdieu,1980)将社会资本定义为"由相互认可的持久关系网络所组成的实际或潜在的资源集合",科勒曼(Coleman,1988)进一步强调"社会资本是指人们所拥有的以社会结构资源为特征的资本财产,其形成依赖于个体之间的关系按照有利于行动的方式而改变"。社会资本反映了社会组织的特征,这些特征可以通过协调集体行动而提高社会效率(Putnam,1993)。其中,"社会网络"(social networks)、"信任"(trust)和"规范"(norms)被看作是社会资本的核心内涵(Han,2013;Meng,2014)。在可持续生计框架中,社会资本被定义为个体或家庭为了实现其生计目标所使用的社会资源。社会资本具有解决集体行为问题和增强生产力的能力,因此,社会资本也被看作是对其他形式的资本投资的有利补充。英国国际发展部(DFID)设定的社会资本包括社会关系和联系、正式和非正式组织的成员关系、对外的集体诉求、参与决策的能力、公共准则和约束力等。社会资本具有以下特点:

(1) 积累性。社会资本反映了社会成员间的网络、规范和信任。社会资本是在个体之间的长期交往、合作互利中不断建立起来的。社会资本不会由于频繁使用而减少,但会因不使用而枯竭。因此,社会资本具有可再生性,会随着使用的频繁而逐渐积累其深度和广度(侯祖戎,2010)。

(2) 更新性。同人力资本一样,社会资本的价值会随着时间的推移而不断降低,若没有及时性的更新维护,会逐渐丧失其效能。相较于社会资本的建立周期,其价值流失的速度更快,甚至一次失误都会极大地浪费集体性的信任资源。

(3) 收益扩散性。美国社会学家科勒曼(Coleman,1988)将社会资本看作是社会关系和结构的某种特性,强调其作用不仅体现在生产价值上,更体现在对利益共同体的维持和促进上。因此社会资本更具有社会性,其收益更具有扩散性。对受益者而言,社会资本具有公共物品属性,因此具有一定的外部效应。

(4)层次性。社会资本的所有者可以是个人、组织或共同体,社会资本多寡直接决定了动员资源的能力大小。社会资本的层次性体现在两方面:其一,不同共同体由于其社会资本存量差异所导致的扩展度不同;其二,由于个体所处社会地位和资源拥有量的差异所引致的社会资本控制能力不同。

(5)嵌入性。社会资本由于其自身的无形性、非直观性,只能以社会关系网络的形式表现出来,主体对社会资本的拥有是嵌入某个社会网络所形成的结果,因此,社会资本对主体不具有依附性,是不可转让资本(Mark Granovetter,2007)。

4.物质资本

物质资本对于经济增长的重要意义已被国内外学者从多维度证实。在古典经济学中,物质资本被看作是经济增长的唯一决定要素,大推进理论(Paul Rosenstein Rodan,1943)、哈罗德-多马模型(Harrod and Domar,1943)、"一国穷是因为它穷"著名论点(Ragnar Nurkse,1953)以及"起飞"理论(Walt Whitman Rostow,1960)等早期经济增长理论都聚焦于物质资本,强调打破经济发展桎梏的关键在于大规模的物质资本积累,虽然后期的内生增长理论强调人力资本对于保持经济长期平稳增长的重要作用,但是不可否认,物质资本始终是经济增长不可或缺的要素之一(汪柱旺和于瀚尧,2012)。在可持续生计理论中,物质资本指的是个体或家庭生产生活的场所以及进行各项生计活动所使用的工具,包括基础设施、生产工具、设备和技术等(汤青,2015)。物资资本是其他资本得以有效发挥效用的重要基础,在很大程度上反映了本期及未来的生产力水平,拥有较高物质资本存量的家庭的生计满意度普遍较高。物质资本具有以下特点:

(1)边际报酬递减性。在资本使用过程中,与人力资本边际报酬递增相反,物质资本会表现出较强的边际报酬递减趋势。人类的经济活动可被看作是投入产出的过程,在其他条件恒定的情况下,持续增加单一物质资本投入,其产出增量会随着时间推移逐步下降,投资回报率呈现递减状态。

(2)折旧性。能够连续在若干个生产周期内发挥作用并保持其原有的实物形态是物质资本的重要特征之一,而其价值是随着物质资本的磨损逐渐地转移到所生产的产品中去,这部分转移到产品中的物质资本价值,可看作是物质资本的折旧。

（3）可转移性。物质资本作为实物资本，具有共享性和可转移性，物质资本所有者对物质资本享有使用权、收益权、处置权、占有权等，其权能可被部分或全部让渡。例如，在生产生活中，为了实现资源优化配置，物质资本所有者需将其占有权、使用权让渡，使得人力资本能够与物质资本充分结合，从而实现物质资本的保值和增值（李吕麒，2004）。

5. 自然资本

"自然资本"一词是对应经济学生产函数中的"人造资本"而产生的（Pearce and Turenr，1990），达利（Daly，1996）将其定义为"能够在当前及未来提供有用的产品流或服务流的自然资源及环境资产的存量"。麦克唐纳（Mac Donald，1999）基于生态和人类的双重视角，认为自然资本的重要意义不仅在于维持环境的健康和稳定，更关键的是能够保障人类生存和福利。皮尔斯（Pearce，1993）将自然资本的内容拓展到经济、政治和社会方面，指出自然资本与国家的生活福利紧密相关。在此基础上，奇苏拉（Chiesura，2003）从生态功能、经济功能和社会文化功能三方面界定了自然资本，对其所产生的价值与人类社会健康和福利进行了重点探讨。在可持续生计框架中，自然资本是指生计所依靠的自然资源存量，构成自然资本的资源范围广泛、形式多样，包括生物多样性、可直接利用的资源及生态服务（Scoones，1998）。可持续生计理论认为，自然资本是影响生计的重要因素，尤其是对于以农业收入为主要生计来源的家庭而言。有限增殖性、折旧性、收益不确定性是自然资本的主要特征。

（1）有限增殖性。自然资本遵循生态规律，可在合理使用和未受损害的情况下自行实现增殖，在现在和未来为人类的生产生活提供各式各样的生产资料，带来相应收益，并能为人类和其他生物提供适宜的栖息地和生存环境。但自然资本的自行增殖是有限度的，当人类活动超越了自然承载能力，打破了自然资本良性循环，必然会引致自然资源匮乏，土地出产量下降，农户生活能源短缺和收入动荡。

（2）折旧性。自然资本处于生态环境和地理位置之中，在人类社会生产力水平较低的时期，人类活动范围较窄且对自然资本的需求较小，此时自然资本可自行恢复，因此人类对自然资本的折旧和影响近似为零。而随着经济和人口压力的双重增长，用地矛盾突显，导致自然资本过度损耗，土壤肥力下降，经济作物出产量降低，生物多样性减少，资源稀缺性不断增加，此时的自然资本需达到消耗和补偿的平衡才能保证其存量,即人们必然要通过积累或投资才能够从自然资本中获取更大的回报。

(3)收益不确定性。在可持续性生计框架中,自然资本与脆弱性风险密切相关,其本身具有变化性、区域性、空间分布不均性等特征。自然资本能够为人类提供支持生计的产品和服务,对自然资本投入的成本是即时性的,但收益由于受到人类活动、自然资本存量及质量、自然灾害、农产品市场价格、基础设施、季节变化等多方面因素影响而呈现出滞后性和不确定性。

3.1.2 精准脱贫户生计资本的内生性累积

1. 人力资本的积累

行为人的劳动能力是异质的,这种劳动力素质的差异源于人力资本的积累。在我国贫困地区,低水平的人力资本存量是导致贫困人口脱贫能力较弱的主要因素之一(岳希明,2007;蔡昉和都阳,2000;Wang and Yao,2003;姚先国和张海峰,2008),低收入群体大都从事体力活动或低效率低收入工作,无法掌握先进的科学技术和现代化的农业机械,因此其收入长期处在较低水平,致使贫困代际延续。精准脱贫户人力资本的积累主要来源于直接积累和间接积累两个渠道:首先,精准脱贫户在脱贫退出以前,可通过政府主导的职业教育、技能培训、就业指导等"产研学"结合的教育脱贫手段,有针对性地提高自身劳动力素质,从而推动人力资本的积累,提升劳动生产率,拓宽就业渠道,打破"打工没技术,创业没思路,务农没出路"的生计困境,发挥自身主体价值,激发其内在造血潜力,进而有效提高家庭收入,改善生计条件,阻断贫困代际传递,生计条件的改善会进一步加大人力资本的投资,由此形成收入增长良性循环。其次,已稳定脱贫的精准脱贫户在实际工作生活中,可通过自主投资、交流协作、互帮互助、就业迁徙、其他生计资本相互转换等方式进一步提高综合素质,扩容知识存量,积累就业经验技能,减少社会排斥,带动人力资本的更新和优化。

为了进一步讨论人力资本积累问题,本书将世代交叠模型的原假设修改为假设经济体存在人口的新老交替,时间是间断而非连续的($t=0,1,2,\cdots,n$),单个生命体存活为三期(王询,2013)。在一个时间段同时存在青年人(生命第一期)、中年人(生命第二期)、老年人(生命第三期),且青年人向中年人借贷用以人力资本投资,中年人通过生计活动收获报酬用以还债、储蓄及消费,老年人收回债务并将归还债务和储蓄用以养老,经济体中的人口数量恒定不变(出生率＝死亡率),且人口年龄结构分布均匀(老、中、青三代人的转化率＝青年人出生率＝老年人死亡率),这意味着老、中、青三代人口数量恒定。

将经济体中人力资本存量最低的劳动力在其中年时期的工作量(即一生的劳动量)设定为单位劳动量,劳动力所拥有的人力资本存量越高,其中年时期所能提供的劳动量就越多。在单位劳动量工资不变的情况下,人力资本储备量越高的行为人拥有的劳动量越多,其收获的报酬越大。假设 t 时期出生的行为人在其青年时期的人力资本投资为 H_{1t},中年时期所拥有的劳动量为 L_{t+1},则个体人力资本积累的劳动力生成函数可表示为

$$L_{t+1} = f(H_{1t}) \tag{3-1}$$

该函数 H_{1t} 一阶导数大于 0,二阶导数小于 0,且满足 $f(0)=0, \lim\limits_{H\to 0} f'(H_{1t})=\infty, \lim\limits_{H\to\infty} f'(H_{1t})=0$。青年期、中年期、老年期的个人在 t 时期的消费分别表示为 C_{1t}, C_{2t}, C_{3t},由于生命第一期是行为人个人综合素质培育和自我发展完善关键时期,因此将行为人生命第一期的所有消费均看作其人力资本投资,即 $C_{1t}=H_{1t}$。因此,t 时期出生的个体终生效用由 $H_{1t}, C_{2t+1}, C_{3t+2}$ 所决定,效用函数为不变相对风险厌恶型,则其效用函数为

$$U = \frac{H_{1t}^{1-\theta}}{1-\theta} + \frac{1}{1+\rho}\frac{C_{2t+1}^{1-\theta}}{1-\theta} + \frac{1}{(1+\rho)^2}\frac{C_{3t+2}^{1-\theta}}{1-\theta}, \quad \theta > 0, \rho > -1 \tag{3-2}$$

其中,$\frac{H_{1t}^{1-\theta}}{1-\theta}, \frac{C_{2t+1}^{1-\theta}}{1-\theta}, \frac{C_{3t+2}^{1-\theta}}{1-\theta}$ 分别为青年期、中年期、老年期的效用,ρ 为效用的贴现率。在 t 时期出生的行为人最大化自己一生效用时要满足以下约束条件:

$$H_{1t} + \frac{1}{1+r_{t+1}}C_{2t+1} + \frac{1}{(1+r_{t+1})(1+r_{t+2})}C_{3t+2} = \frac{1}{1+r_{t+1}}W_{t+1}L_{t+1} \tag{3-3}$$

其中,r_{t+1}, r_{t+2} 分别表示个体对第 $t+1$、$t+2$ 期资本回报率的预期,L_{t+1} 为其生命第二期拥有的劳动量(即一生的劳动量),由其在生命第一期的人力资本投资 H_{1t} 决定,$W(t)$ 为单位劳动回报率,即报酬。构造求解个人最大化问题的拉格朗日函数:

$$L = \frac{H_{1t}^{1-\theta}}{1-\theta} + \frac{1}{1+\rho}\frac{C_{2t+1}^{1-\theta}}{1-\theta} + \frac{1}{(1+\rho)^2}\frac{C_{3t+2}^{1-\theta}}{1-\theta} +$$
$$\lambda\left[\frac{W_{t+1}f(H_{1t})}{1+r_{t+1}} - \left(H_{1t} + \frac{C_{2t+1}}{1+r_{t+1}} + \frac{C_{3t+2}}{(1+r_{t+1})(1+r_{t+2})}\right)\right] \tag{3-4}$$

令一阶偏导数为零：

$$\frac{\partial L}{\partial H_{1t}} = H_{1t}^{-\theta} + \lambda \left[\frac{W_{t+1} f'(H_{1t})}{1 + r_{t+1}} - 1 \right] = 0 \tag{3-5}$$

$$\frac{\partial L}{\partial C_{2t+1}} = \frac{1}{1 + \rho} C_{2t+1}^{-\theta} - \frac{\lambda}{1 + r_{t+1}} = 0 \tag{3-6}$$

$$\frac{\partial L}{\partial C_{3t+1}} = \frac{1}{(1 + \rho)^2} C_{3t+2}^{1-\theta} - \frac{\lambda}{(1 + r_{t+1})(1 + r_{t+2})} = 0 \tag{3-7}$$

$$\frac{\partial L}{\partial \lambda} = \frac{1}{1 + r_{t+1}} W_{t+1} f(H_{1t}) - \left[H_{1t} + \frac{1}{1 + r_{t+1}} C_{2t+1} + \frac{1}{(1 + r_{t+1})(1 + r_{t+2})} C_{3t+2} \right] = 0$$

$$\tag{3-8}$$

求解式(3-5)、式(3-6)、式(3-7)、式(3-8)可得

$$\frac{C_{3t+2}}{C_{2t+1}} = \left(\frac{1 + r_{t+2}}{1 + \rho} \right)^{\frac{1}{\theta}} \tag{3-9}$$

$$\frac{C_{2t+1}}{H_{1t}} = \left[\frac{1 + r_{t+2} - W_{t+1} f'(H_{1t})}{1 + \rho} \right]^{\frac{1}{\theta}} \tag{3-10}$$

随后，将式(3-9)、式(3-10)代入式(3-8)可得到均衡的人力资本投资量：

$$H_{1t} = \frac{[W_{t+1} f(H_{1t}) - H_{1t}(1 + r_{t+1})]}{[1 + r_{t+2} - W_{t+1} f'(H_{1t})]^{\frac{1}{\theta}} \left[\frac{1}{(1 + \rho)^{\frac{1}{\theta}}} + \frac{(1 + r_{t+2})^{\frac{1-\theta}{\theta}}}{(1 + \rho)^{\frac{1}{\theta}}} \right]} \tag{3-11}$$

由假设可知，在 t 时期出生的个体，其青年期的人力资本投资量为 H_{1t}，中年期形成 $f(H_{1t})$ 的劳动量，进而获得 $W_{t+1} f(H_{1t})$ 报酬收入，这一收入行为可以看作是个体在青年时期人力资本积累的中年期回报。由于在青年期的人力资本投资 H_{1t} 来源于借债(可看做人力资本投资成本)，因此在其中年期需按照资本市场的回报率偿还 $H_{1t}(1 + r_{t+1})$。因此，人力资本收益与投资成本的差即利润为 $W_{t+1} f(H_{1t}) - H_{1t}(1 + r_{t+1})$，个人人力资本投资的边际成本与边际收益之差可表示为 $(1 + r_{t+2}) - W_{t+1} f'(H_{1t}) \leqslant 0$。如图 3-1 所示，若个体人力资本投资 $H_{1t} \in (0, H_{1t}^1]$，则存在 $W_{t+1} f(H_{1t}) - H_{1t}(1 + r_{t+1}) > 0$，进而得出 $H_{1t} < 0$ 或 $H_{1t} = +\infty$，违背经济学事实，与原假设矛盾。在区间 $(0, H_{1t}^1]$，由于人力资本的边际收益大于边际成本，因此，此时强化人力资本积累有助于福利增加，必然有 $H_{1t} > H_{1t}^1$。若个体人力资本投资 $H_{1t} \in [H_{1t}^2, +\infty)$，则 $(1 + r_{t+2}) - W_{t+1} f'(H_{1t}) > 0$ 且 $W_{t+1} f(H_{1t}) - H_{1t}(1 + r_{t+1}) \leqslant 0$，进而得出 $H_{1t} \leqslant 0$，与经济学逻辑相悖。在区间 $[H_{1t}^2, +\infty)$，个体人力资本投资的边际收益小于边际成本，在此区间上加大人力资

本投资得不偿失,因此行为主体必然选择降低人力资本投资,从而有 $H_{1t} < H_{1t}^2$。因此,理性行为人在青年时期的最优人力资本投资范围为 $H_{1t} \in (H_{1t}^1, H_{1t}^2)$。由图 3-2 可知,在其他条件不变的情况下,当 $t+1$ 期预期资本回报率 r_{t+1} 减小时,第 t 时期出生的个体其人力资本最佳投资量区间会沿 X 轴向右侧平移,即由 (H_{1t}^1, H_{1t}^2) 变为 (H_{1t}^3, H_{1t}^4)。由此可得,人力资本投资和物质资本预期回报率呈反向变化关系,二者之间是相互影响、交互替代的。

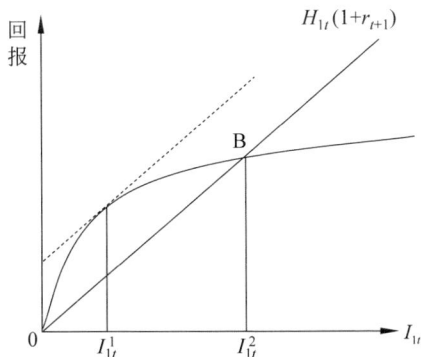

图 3-1 均衡时人力资本投资区间   图 3-2 回报率变化时人力资本投资区间变化

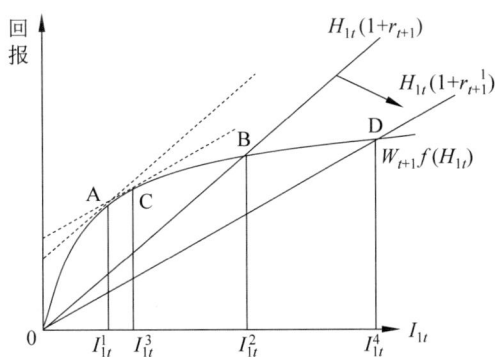

将劳动力生成函数进一步描述为 $L_{t+1}=f(H_{1t})=CH_{1t}^{\beta}, 0<\beta<1$,代入式(3-11)可得

$$H_{1t} = \frac{[W_{t+1}CH_{1t}^{\beta} - H_{1t}(1+r_{t+1})]}{[1+r_{t+2}-W_{t+1}\beta CH_{1t}^{\beta-1}]^{\frac{1}{\theta}}\left[\frac{1}{(1+\rho)^{\frac{1}{\theta}} + \frac{(1+r_{t+2})^{\frac{1-\theta}{\theta}}}{(1+\rho)^{\frac{1}{\theta}}}}\right]} \quad (3-12)$$

由此可知,在其他条件不变的前提下,行为主体一生效用最大化时的人力资本积累量与劳动力生成弹性 β 和即期消费与未来消费的偏好程度 ρ 呈同向变化关系。

2. 社会资本的积累

精准脱贫户的社会资本积累主要通过三种途径。其一,地缘和亲缘。社会资本根植于社会关系和社会网络中,我国社会文化传统的特殊性更决定了个人社会资本的核心是家庭,家庭、家乡所体现的地缘、亲缘、血缘关系是个人所拥有的最主要的社会资本形式,并具有一定的可继承性,通过家庭地缘和亲缘的社会资本能够及时获取有用信息,得到有效协助。其二,民间团体。近年来,随着公益组织自身的成熟发展,一些民间组织开始尝试运用创新方法改变我国低收入人口的生活状态,例如针对当地实际情况开展各类公益培训和减贫项目。上述培训项目可被看作是贫困个体与该团体组织所建立起来的稳定的社会联系,贫困个体可通过该社会联系获取必要的生计协助和包括就业信息在内的各项资源,增进相互信任、提高工作的能力、了解相关行业的最新发展动态,并有机会与其他成员、相关行业或相关经验的人建立联系,如此不断地横向延伸、纵向拓展个人社会资本体系,实现社会资本增殖。其三,社会交往。社会资本强调个体之间的联系、个体行为的嵌入性、个体在社会网络中的位置、个体对社会资源的拥有程度等(周晔馨和叶静怡,2014)。精准脱贫户日常的工作、学习、生活、劳动力流动中的社会交往、情感交流、信息分享、互帮互助是丰富其自身社会关系网络的重要途径,它是由于横向和纵向的个体之间、个体与组织之间的互动过程而发生和延展的。

3.1.3　精准脱贫户生计资本的外源性改善

1. 金融资本的改善

精准脱贫户金融资本的积累包括直接积累和间接积累两种途径,其一,直接积累。直接积累包括了自身积累和外部积累。所谓自身积累,即依靠人力资本和资源禀赋获取较好的生计来源从而促进农业收入或非农收入的提高,是增加金融资本存量的直接办法。其次,家庭所拥有的物质资本、自然资本可通过租赁、转让等形式直接转化为金融资本,从而引起金融资本的增加。外部积累包括转移性收入和贷款(借款)。生态补偿、转移性收入、贷款或借款以资金的形式对个体金融资本进行靶向导入和精准补充,给贫困户发展产业提供启动资金,使扶贫工作实现从"输血"到"造血"的目标转换,能直接导致金融资本的扩增。此外,我国目前实施的精准脱贫路径中"社会保障兜底一批"也可看作是政府对靠自身的条件没有脱贫可能性的贫困人口"授之以鱼",即提供资金的支持和保障以促进金融资本的直接性积累。其二,间接积累。间接积累强调"授之以渔",通过职业教育、技术引进、就业培训、基础设施建设、产业发展等途径提高人力资本、社会资本、物质资本存量,调动困难群众的主观能动性,提升生计能力和自我发展能力,提高农业生产效率,拓宽就业渠道,延展社会网络,强化信息流,提升金融资本获取能力和创造能力,从而形成收入增长良性循环,有助于实现可持续发展(Jeannie and Jamison,2013)。

2.物质资本的改善

物质资本不仅是精准脱贫户取得收入的重要来源,也是其创业或谋生的必要物质基础,物质资本的积累对于打破贫困恶性循环,跳出低水平均衡陷阱,提高生活质量和生计满意度具有十分显著的推动力,因此物质资本的积累对于实现可持续生计意义重大。精准脱贫户物质资本的积累和增殖主要是通过产业脱贫、教育脱贫、生态搬迁和易地扶贫搬迁脱贫等途径实现的,具体表现在:其一,基础设施的完善。对于贫困地区而言,由于历史欠账过多,贫困地区基础设施建设普遍存在总量不足、年代久远、功能落后、缺少维护等问题,交通网络规模不足,路网结构不合理,承接周边能力逐渐弱化,难以满足现代社会经济发展的需要。基础设施条件的落后是阻碍当地群众脱贫脱困的重要瓶颈,使其在招商引资、招贤纳士、产业发展、信息流通、资源共享等各方面,与其他地区相比毫无竞争力,在收入差距的影响下,人力资本将从贫困地区流向经济发达地区,逐渐形成贫困循环累积效应。交通、通信、能源等基础设施的完善能促进精准脱贫户物质资本积累,优化生产生活环境,降低生计成本,提高生活质量。其次,危房改造。自有住宅作为我国贫困地区低收入群众最重要的物质资本,是维持其生计安全的基本保障,其内部结构、质量、卫生条件等是其价值的核心衡量指标,也是居住者生活质量与生计水平的重要体现。通过易地扶贫搬迁、生态搬迁、安居工程、住房改造等途径改善农户住房条件和卫生环境,完善配套基础设施建设,能显著提高物质资本价值,提升生计满意度。最后,资源配置的优化。在我国贫困地区资源配置的低效率均衡结构直接导致投资收益的持续偏低(许叶丽,2000),产业脱贫和教育脱贫相结合的脱贫路径是帮助低收入群众积累物质资本的核心办法,通过引进项目,发展产业,深化"产研学"合作,健全和完善农技推广服务体系,打破技术推广部门分割状态,加强农业技术培训,推动专业化分工,以技术进步和设备革新为核心推动力,充分发挥人力资本对物质资本的正向激励作用,促进产业优化升级,发展绿色经济、循环经济、规模经济,优化资源配置,降低资本转化成本,提高劳动生产率和资本积累的边际效率,从而助力对传统农业的改造升级,实现物质资本转换和持续增长。

3.自然资本的改善

在我国,土地是精准脱贫户最主要的自然资本(梁流涛,2013),按照农户家庭人口或劳动力数量将土地进行平均分配的家庭联产承包责任制使得农户拥有的自然资本存量与当地资源禀赋情况高度相关,且农户经营规模能否提升自然资本利用率受到农民农业技能、该区域自然资本的质量、农户经营管理水平等多重因素的共同影响(张光辉,1996;钱贵霞和李宁辉,2006)。其次,家庭承包责任制的土地平均分配不仅体现在数量上的平均,还根据土地的质量、距离灌溉源的远近等将土地进行平均分配,导致了农户经营的土地细碎化和分散化。一方面,土地的细碎化必然造成田间管理和机械作业的不便,进而降低了农业机械的使用效率,提高了农业生产成本,导致农地利用率降低;另一方面,土地细碎化使得种植多样化和抵御分摊自然风险、价格风险的能力增强,从而提高农户土地收益(李功奎和钟甫宁,2006),促进自然资本向金融资本转化。此外,土地的自由流转能够促使土地从边际产出较小的农户流向边际产出较高的农户,进而增强农户对土地投资的激励作用,提高土地资源的配置效率(姚洋,2000)。由此可见,人力资本积累、土地制度革新和配套保障机制的完善是提高我国农民自然资本(土地)存量的有效途径(Gbetibouo,2010)。

综上,精准脱贫户的生计资本主要是通过精准脱贫战略实现积累和转化的,五类脱贫途径[①]实则是对生计资本存量及其组合状态的改善,从而调整生计策略、消除贫困脆弱性,进而帮助困难群众脱离贫困陷阱。换言之,家庭从贫困户到精准脱贫户的贫困退出过程,就是贫困群众通过生计资本优化,逐步实现总成本小于总收益,最终达到生计的帕累托改进,实现可持续生计的过程。

3.1.4　生计资本优化与精准脱贫户可持续生计实现的协同关系

纳列什·辛格和乔纳森·吉尔曼在《让生计可持续》中指出"消除贫困的大目标在于发展个体、家庭和社区改善生计系统的能力"。脱贫项目退出过程中,贫困户的五类生计资本配置从脱贫前的低水平均衡向脱贫后的不均衡变化,通过一系列帮扶政策,实现新的平衡。基于贫困的多维性和生计资本的相互作用性,贫困群众的生计资本积累与改善并不是独立进行的,而是一个相互补充相互促进的协同过程(如图3-3所示)。其中,产业脱贫通过发挥当地资源禀赋优势,加大基础设施

---

① 五类脱贫途径:发展生产脱贫一批,发展教育脱贫一批,生态补偿脱贫一批,易地扶贫搬迁脱贫一批,社会保障兜底脱贫一批。

建设,引进项目、发展生产,促进当地经济发展,帮助贫困群众"提素质""换穷业",
能够有效提高贫困户的人力资本、金融资本、自然资本、物质资本。搬迁扶贫通过
易地搬迁,完善基础设施和配套设施建设,整合就业培训资源,扎实推进产业培育、
就业培训、社会融入等脱贫措施,着重提升帮扶群众人力资本、社会资本、物质资本
(彭玮,2017)。生态补偿是引导贫困人口实现绿色转产转业,增加贫困人员工资性
收入和转移性收入,提高贫困群众金融资本存量的直接办法。教育脱贫将"人才、
科研、文化"优势转化为脱贫"利器",通过扶弱、扶志、扶智、扶技、扶产业,全方位推
动贫困家庭人力资本、物质资本、金融资本、自然资本、社会资本增进,夯实脱贫基
础,提高脱贫后生计可持续的能力。社会保障兜底作为精准脱贫的最后一道安全
阀,主要通过农村低保、农村五保供养、临时救助、医疗救助、社会救助、社会保险、
社会福利等多元化方式为靠自身的条件没有脱贫可能性的给予特困人口相应的物
质和金融资本,以满足其维持基本生存的"生理需求"。

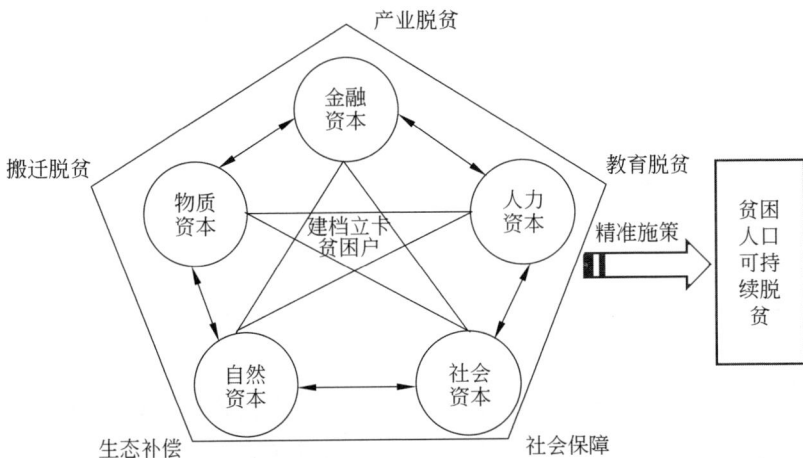

图 3-3　生计资本累积与改善的协同机制

　　家庭从贫困户到精准脱贫户的贫困退出过程,其实质是精准脱贫户生计资本
积累与改善协同作用的过程。如表 3-1 所示,我国 2016 出台的"一超过、两不愁、
三保障"①贫困人口退出标准,其实质就是以金融资本积累为基础,以人力资本改
善为核心,以自然资本、物质资本、社会资本增进为抓手的生计资本衡量标准。由

---

　　①　"一超过、两不愁、三保障":农户家庭人均收入需连续三年稳定超过贫困标准线,不愁吃、不愁穿,义
务教育、基本医疗和住房安全有保障。

此可得,生计资本的积累是贫困户精准脱贫的实施目标,而生计资本的改善程度是衡量脱贫户退出的核心指标。建档立卡贫困户的脱贫退出必然伴随着生计资产存量的良性改变,生计资产的完善可被看作是贫困群众实现可持续性生计必经过程。

表 3-1　贫困户退出标准

向　度	项　目	退出评价标准	侧　重　点
贫困基础	收入水平	家庭户人均可支配收入连续三年超过贫困线	金融资本、自然资本、人力资本的改善
	基本生活	吃穿不愁,饮水安全	金融资本、物质资本的改善
经济人文发展	住房	结构安全,场地安全,无危房	物质资本的改善
	教育水平	享受义务教育,无因贫辍学	人力资本、社会资本的改善
	医疗水平	基本医疗保险,并享受其他医疗保障	人力资本的改善

3.2　精准脱贫户可持续生计的实现过程：生计资本的作用与传导

3.2.1　精准脱贫户生计资本之间的作用关系

生计资本之间存在着资本互补性(Thulstrup,2015),在一定条件下五种资本之间可以相互流动和转换(Su,2009)。对于不同的资本,其增殖性的强弱和对生计结果的重要程度也具有差异性,因此,本书基于五类资本的内在作用关系(见图 3-4),按照资本的增殖性和对生计结果的影响程度对生计资本重要程度进行分析(见图 3-5)。

(1)自然资本。在我国,土地是农户最重要的自然资本(梁流涛,2013),农户拥有的自然资本存量与当地资源禀赋情况高度相关,且自然资本存量能否提升受到人力资本、物质资本存量,公共服务发展水平,市场波动和土地制度等多重因素的共同影响(张光辉,1996;钱贵霞和李宁辉,2006;王国敏,2005)。对于以农业生产活动为主的农民而言,自然资本是其赖以生存和发展的最基本的生计资本,自然

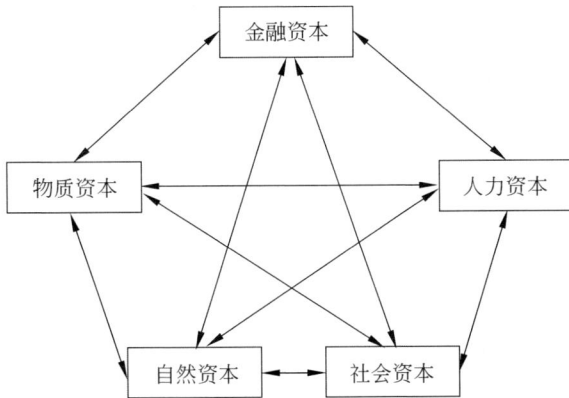

图 3-4　生计资本内部转换图

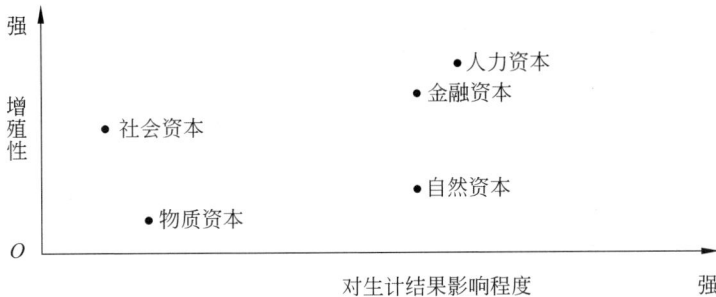

图 3-5　生计资本对可持续生计贡献程度

资本所产出的经济作物是获取并积累金融资本的重要渠道,自然资本自身亦可通过租赁、转让、交易等形式直接转化为金融资本和物质资本,自然资本存量的积累能够促使所有者技术进步、劳动生产率提升和合作经营,从而进一步推动人力资本的优化和社会资本的拓展。但由于自然资本具有风险性、折旧性等特点,其增殖依赖于良好稳定的生态环境、完善的基础设施建设和适度的开发利用。传统农业是高度依赖自然资本并受自然环境直接影响的生计策略(韩长斌,2010),不确定的自然灾害(气象水文灾害、海洋灾害、地质地震灾害、病虫害)是不可抗拒的,给农业造成的损失是毁灭性的,将侵蚀农民为积累资源和储蓄所做的任何努力(Smit and Wandel,2006),对农民生计造成巨大冲击(何斌,2017)。研究表明,自然灾害可能制约农村经济健康发展,增加地理位置偏远、地形地貌复杂的贫困地区农户的生计脆弱性、暴露敏感性,进而导致贫困和返贫现象频发(林志宇,2016)。当自然资本的生计效果不可持续时,农户可替代性地选择"非农就业"的生计策略。事实上,近年来我国贫困地区农户家庭非农收入在人均纯收入中所占比重逐年提高,但农业仍是当前贫困地区农村居民最主要的生计来源。因此,本书将自然资本归为增殖性较弱但对生计结果影响较大的资本。

(2)物质资本。物质资本是家庭生计的重要基础,其他资本需借助于物质资本来实现积累和增殖。它可进一步细分为基础设施、生产资料、固定资产(住房)和生活耐用品四大类。其中,家庭所拥有的固定资产、生活耐用品、农业机械等物质资本可通过使用、出售、租赁等形式直接转化为金融资本或提高劳动生产率从而引起金融资本存量的增加。基础设施,即自然和其他类型的资产转化为物质资本,包括卫生的水源,充足的能源,便捷的通信、交通等,可用于维持生计以及提高生产力(苏芳,2009)。作为一切人类生产生活的基石,物质资本是一切生计活动得以有效开展的基础性保障,有助于区域内商品、要素流动,能够加强信息交流互通,帮助低收入群众及时获取生计相关信息,有利于减少风险冲击和信息不对称,降低生计成本,促进金融资本、人力资本、社会资本、物质资本的积累和转换,拓展就业增收渠道,提高生活质量和生计满意度。完善的基础设施是推动区域经济腾飞的重要引擎,是地区发展致富赖以生存的根本,是改善当地人民生产生活水平的重要手段。但物质资本自身具有折旧性和边际报酬递减的特点,其保值与增殖需要依靠于以人力资本为核心的其他资本相互作用。大量文献表明,物质资本对劳动技能依赖性增强,即存在"资本-技能互补性"(Autor,1998;Kiley,1999;Acemoglu,2003;Weiss and Griliches,1969;Garloff,2005;Violante,2008;董直庆和王林辉,2011),在经济增长中人力资本能克服物质资本的边际报酬递减,从而实现人力资本与物质资本的共同增殖(郑洪超和杨姝琴,2009)。因此,物质资本能够在一定程度上对生计结果产生影响,但由于物质资本的积累有赖于人力资本的运作,考虑到精准脱贫户家庭实际情况,本书认为物质资本对生计可持续的贡献程度弱于人力资本、金融资本和自然资本,且增殖能力较弱。

为进一步证实人力资本和物质资本存在"资本-技能互补性",本书基于曼昆(1992)、罗默(2012)的模型构建起一个将人力资本纳入经济增长分析框架的模型,该模型类似于拥有柯布-道格拉斯生产函数的索洛模型(赵鑫铖,2014)。

假定经济产出模型为

$$Y(t) = F\big[K(t)\big], H(t), E(t), L(t) = K(t)^\alpha H(t)^\beta \big[E(t)L(t)\big]^{1-\alpha-\beta}$$

$$\alpha > 0, \quad \beta > 0, \quad \alpha + \beta < 1 \tag{3-13}$$

总产出 Y 由物质资本 K、人力资本 H[①]、劳动 L 和劳动有效性 E 决定，α 和 β 分别为物质资本和人力资本的产出弹性。假设物质资本 K、人力资本 H、劳动 L 及劳动有效性 E 的初始水平是既定的，经济对各变量的动态学假定如下，劳动和劳动有效性以不变速度增长：

$$L(^{\&}t) = nL(t) \tag{3-14}$$

$$E(^{\&}t) = gE(t) \tag{3-15}$$

产出被用于投资或消费，其中用于物质资本投资的比例记为 s_K，用于人力资本投资的比例记为 s_H[②]，现存资本折旧率为 δ，物质资本和人力资本的动态学方程可表示为

$$K(^{\&}t) = s_K Y(t) - \delta K(t) \tag{3-16}$$

$$H(^{\&}t) = s_H Y(t) - \delta H(t) \tag{3-17}$$

假设生产函数规模报酬恒定，可将其转换为密集形式：

$$y(t) = f(k, h) = k(t)^{\alpha} h(t)^{\beta} \tag{3-18}$$

每单位有效劳动产出可表示为 $y(t) = \dfrac{Y(t)}{E(t)L(t)}$，每单位有效劳动所产生的

物质和人力资本存量分别可表示为 $k(t) = \dfrac{K(t)}{E(t)L(t)}$、$h(t) = \dfrac{K(t)}{E(t)L(t)}$，由生产函数的性质有 $f_K(k, h) > 0, f_{kk}(k, h) < 0; f_h(k, h) > 0, f_{hh}(k, h) < 0; f_{kh}(k, h) > 0$[③]，因此，每单位有效劳动的物质和人力资本的动态方程分别为

$$k(^{\&}t) = s_K f(k(t), h(t)) - (n + g + \delta)k(t) \tag{3-19}$$

$$h(^{\delta}t) = s_H f(k(t), h(t)) - (n + g + \delta)h(t) \tag{3-20}$$

当经济达到稳定状态时，$k(^{\&}t) = h(^{\&}t) = 0$。物质资本和人力资本的稳态值 $k^*(t)$ 和 $h^*(t)$ 满足：

$$s_K f(k^*(t), h^*(t)) = (n + g + \delta)k^*(t) \tag{3-21}$$

$$s_H f(k^*(t), h^*(t)) = (n + g + \delta)h^*(t) \tag{3-22}$$

对于给定的生产函数和 n、g、δ 的既定值，s_K 和 s_H 只有唯一一组稳态值 $k^*(t)$ 和 $h^*(t)$ 相对应，假设产出在消费和投资之间进行配置，而经济最终形成的福利水

---

① 这里的物质资本与人力资本均属于以货币存量衡量的范畴。

② s_K 与 s_H 外生恒定，用于投资的 1 单位产品产生 1 单位新资本（物质资本或人力资本）。

③ 物质资本和人力资本的边际产量大于 0，边际产量递减，且二者的交叉边际产出大于 0。

平由消费及效用决定。因此,在稳态上,每单位有效劳动的平均消费为

$$c^*(t) = (1 - s_K - s_H) f(k^*(t), h^*(t))$$
$$= f(k^*(t), h^*(t)) - (n + g + \delta)[k^*(t) + h^*(t)] \quad (3-23)$$

$k^*(t)$ 和 $h^*(t)$ 取决于 n, g, δ, s_K, s_H,因此,有 $k^*(t) = k^*(n, g, \delta, s_K, s_H)$,$h^*(t) = h^*(n, g, \delta, s_K, s_H)$,因此,由方程(3-23)可得

$$\frac{\partial c^*}{\partial s_K} = [f_k(k^*(t), h^*(t)) - (n + g + \delta)] \frac{\partial k^*(n, g, \delta, s_K, s_H)}{\partial s_K} \quad (3-24)$$

$$\frac{\partial c^*}{\partial s_H} = [f_h(k^*(t), h^*(t)) - (n + g + \delta)] \frac{\partial h^*(n, g, \delta, s_K, s_H)}{\partial s_H} \quad (3-25)$$

由上式可知,在其他条件不变的情况下,增加 s_K 会使得 $k^* t$ $\left(\frac{\partial h^*(n, g, \delta, s_K, s_H)}{\partial s_H} > 0 \right)$ 提高,增加 s_H 会提高 $h^* t$ $\left(\frac{\partial h^*(n, g, \delta, s_K, s_H)}{\partial s_H} > 0 \right)$。因此,$s_K$ 与 s_H 的增加能否长期提高消费水平取决于物质和人力资本的边际产出与 $n + g + \delta$ 的差。当 $\frac{\partial c^*}{\partial s_K} = 0$ 且 $\frac{\partial c^*}{\partial s_H} = 0$ 时,经济中每单位有效劳动的消费水平达到最大值。若用 $k(t)_{gold}$ 和 $h(t)_{gold}$ 分别表示对应于 c^* 的最大值 $k^*(t)$ 和 $h^*(t)$,则有

$$f_k(k(t)_{gold}, h(t)_{gold}) - (n + g + \delta) = 0 \quad (3-26)$$

$$f_h(k(t)_{gold}, h(t)_{gold}) - (n + g + \delta) = 0 \quad (3-27)$$

经济学中把满足方程(3-26)和方程(3-27)的物质资本储备量 $k(t)_{gold}$ 和人力资本储备量 $h(t)_{gold}$ 分别称为黄金律的物质资本存量和人力资本存量,其使得物质资本和人力资本的边际产出分别与人口增长率、技术进步率和折旧率之和相等。由式(3-26)、式(3-27)可知,在经济达到稳态的条件下,若物质资本存量大于黄金律存量且人力资本小于黄金律存量,即物质资本积累过度时,存在帕累托改进的余地,可通过人力资本加速积累,从而改善物质资本动态效率。由 $f_{kh}(k, h) > 0$ 可知,增加人力资本 $h(t)$ 投入可提高在资本存量给定时的边际产出,若 $h(t)$ 从 $h^*(t)$ 增至 $h^{**}(t)$ 使得 $f_k[k^*(t), h^{**}(t)] - (n + g + \delta) > 0$,反映出人力资本的增殖能够提高经济的黄金律物质资本存量,进而有效解决物质资本积累的动态无效问题。相反,若物质资本存量小于黄金律存量,而人力资本积累过度时亦可通过加速物质资本积累来解决人力资本积累过度问题。

(3)社会资本。相比物质资本,社会资本具有再生性,会随着使用频率的增加而逐渐积累其深度和广度(侯祖戎,2010),是生计资本有效积累和发挥最大效用的

重要载体。较之其他形式的资本,社会资本更具有社会性,其收益更具有扩散性。社会资本与人力资本之间联系紧密,社会资本作为一种具有生产能力的公共资源,具有保障支持功能,能够通过社会网络、关系扶持、人际交往等方式促使人力资本效用最大化并实现代际传递,对于人力资本的形成和提高具有十分显著的积极作用(Bourdieu,1980)。社会资本的优化有助于人力资本和物质资本的开发与增殖,合理运用所拥有的社交网络、社会资源等可促进个体人力资本质量和回报收益率的双提升,而人力资本是改善生计脆弱性、促进减贫增收、提高生计资本转换率的重要催化剂(杨学冬,2014),二者合力可有效提高农户经济地位以及家庭收入(叶静怡,2012)。此外,社会资本的"资源俘获效应"可直接生成金融资本、物质资本、自然资本、人力资本(谭崇台,2004;Brauw and Giles,2008),具有社会资本优势的个体能够发挥自身优势,促使生计资本优化组合,使潜在的经济资源转变为现实的生产力,实现资本转化和资本增值(Bastelaer,2000)。对于低收入农户而言,社会资本作为"穷人的资本",具有更强的获得性、积累性和增殖性。但社会资本作为一种非市场化力量,对于贫困的缓解作用会随着市场化进程的深入而逐渐弱化,即制度的完善对社会资本的作用具有一定的挤出效应(Marcel Fafchamps,2002)。此外,在现实生活中,由于低收入群体交际层面的局限性和社会排斥会使得社会资本对其生计目标的实现效用受到相当程度的限制。因此,本书认为社会资本具有一定增殖性,能够在一定程度上对生计结果产生积极影响。

(4)金融资本。金融资本在家庭生计中具有较强的流动性和观测便捷性,这种特性决定了它是与其他生计资本结合最为紧密的资本,能够通过购买、投资、租赁等途径直接转化为任何生计资产形态,因此,金融资本往往被看作是其他资本的转化源和衡量标准。由此可见,金融资本对农户生计重要性十分突出(宁泽逵,2017)。金融资本的增殖可通过直接和间接两种方式进行,直接增殖包括了自身增殖和外部增殖。所谓自身积累,即依靠人力资本和资源禀赋获取较好的生计来源从而促进农业收入或非农收入的提高,是增加金融资本存量的直接途径。其次,家庭所拥有的物质资本、自然资本可通过租赁、转让等形式直接转化为金融资本,从而引起金融资本的增加。外部增殖则包含转移性收入和贷款(借款),转移性收入、贷款或借款以资金的形式对个体金融资本进行靶向导入和精准补充,给贫困户发展产业提供启动资金,能直接导致金融资本的扩增。间接积累主要通过人力资本对金融资本进行优化。在传统"政府主导式"帮扶政策中,由于普遍采用了"输血式扶贫"方式,使得受助群体对政府帮扶资金过度依赖而逐渐形成了"等要靠"的惰性思想,缺乏脱贫致富的主体意识,致使低素质的贫困恶性循环(王士君,2017)。而金融资本的支配自主性决定了该资本可由拥有者任意支配使用,现实中由于低收入群体人力资本、社会资本存量偏低,缺乏投资渠道和投资能力,无法利用有限的帮扶资金实现资本积累与增殖,因此生计仍难以持续,因此,本书认为,纵然金融资本是实现可持续生计的根本保障,也是衡量农户生计的核心指标,但金融资本要依靠人力资本才能充分发挥其效用,这与我国目前的"造血式"扶贫路径高度相符。

(5)人力资本。人力资本对其他形式的资本具有支配和推动作用,物质资本、金融资本、自然资本等价值量的实现和创造必须通过人力资本的运作。人力资本(知识和劳动力或支配劳动力的能力)是充分利用其他四种资本创造经济价值的前提条件。首先,个体知识储备量和技能水平的提高,可提升自身职场竞争力和发展潜力,从而获取较好的生计来源,为自身带来更高的报酬回报,是增加金融资本存量的直接办法。其次,人力资本作为经济增长的核心引擎,能够通过自身的增殖流动转化为社会资本,以实现资本的帕累托最优(Kiyotaki and Moore,1997)。高人力资本拥有者更易于获取到新的社会资源、联系到更高地位的网络成员并拓展深化所拥有的社会关系网络(童宏保,2003)。此外,人力资本能够有效克服物质资本的边际报酬递减,从而实现二者共同增殖。最后,个体之间的人力资本差异化对于自然资本利用率影响显著(邵晓梅,2004)。农户作为农业生产经营的基本单位,承担着接受和使用农业科技的任务,人力资本存量较高的农民对新兴事物的接纳能力较强,能够更快掌握现代化生产工具,有效增加农业产出,提高土地利用率。因此,本书认为人力资本对可持续生计的贡献程度最大。

3.2.2 生计资本对精准脱贫户可持续生计的内在传导机理

1.生计资本的风险防控机制

生计是谋生的方式,生计资本是生计基础也是生计脆弱性的载体。脆弱性是指个体或家庭在一段时间内面临各种负向冲击造成福利损失的可能性(世界银行,2000)。脆弱性是贫困的重要特征之一,也是返贫的重要原因之一(韩峥,2004),贫困的风险脆弱性主要体现在两个方面,其一,缺乏避免遭受风险冲击以及抵御风险冲击的能力;其二,缺乏从不良冲击影响中恢复的能力(世界银行,2000)。脆弱性的程度取决于风险的特点和家庭应对风险的能力(Pritchett,2015),贫困人口或弱势人群由于生计资本限制和应对风险能力较低而趋于脆弱,更容易遭受风险冲击并陷入贫困陷阱(Alwang et al.,2001;黄小林,2010;万广华和章元,2009)。即使是已脱贫的非贫困人口,也可能由于某种打击而再度陷入贫困境地。因此,为了预防和减少贫困,识别并防控高致贫可能性的风险是降低风险脆弱性的关键(Chaudhurietal,2002)。

近几年,尽管我国脱贫攻坚持续纵向推进,基础设施和公共服务体系逐步建立完善,但由于农户传统生活习惯、思维方式的陈旧落后,农户脆弱性程度较高(李小云,2005),抵御风险能力较弱。相比于自然灾害风险,"因病致贫、因病返贫"的比例逐年攀升,由 2013 年的占比 42.2% 提高至 2015 年的 44.1%,近 2 000 万人口因病返贫,健康资本的缺失已成为我国农村地区致贫返贫的首要因素(王培安,2015)。在当前因病致贫、因病返贫的 1 200 多万家庭中,患大病、重病的约有 330 万人,患长期慢性病的约有 400 万人,其中 15~59 岁劳动年龄段的患者占 41%。青壮年作为家庭增收的中坚力量,若因病丧失劳动能力,极易导致家庭经济的灾难性动荡。据统计,上述家庭中,33% 是由于疾病影响劳动力所导致贫困,12% 是由于大额医疗费用支出造成了贫困(国务院扶贫办,2016)。

进行健康人力资本投资的直接收益是维持健康的身体状态,健康资本的初始存量是通过遗传因素获得的,并随着年龄增长而折旧,金融资本、物质资本、社会资本、人力资本等生计资本的积累能够推动个体思想观念的转变,培养健康的生活方式和卫生环境,购买健康保险,进行健康投资和疾病预防,从而减少疾病风险和大病支出(黄承伟等,2010)。而健康作为人力资本的重要组成部分,是其他各种资本获取的重要前提和基础保障,健康劳动力是维持并提高家庭生计的重要支柱,疾病时间的减少和生命周期的延长能提供更多的工作时间,更健康的身体促使单位工时的产出提高,增加了向其他形式资本投资的经济刺激,从而使得人力资本积累形成正向的外部效应。此外,社会资本的积累和文化程度的提高会挖掘自身潜力,激发内生动力,提高就业竞争力和自信心,提升家庭生计决策能力,增加获取信息渠道和就业渠道,减少信息不对称,并能树立风险防范意识、维权意识,丰富危机应对及处理办法,从而显著提高抵御就业风险、自然灾害风险等高致贫风险冲击的能力,降低生计脆弱性。

2. 生计资本的代际传递机制

家庭自身所拥有的生计资本以及对子女的教育投资能实现收益的代际转移

(Gary S.Becker,1964),其收益主要表现为子女生计资本存量优化、劳动力素质提高、社会地位提升、就业机会增多、生计来源增加、信息渠道拓宽,既体现为社会的水平流动,也体现为社会的垂直流动,最终实现子女乃至整个家庭可持续生计,从源头遏制贫困代际传递。受教育水平越高的父母通常具有更好的抚育方式,拥有更高的金融资本存量和更广阔的社会资本以提供更好的生活环境、营养条件,更注重教育投资,从而提高子女学习能力和竞争力,使其获得更高等的教育机会(Treiman,1998)。科里和莫雷蒂(Currie and Moretti,2003)也强调父母生计资本存量对子女受教育状况有显著正向影响(Lleras and Muney,2012),生计资本丰厚的家庭子女能充分运用家庭背景加速自身人力资本、社会资本、物质资本、金融资本的积累(Fertig,2009),最终获得较高的生计水平,由此形成良性循环(Haan and Plug,2010)。比约克·伦德(Bjork Lund,2013)进一步指出由于父母生计水平的差异导致对子女的初等教育投资力度差别较大,而初等教育处于生命周期当中认知可塑性阶段,可为有针对性的干预提供潜在的"机会之窗"(Cunha and Heckman,2008;Cunha,2010;Aizer and Cunha,2012),所积累的人力资本随着时间的推移而相互作用,从而产生复杂的动力和互补性,直接影响子女获取高等教育的机会和程度。受教育程度高的父母不仅自己注重教育和健康的投资,还把重视教育和健康的理念传递给了下一代,最终形成了人力资本的代际传递(Kirchsteiger and Sebald,2015),克利门特(Climent,2008)从寿命预期视角出发也发现父母受教育程度高的子女有更高的生命预期,从而具有更高的受教育意愿和教育投资意愿。在资本市场不完善的情况下,人力资本积累水平较低的父母会由于生计资本存量不足和增量有限导致收入水平偏低、借款乏力,进而无法对下一代进行充分的人力资本投资,这将引致机会不平等和社会流动性降低,最终形成职业和收入的代际传递(Hendel Shaprio and Willen,2015),职业和收入的不平等又会导致生计资本积累乏力,容易陷入贫困恶性循环(张苏和曾庆宝,2011)。

3.生计资本的资源俘获效应

生计资本的资源俘获效应是指生计资本的增进有助于形成非正式制度,有效地弥补市场缺陷,能够帮助资本储备量较多的个体获得更有利的资源配置(Bian,1997;罗党论和唐清泉,2009),从而更快提升自身福利水平(Knight,2002)。尤其是在资源约束的情况下,生计资本存量相对较多的个体往往可以通过社会关系、资源优势或者独特的信息渠道,获得被"举荐"或争取资源的机会(Kugler,2003),进而从有限资源中获得相对多的份额(Bowles and Gintis,2002),从而提高自身生计水平和生活质量。在我国生计资本相对贫瘠而地缘、血缘、亲缘深厚的贫困地区低收入群体中,社会资本发挥着"穷人资本"功能,社会资本优势对精准扶贫相关资源的分配有着巨大的影响(周玉龙和孙久文,2017)。此外,在缺乏抵押物的情况下,社会资本能够发挥"社会关系抵押"作用,有效解决道德风险与逆向选择等问题,促使社会资本丰富的农户拥有更强的融资能力和更广的生计决策面,进而有助于减少生计脆弱性,规避生计风险冲击。

3.3 精准脱贫户实现可持续生计的系统动力: 生计资本的驱动与协同

3.3.1 精准脱贫户实现可持续生计的条件与约束

1.自然条件及其约束

"空间贫困陷阱"理论和"地理环境决定论"认为地理环境和自然条件能够决定个人或民族的性格特征,乃至决定他们的社会成就和经济地位。尽管随着社会的发展、人口的流动和政府的作用,自然环境早已不是决定经济社会发展的唯一风向标,但不可否认的是,在我国贫困农村地区,农民的可持续生计普遍依赖于自然资本存量,而自然资本容易遭受干旱、洪水、泥石流等自然灾害冲击,因此,"靠山吃山,靠水吃水"的传统生计方式本身具有不确定性和风险性,这使得因特殊区域环境和地理环境而产生的贫困效应广泛存在,农村贫困和环境恶化的交织是发展中国家面临的普遍性挑战(Wenjia Peng,2017)。按照区域自然条件的不同,可将其分为以下两类:

(1)自然条件恶劣地区,如西北荒漠地区、西藏高寒地带、贵州喀斯特地貌区等。这些地区由于资源环境承载能力较差,自然资源匮乏,气候恶劣,水土流失严重,生态环境脆弱,旱、涝、洪、冰、风等自然灾害频发,基础设施建设保障乏力,社会经济发展水平严重滞后,用地矛盾突出,土地出产量不高,当地农民生活能源短缺,收入来源单一且不稳定。低收入群体在过度榨取土地产出以满足基本生存需要的同时,由于缺乏提高生产效率的资本投入,因而导致土地和环境的加速恶化,农业收入进一步缩减,由此陷入贫困恶性循环。不仅如此,由于自然条件恶劣而引致的基础设施建设滞后,造成信息闭塞和教育保障缺失,使当地群众人力资本存量较低,缺乏自我脱贫能力,生计难以持续,贫困发生率和代际贫困现象尤为严重。除此之外,由于该区域的个体或家庭通常缺乏足够的资产储备,抵御风险能力较差,一旦遇到意外,将直接导致贫困程度加剧,即使是已经跳出贫困陷阱的个体或家庭,也很容易因此再度陷入贫困之中,造成当地贫困缺口大,返贫率居高不下。

(2)地理环境特殊地区,如偏远地区、深山地区、边疆地区等。这些地区大多离中心城区较远,地域过渡性与封闭性并存,由于地形地貌特殊,地质构造复杂,山高坡陡、地形破碎、沟壑纵横,人均耕地稀少,无法形成规模,经济发展水平相对落后,社会医疗卫生保障体系薄弱,对于以农业种植、养殖业作为主要经济活动的当地群众而言,收入十分有限,徘徊在温饱线附近的贫困人口自身拥有的资源质量很低,致使其生产经营的边际效益较低,对于不利的外部冲击,如遭遇疾病、意外、自然灾害等十分敏感,会因无法抵御风险的冲击而陷入贫困,再加上贫困群众自身综合素质偏低,无法在生产生活条件没有得到根本改善的情况下,快速提高自身收入,改变生计不稳定的被动局面,从而导致该地区扶贫开发工作存在反复性、波动性。除此之外,上述区域地理位置偏远,扶贫开发难度大,公共基础设施起步较晚、建造工期长、工程造价高,配套设施保障乏力,造成区域发展整体滞后,环境闭塞,通勤不便,"出行靠走、运输靠挑"的局面严重制约了当地经济的发展,即使拥有丰富资源,也会因交通、通信、资金和技术等瓶颈的制约而难以开发利用,无法给予当地群众实实在在的获得感。由于区位劣势明显,该地区无法满足大规模集聚经济和人口的条件,导致人力资源缺乏,产业发展受限,招商引资难度大,经济总量偏小,自身发展能力弱,与中心城市经济社会发展差距逐渐拉大,城乡二元结构日益突出。

2. 社会条件及其约束

(1)基础设施建设体量。经济发展辐射理论和点轴开发理论均指出,道路、交通、通信、能源等基础设施是地区间辐射的媒介,媒介的优劣决定了辐射的效率以及区域间经济互动能力的大小。我国贫困地区由于交通、水利、能源等基础设施建设薄弱,抵御自然灾害的能力较差,物质资本总量偏低,无法形成良好的投资环境和区位优势,从而制约了当地经济的发展,阻碍了当地群众生计的可持续。其中,交通运输条件作为基础设施的重要组成部分,是促进区域经济市场化的重要推手,它直接体现了区域内商品、要素流动的难易程度。完善的基础设施是推动区域经济腾飞的重要引擎,是地区发展致富赖以生存的根本,是改善当地人民生产生活水平的重要手段,是脱贫致富、产业发展的重要途径。但由于历史欠账过多,贫困地区交通等基础设施建设普遍存在总量不足、年代久远、功能落后、缺少维护等问题,交通网络规模不足,路网结构不合理,承接周边能力逐渐弱化,难以满足现代社会经济发展的需要。因此,对于贫困地区而言,基础条件的落后是阻碍当地群众拓展生计渠道、积累生计资本重要瓶颈,使其在招商引资、招贤纳士、产业发展等各方面,与其他地区相比毫无竞争力,在收入差距的影响下,一些较高素质的劳动力开始从贫困地区流向经济发达地区,逐渐形成贫困循环累积效应。

(2)公共服务保障水平。完善的公共服务设施建设是提高个体可行能力,促进自身发展和就业稳定的重要前提和保障,以教育和健康为代表的基本公共服务直接影响个体人力资本存量和质量。其中,知识、技能、工作经验等教育人力资本要素能够显著提高个人生产率,改善个体获得货币收入和生产非货币产品的能力,提升生计资本运作的有效性和生计决策的合理性,从而有助于家庭整体生计的稳定和持续。良好的健康状况是健康身心和智力功能完备的重要体现,有利于提高学习效率和学习能力,增加教育回报率和农村居民劳动供给,减少经济损失,提升社会幸福感。但由于客观条件限制,我国乡村教师经费和编制严重不足,教师专业素质不高,知识陈旧,教学资源严重匮乏,求学条件艰难,基础教育薄弱的局面在贫困地区乡村小学中十分普遍,教育水平普遍偏低,导致劳动者综合素质不高,生计资本存量偏低,生计能力较弱。此外,我国欠发达地区的社会公共服务设施建设滞后,公共服务和产品供给不足,医疗、养老、低保等社会保障水平较低,医疗设备陈旧,从业人员数量有限且专业素质不高,直接导致低收入群众抵御风险能力偏弱,生计脆弱性显著提高。

(3)个人能力大小。个体是财富变革的能动参与者,是生计资本积累运作的操控者,是生计途径的决策者也是生计结果的接受者,由于先天和后天因素的影响导致个体能力差异性普遍存在,而社会分配所基于的参考正是个人依据自身能力所做出的社会贡献(罗尔斯,2015),因此,个人能力大小是决定其生计效果的重要因素。可行能力理论认为个人能力大小能够直接影响生计的可持续性,缺少资源获取和享有正常生活权利的可行能力被认为是导致贫困的根源,由于贫困而造成的经济不自由会使得个体在其他形式的自由受到侵犯时成为一个弱小的牺牲品(Sen,2000),进而助长社会不自由。基于该视角,收入虽然可以作为个体追求的生计目标,但是它只是工具性的范畴,是为个体的发展服务的,单纯增加收入并不一定能改变低收入个体的生计状况,自我发展和个人能力的提高才是实现生计可持续的根本途径。

3.经济条件及其约束

可持续性生计的实现有赖于生计资本存量的积累及其组合的不断优化,而良好的外部发展环境是生计资本积累的重要基础。中心外围理论认为,当某些区域的空间聚集形成累积发展之势时,就会获得比其外围地区强大得多的经济竞争优势,形成区域经济体系中的中心,外围相对于中心处于依附地位而缺乏经济自主,空间二元结构由此生成并随时间推移而不断强化。经济因素是导致地区缺乏内生动力而造成生计资本积累受阻,进而导致生计不可持续的根本原因之一。如图 3-6所示,产业结构与就业结构、教育结构、投资结构、进出口结构之间存在结构变动的内在相关性,在循环关系图中,三组结构是相互关联、相互影响的,只有当 A、B、C三者交叉于 D 点时才能实现结构之间的均衡。当前,我国贫困地区的经济发展状况主要表现为经济增长方式粗放、自主创新能力薄弱、产业结构失衡,产业发展底子薄、实力弱、发展水平偏低、进度迟缓,资源配置不合理,没有形成特色产业链,产业规模效应、扩散效应难以施展,短期内很难形成新的经济增长极,区域竞争优势不明显,地区发展缺乏依托和后劲,造成经济总量偏小,产业发展受限,精准脱贫户人力资本、物质资本、金融资本等生计资本积累渠道狭窄,生计来源单一,收入水平偏低,自身发展能力和抗风险能力弱。要素集聚与产业升级往往导致穷者越穷,富者越富,强化了区域差异格局,由于社会流动性弱,贫困和不利因素极易由父母传递给子女,使后代重复贫困境遇。

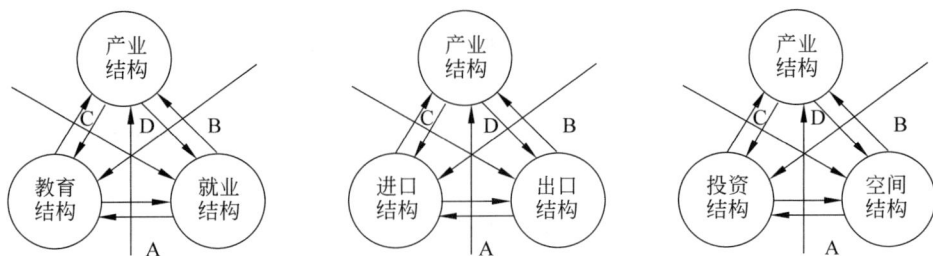

图 3-6　产业间的关联性、产业结构与其他结构间动态关系

3.3.2 生计资本推动精准脱贫户实现可持续生计的作用机制

1.人力资本推动精准脱贫户实现可持续生计的作用机制

人力资本理论认为贫穷的国家和个人之所以落后贫困,其根本原因不在于物质资本的短缺,而在于人力资本的匮乏,表现为人力资本存量难以缓解贫困的恶性循环(如图3-7所示)。因此,通过教育、培训等形式进行人力资本投资是减贫增收的根本途径(Schultz,1961;Romer,1986;Lucas,1988)。森的能力贫困理论也将贫困者能力的缺失看作是源自其人力资本的匮乏。贫困人口人力资本存量不足导致其无法获取发展机会,进而被社会排斥,处于社会的最底层。由此可见,对贫困人口进行人力资本投资,提升他们的可行能力是推进反贫困战略的理性选择。在完善的市场机制下,人力资本是造成个体收入差异的主要原因(高梦滔和姚洋,2006),市场配置必然使高人力资本存量的劳动者获得较高的收入(Yang,2004)。

世界反贫困经验表明,人力资本的匮乏以及代际转移效应是农户陷入贫困陷阱的重要原因之一(周建华,2011),提高人力资本对农户贫困程度的减轻具有正向影响。农村教育(Adato and Hoddinott,2009)、职业教育(Cookson,2016;程名望,2016)、就业培训(Blattman et al.,2013)、技术引进(Davis,2002)等措施能显著提高农村劳动力基础知识、教育程度、工作经验、职业素质和技能,是农村人力资本积累的动力及源泉,具有较高文化程度的农民,其学习能力和对新事物接受能力较强,对农业机械操作熟练程度高,从而有能力改造传统农业、提升农业技术水平,提高农业生产效率(Crowder,2015)、提升金融资本获取能力,有效促进收入增加(黄祖辉,2002;邹薇,2006),进而改善生计条件,生计条件的改善会进一步加大人力资本的投资,形成收入增长良性循环。

在劳动力市场信息不完全和信息不对称的情况下,受教育水平被看作是个人能力的衡量标准(Peng,2011),对于以工资性收入为主要生计来源的劳动力,人力资本优势者不仅是包含了较强学习能力、认知能力以及技术运用能力在内个人竞争力的体现,可拓宽就业渠道,提升社会地位,获得更好的发展机会、更高报酬的就业岗位、稀缺的社会资源,也可扩大自己的社会资本存量(童宏保,2003),提高社会交往的深度与广度,深化所拥有的社会关系网络,从而拓宽社会资本的拥有范围以及其他生计资本的拥有量(Skoufias and Parker,2001),实现可持续发展(Jeannie and Jamison，2013）。

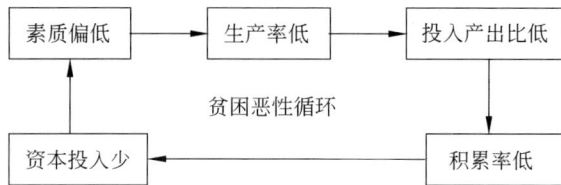

图 3-7　贫困恶性循环

2. 金融资本推动精准脱贫户实现可持续生计的作用机制

英国国际发展部（DFID）指出金融资本包括农村居民用于生产和消费的资金，是获取一切生存和发展要素的重要基础。金融资本是一切生计活动的起点和终点，是家庭实施生计策略的先决条件，也是生计结果的直接表现形式，金融资本的提高有助于生计策略的优化（Paul，2016），而生计策略的优化则体现为良好的生计结果，即金融资本的增进。雪雁等（2011）指出生计资产能直接影响生计策略的选择，自然资本缺乏尚且可以寻求其他生计途径，但金融资本的缺乏会直接限制生计策略的多样化选择。金融资本匮乏是影响生计和造成贫困的最直接要素，也是个体或家庭生计困难的直接表象（Abenakyo，2008）。金融资本在相当程度上反映了家庭整体购买力水平和生计水平，贫困的发生通常伴随着较低的金融资本存量，而金融资本存量不足也是造成物质贫困的直接原因。因此，金融资本往往被用来代替家庭生计和福祉（Deressa，2009），我国的贫困识别和贫困退出机制也将金融资本存量作为最核心的评估指标。金融资本存量的提升能显著缓解贫困状况（Geda，2006），提高生活质量和生计满意度（Pablo，2012），显著降低贫困的发生率。金融资本不仅直接作用于生计结果，也能够通过投资、购买、租赁、合作等方式直接转化为其他任何资产形态，直接促进人力资本、自然资本、物质资本、社会资本存量的增加和生计资本组合的多样化，以拓展家庭的生计决策途径，提高其生计适应性（Alary，2014）。

拥有一定量的金融资本是对抗不确定风险冲击、减少生计脆弱性的根本举措，低收入个体或家庭缺乏足够的金融资产储备，抵御风险能力较差（Gbetibouo，2010），一旦遇到意外，将直接导致贫困程度加剧，即使是已经跳出贫困陷阱的个体或家庭，也很容易因此再度陷入贫困之中，进而造成当地贫困缺口增大，返贫率居

高不下(Tolno,2015)。此外,金融资本存量的多寡会导致个体在健康、教育、保险
等方面的投资差异显著,尹庆双等(2011)研究发现农村居民的健康状况与收入之
间呈循环关系,其他因素不变的情况下,农民健康每增加一个等级,其收入将显著
增加 17.6%,相应地个体收入水平每增加 10% 会使得其健康状况将显著提高
0.595。低金融资本储备的家庭在教育支出、健康投资、卫生环境、风险意识等方面
都处于较低水平,直接影响子女的健康水平、思想观念和受教育程度,贫困的代际
传递由此形成(陈洁和苏永玲,2008)。

3. 物质资本推动精准脱贫户实现可持续生计的作用机制

农业机械设备是物质资本的重要组成部分,农业机械化程度与农户收入互为
因果。一方面,农业机械化作业能够显著提高劳动生产率、资源利用率、土地产出
率(宗锦耀和刘恒新,2009),并降低生产投入成本,其高效性和快捷性也有利于适
时播种和及时收获,避免因人为操作不当导致的损失(许广月,2011),从而促进农
民收入的增加,张睿和高焕文(2008)、李辉和钟绵生(2010)的实证研究表明农业机
械化对农民收入有正向影响,农民总收入关于农业机械化水平的弹性至少为 0.4
(周振,2016)。此外,农机作业对劳动的替代作用十分显著,农业机械化有利于减
少劳动力投入,从而促使农户向非农就业转移。近年来,农民工资性收入在总收入
中的比例逐年提高,已成为农民增收的最主要因素。非农就业有助于获得稳定持
续的生计来源,在一定程度上能够分摊或避免由于自然风险而造成的生计损失,并
直接或间接推动社会资本、人力资本积累和转换,从而有利于农户生计的可持续。
另一方面,收入的提高也会直接影响农业技术进步和农业机械的购置,推动农业机
械化程度的提高(Ahmed,1983),吴昭雄等(2013)在农户农业机械化投资行为研究
中得出农民人均纯收入每增加 1 元,户均农业机械化投资平均将增加 0.18 元的
结论。

此外,物质资本是生计安全的重要载体。以住房为例,自有住房不仅是农户十
分重要且价值较高的物质资本,也是实现可持续生计的必要生活条件,其短缺通常
伴随着贫困现象的发生(P.Townsend,1979)。因此,我国将"住房安全有保障"作
为脱贫攻坚的核心任务和脱贫退出的硬指标,强调住房安全是维持最基本生计的
需要(刘永富,2017)。马斯洛需求理论认为住房与食物、水、空气、衣服一样,是人
类维持自身生存的最基本的生理需求,只有当生理需求得到满足后,高阶需求的激
励作用才会逐步体现。换言之,在住房没有得到满足的情况下,其生计安全受到极

大威胁,随时可能遭受到外界风险冲击,基本生存条件无法保障,在该情况下,个体无法跨越最基本的需求而追求更高层级的目标。当住房安全得到保障,温饱问题得以解决,个体内生动力才能被激发,从而产生更高级别的需求和生计目标,并根据相应目标订制生计策略,从而提高生计适应性和可持续性。此外,马斯洛需求层次理论还强调对于安全、安稳的家、衣物及正常饮食的需求对个体学习能力会产生一定影响,即与物质资本充裕的个体相比,没有稳定住所、在温饱边缘徘徊的贫困个体其人力资本的积累能力和增殖能力较弱,若不及时纠正,会逐渐形成马太效应,即贫者愈贫、富者愈富。

4. 社会资本推动精准脱贫户实现可持续生计的作用机制

由于初始资源禀赋和社会地位的差异化所引致的社会资本异质性会导致不同个体之间资源的不平均分配,因而处于社会关系末端的低收入群体便丧失了部分能力提升渠道。由于社会资本的获取门槛较低,因此在低收入群体日常经济生活中占据着重要地位(叶初升和罗连发,2011)。以地缘、血缘、亲缘关系为主的社会网络的互助行为在贫困地区极为普遍(费孝通,1985;林竹,2011),频繁的社会交往促进了协同合作,缓解了信息不对称,降低了劳动成本。同时,以社会网络为主的社会资本多以人情往来、互帮互助和信息传递等形式发挥作用,进而提高资源获取能力,减轻贫困程度(Fafchamps and Minten,1988)。就微观家庭层面而言,社会网络构成了社会资本的主要组成部分(C. Grootaert,1999),家庭直接通过其所拥有的社会网络获取有用信息、资源和机会(Knight and Yueh,2013),降低生计成本,提高生计效率,从而提高家庭福利。在我国经济发展水平滞后的农村贫困地区,社会资本,尤其是街坊邻里关系、村级外出务工网络等,对于改善家庭福利以及减轻贫困的作用更加显著(Grootaert,1999)。在自身利益受损时,具备社会资本优势的个体能够通过社会关系网络的运作寻求更广泛的支持,以增加解决问题的选择面,降低生计损失,减少生计脆弱性。

沃尔库克和纳拉杨(Woolcock and Narayan,2000)、尚塔拉特和巴雷特(Chantarat and Barrett,2012)等认为,社会资本对贫困地区的保障性作用可以作为信用体系缺失的补充。社会资本可以帮助穷人进入金融市场,因此更有利于穷人的发展。尽管大部分贫困人口不能直接参与项目规划,但社会资本较多的个体可在意见征求过程中动员社会力量做出有利自身的决策。此外,社会资本有助于个体获得更充分的信息,在扶贫项目信息主要通过非正式渠道传播的情况下,信息捕捉更及时更充分的个体能够抢占先机,获得更多资源。

5. 自然资本推动精准脱贫户实现可持续生计的作用机制

对于部分或全部生计来自于以自然资本为主的生产活动的农民来说,自然资本是其赖以生存和发展最基本的生计资本。一方面,它所出产的粮食是维持人类必要生理需求的重要保障,也是一切生计活动能够顺利施展的根本基础,若个体或家庭温饱无法满足,可被看作生活水平达不到一种社会可接受的最低标准,即陷入物质生活贫困当中;另一方面,自然资本所出产的经济作物也是农户获取并积累金融资本的重要渠道,能够维持农户家庭生计正常运转。但对于长期以传统农业作为唯一经济活动的贫困地区群众而言,自然资本收益的风险性、折旧性和不确定性以及个体自身拥有的资源质量差异,使得其生产经营的边际效益较低,无法确保收入的稳定性,对不利的外部冲击十分敏感,如遭遇疾病、意外、自然灾害等,会因无法抵御风险的冲击而陷入贫困,再加上贫困群众自身综合素质较低,很难在生产生活条件没有得到根本改善的情况下,完成一定量的财富积累,改变陷入贫困的被动局面。因此,自然资本对可持续生计的动力需要以物质资本存量和增量的提高为发挥基础,以自然资本的规模化、集约化为推动手段,以人力资本的优化配置为施展路径,通过整合生计资源,充分发挥各类生计资本的相互促进作用,以实现农业经济作物的品牌化、特色化、产业化发展,从而最大限度增进农户的金融资本,提高农户生计水平(荀关玉,2017),而自然资本的产业化发展效应会进一步延长农产品产业链,提高物质资本、人力资本、金融资本存量,从而实现精准脱贫户可持续生计和农村经济的跨越式发展。

3.3.3 精准脱贫户实现可持续生计的系统化动力网络

精准脱贫户的可持续生计是一项复杂的系统工程,单一生计资本的积极能动作用在一定程度上有助于生计状态的改善,但不足以持续地全面推动生计水平的稳定和提高,因此需要人力资本、社会资本、物质资本、金融资本、自然资本五类生计资本协同作用,形成目标一致的系统性脱贫综合动力来实现可持续生计的目标。上述动力的持续还必须有三个前提:第一,宏观经济社会发展环境、制度环境等给予的充分脱贫保障;第二,脱贫主体有依靠自身脱贫的主观能动性、自我发展意识和信心;第三,现有生计资本的积累量能够维持家庭的基本生计,即达到了脱贫退出标准,并有足够的能力应对外部风险冲击。综合上述分析,贫困地区脱贫的系统化动力作用关系如图 3-8 所示。

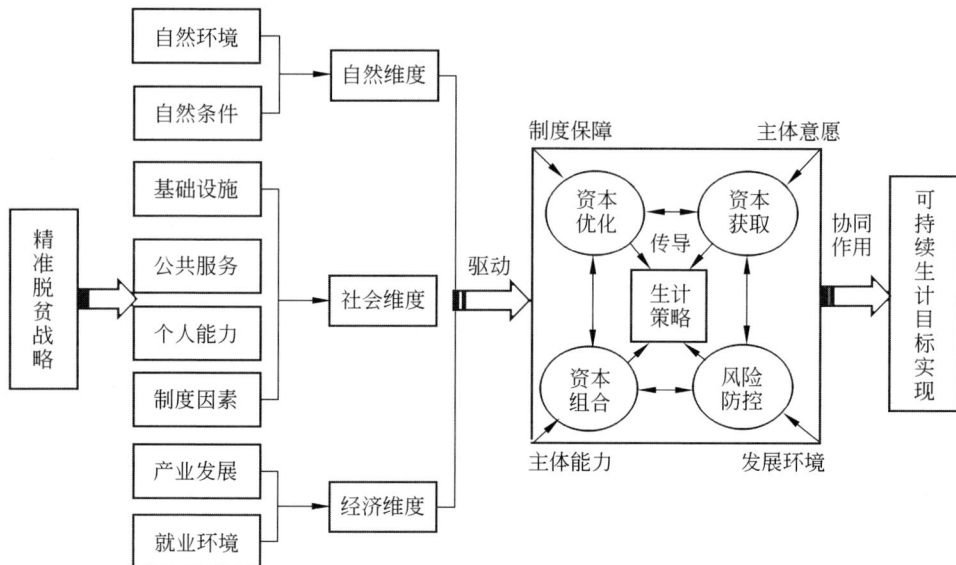

图 3-8 贫困地区脱贫的系统化动力

3.4 本章小结

为了明确精准脱贫户可持续生计的实现机理,本章基于生计资本视角对精准脱贫户可持续生计的实现基础、驱动逻辑、实现条件、发展动力进行了系统分析。理论分析表明,生计资本是精准脱贫户抵御生计风险和选择生计策略的基础,也是获得可持续生计的必要前提和扶贫工作的切入点,五种生计资本之间存在着互补性,在一定条件下五种资本之间可以相互作用和转换,对于不同的资本,其增殖性的强弱和对生计结果的重要程度也有所差异,其中人力资本的增殖能力和对于生计结果的影响能力均最强,金融资本次之,而物质资本最末。

生计资本的相互作用和可得性是农民生计能力的重要体现,生计资本禀赋较高的家庭具有较高的生计适应能力,在面对外部风险冲击时有更多的生计策略选择,从而有助于减少生计脆弱性。家庭从贫困户到精准脱贫户的贫困退出过程,其实质是精准脱贫户生计资本积累与改善协同作用的过程,我国精准脱贫战略"五个一批"脱贫路径实施可看作帮助贫困农户积累生计资本的过程,"一超过,两不愁,三保障"的脱贫退出标准可看作是从不同维度考察了帮扶群众的生计资本增进。然而,精准脱贫户的可持续生计是一项复杂的系统工程,单一生计资本的积极能动作用在一定程度上有助于生计状态的改善,但不足以持续地全面推动生计的提高和稳定,因此需要五类生计资本协同作用,并有赖于宏观宏观经济社会发展环境、制度环境等给予的充分脱贫保障和脱贫主体有依靠自身脱贫的主观能动性、自我发展意识和信心,由此形成目标一致的系统性脱贫综合动力来实现可持续生计的目标。

第4章
贫困地区精准脱贫户生计现状分析与问题诊断

本章将首先从历史学角度,以政策梳理为主线,全面总结回顾改革开放以来我国农村扶贫政策的演变历程,力求全面、科学地把握政策演变的内在逻辑以及新时期的现状特征,再基于我国历年农村贫困检测报告和贫困地区的微观农户调查数据,客观地揭示现阶段我国贫困地区精准脱贫户生计改善的外部环境与内部条件,深入剖析贫困地区农户生计状态及其干扰因素,诊断当前精准脱贫户可持续生计实现过程中的瓶颈与障碍,从宏观、中观、微观三维度为后文的实证研究提供客观合理的现实依据。具体研究内容安排如下:一是我国反贫困的政策演变与新时期扶贫趋向探讨,二是贫困地区精准脱贫户生计现状分析,三是贫困地区精准脱贫户可持续生计的问题诊断。

4.1 中国反贫困的政策演变与新时期扶贫趋向

4.1.1 中国扶贫开发的历史演进

改革开放以来,中国政府主导的贫困治理取得了举世瞩目的辉煌成就,贫困发生率由1978年的97.5%下降至2018年的3.1%(依据2010年贫困标准)。知识界的一个基本共识在于,中国能够取得如此巨大的减贫成就,起决定性作用的因素是,在 40 余年持续不断的探索中,顺应各个时期的减贫形势变动,国家减贫治理体系能够做出适应性调整,并且经历着不断的自我完善与发展过程(吕方,2017)。始于 20 世纪 70 年代末的农村改革,构成了中国农村减贫的最初动力。从 1978 年至今,按照帮扶重点的不同,可将我国的扶贫历程分为以下几个阶段。

1. 第一阶段(1978—1985) 体制改革扶贫阶段

改革开放初期我国贫困问题十分严峻,1978 年全国绝对贫困人口共计 2.5 亿人,占农村总人口的 30.7%。导致这一时期大面积贫困的主要根源在于落后的计划经济体制不适应生产力发展需要,限制了农村生产力的发展,阻碍了劳动生产率的提高。因此,制度改革成为这一时期缓解农村贫困问题的关键。1978 年中共十一届三中全会以后,我国政府从土地制度、市场制度以及就业制度三方面开展了一系列体制改革。为加快农业发展,1979 年中央工作会议做出了包括"尊重生产队的自主权和所有权、大幅度提高农副产品收购价格"在内的 25 项让利放权政策,极大地推动了农业改革的步伐。1979 年农副产品收购价增幅达到 21.1%,并在随后四年内以每年 9.1% 的幅度递增。针对各区域之间经济社会发展的差异性,1980 年颁布的《关于进一步加强农业生产责任制的几个问题》中指出"农业生产的管理要有更大的适应性和更多的灵活性",并强调"在偏远山区和贫困地区,长期吃粮靠返销,生产靠贷款,生活靠救济的生产队,群众对集体经济丧失信心,因而要求包产到户,并在一个较长的时间内保持稳定"。1981 年 4 号文件和之后连续三年的中央 1 号文件都把商品经济的大发展作为农村经济振兴的必由之路。1983 年中央出台的 1 号文件《当前农村经济改革若干问题》充分肯定了家庭联产承包责任制对于解放和发展农村生产力、激发农民生产积极性等方面的重要作用。在这一阶段,农产品价格提升,工商投资放开,土地流动制度得以重建,伴随而来的是乡镇企业迅速崛起,劳动力就业得以保证,产业结构优化升级。农村经济体制的深刻变革,为这一时期我国农村经济的超常规增长和贫困人口的急剧减少提供了强劲动力,农民人均纯收入由 1978 年的 133.6 元上升到 1985 年的 397.6 元,农村绝对贫困人口由 2.5 亿下降到 1.25 亿左右,极大地缓解了农村贫困。

2. 第二阶段(1986—1993) 大规模开发式扶贫阶段

20 世纪 80 年代中期,随着家庭联产承包责任制的广泛实施,大部分农村地区依托自身区位和资源优势经济得到快速增长，农民收入水平得到较大提升，但与此同时，我国"老、少、边、穷"农村地区由于社会、经济、历史、地理等因素的制约，发展相对滞后，当地群众温饱问题尚未解决，其发展水平与经济迅速崛起的东部沿海发达地区差距逐步拉大。这一时期，贫困人口呈现出明显的区域集中特点，主要分布在自然条件恶劣、基础设施薄弱的"老、少、边、穷"地区，需推行有组织、有计划、大规模的扶贫开发工作。针对这一阶段贫困特征的变化，我国政府加大了对上述区域的扶贫支持力度，优化了帮扶措施，我国扶贫开发进入"开发式扶贫"新阶段。1984年9月中共中央颁布了《关于帮助贫困地区尽快改变面貌的通知》，明确指出了要集中力量解决连片贫困地区的发展滞后问题，增强发展商品经济内部活力。同年10月中共十二届三中全会《关于经济体制改革的决定》充分肯定了邓小平提出的勤劳致富、先富带后富、共同富裕的"三步走"思想，并强调"只有允许和鼓励一部分地区、一部分企业和一部分人依靠勤奋劳动先富起来，才能对大多数人产生强烈的吸引和鼓舞作用"。1986年，我国第一个国定贫困县标准被确定，国民经济"七五"（1986—1990）发展计划把"扶持老、少、边、穷地区尽快摆脱经济文化落后的状况"作为一项重要内容，同年，国务院专门负责贫困地区扶贫开发工作的经济开发小组成立。至此，我国扶贫对象由大面积解决贫困群众温饱问题向集中解决特困乡村重点贫困户的绝对贫困问题转移，扶贫开发进入历史新时期。经过八年的不懈努力，国家重点扶持贫困县农民人均纯收入从1986年的206元增加到1993年的483.7元，农村贫困人口由1.25亿人减少到8000万人，贫困人口占农村总人口的比重从14.8%降至8.7%。

3. 第三阶段（1994—2000）　扶贫攻坚阶段

这一阶段以1994年颁布的《国家八七扶贫攻坚计划》为标志，扶贫开发工作也由最初的救济式转化为开发式。随着农村经济的持续增长，贫困地区的致贫因素和贫困特征也在发生变化，贫困人口分布呈现明显的地缘性特征，贫困发生率逐渐向基础设施薄弱、自然环境恶劣的中西部倾斜。针对此变化，《国家八七扶贫攻坚计划》重新调整了国家贫困县标准，将主要分布于18个贫困片区的592个县列入国家级贫困县范围，明确指出"要集中人力、物力、财力，用时7年基本解决8000万农村贫困人口的温饱问题"。针对集中贫困地区贫困程度深重的问题，1996年《关于尽快解决农村贫困人口温饱问题的决定》出台，对有助贫困地区脱贫致富的行业给予重点扶持，动员社会力量参与扶贫。1997年党的十五大提出了"新三步走"战略,将扶贫开发理论系统化。1999 年中央作出《中共中央、国务院关于进一步加强扶贫开发工作的决定》,强调"要切实做好扶贫攻坚决战阶段的工作,确保实现在本世纪末基本解决农村贫困人口温饱问题"。2000 年 1 月国务院西部地区开发领导小组成立,其主要任务是研究部署西部大开发的重要工作,加快中西部地区发展。同年 10 月中共十五届五中全会通过的《中共中央关于制定国民经济和社会发展第十个五年计划的建议》,把实施西部大开发上升到战略高度,并强调西部大开发战略"是实现第三步战略目标的重大举措,关系到地区协调发展和共同富裕的最终实现"。在此期间,我国的农村贫困人口由 8 000 万骤减至 3 000 万(以 2000 年贫困线标准 625 元计算),平均每年减少 800 万人,贫困发生率由最初的 8.7% 降至 3%。与此同时,国家级贫困县农业附加值增长 54%,工业附加值增加近一倍,地方财政收入翻了一番,农民人均纯收入由 1994 年的 648 元增至 2000 年的 1 337 元,年均增长 12.8 百分点,截至 2000 年底,全国农村地区温饱问题基本得以解决,国家"八七"扶贫攻坚目标基本实现。

4. 第四阶段(2001—2010) 整村推进精细化扶贫阶段

进入新世纪,随着我国贫困规模的大幅缩减,农村贫困人口分布呈现出"大分散、小集中"特点。3 000 万贫困人口分布由扶贫开发重点县向更低层次的村级社区集中。其次,仍有 6 000 万生计脆弱群体徘徊在贫困线边缘,一旦遭遇外界风险冲击,极易再度返贫。为进一步改善贫困地区群众生产生活条件,实现贫困人口持续减少,国家扶贫开发进入以村级瞄准为重点的治理体系转变。2001 年 6 月《中国农村扶贫开发纲要(2001—2010 年)》出台,把贫困人口相对集中的革命老区、边疆地区、特困地区和少数民族地区划为了扶贫开发的重点区域。随着西部大开发的深入推进,西部地区的城镇化水平步入了飞速发展时期,2007 年党的十七大提出了科学发展观,强调"以人为本,坚持全面协调可持续发展,坚持统筹兼顾,走生产发展、生活富裕、生态良好的文明发展道路"。为深入贯彻党的十七大和《中国农村扶贫开发纲要(2001—2010 年)》精神,2008 年《关于共同促进整村推进扶贫开发工作的意见》出台,要求以贫困村整村推进扶贫规划为切入点,在全国范围开展"整村推进扶贫工作",推动扶贫工作重心和扶贫资源下沉,并据此建立以贫困村为重点的"一体两翼"扶贫治理体系,对三类地区贫困村加大整村推进工作力度。根据 2010 年 1 274 元的扶贫新标准,农村贫困人口由 2000 年的 9 422 万人减至 2010 年的 2 688 万人,贫困发生率也由 2001 年的 10.2% 下降至 2010 年的 2.8%,累计降低

7.4 百分点。

5. 第五阶段(2011 年至今) 新一轮精准脱贫攻坚阶段

随着制度改革的纵深推进以及国际国内经济社会发展环境的变化,我国反贫困任务更为繁重,反贫困形势更为复杂。一方面随着扶贫标准的提高,农村地区存在着规模庞大的贫困人口。根据 2 300 元扶贫新标准,2011 年我国农村扶贫对象总数为 1.28 亿人,占我国总人口数的 13.4%;另一方面农村贫困人口面临的各类生计风险加大,农业生产粗放化、农村空心化现象突出,农村脱贫效果不持久问题凸显。为进一步加快贫困地区发展,促进共同富裕,实现到 2020 年全面小康的宏伟目标,2011 年指导我国农村扶贫开发工作的纲领性文件《中国农村扶贫开发纲要(2011—2020 年)》出台。该文件指出"我国扶贫开发已经从以解决温饱为主要任务的阶段转入巩固温饱成果、加快脱贫致富、改善生态环境、提高发展能力、缩小发展差距的新阶段"。自 2012 年党的十八大提出到 2020 年全面建成小康社会的宏伟目标以来,农村地区和贫困地区已成为全面建成小康社会的重难点,扶贫开发步入了新一轮的攻坚阶段。所谓"攻坚",就是攻克 3 000 万左右农村贫困人口的脱贫难题,同时预防农村贫困的反扑。随着精准脱贫进程的不断深入和全面小康时间节点的不断迫近,剩下的贫困人口大多致贫原因复杂、条件较差、基础薄弱、贫困程度深,帮扶难度大,成本高,见效慢,精准扶贫进入了"啃硬骨头"的拔寨攻坚冲刺期。为了打赢脱贫攻坚战,实现贫困人口如期脱贫,贫困县全部摘帽,我国出台了以六个精准①为基本要求、五个一批②为实施路径的精准扶贫精准脱贫基本方略,从贫困农户脱贫具体问题入手实施扶贫攻坚。此外,脱贫效果的可持续性是脱贫攻坚的重点问题,2017 年习近平总书记在十九大报告中进一步强调"要做到脱真贫,真脱贫",完成 2020 年战略目标只是扶贫工作的阶段性目标,中国的扶贫任务远没有结束,扶贫效果不能只关注短期,要真正实现"真扶贫、长久脱贫"必须强调"可持续性",建立有内生动力的帮扶长效机制,注重贫困群众的后续发展。由此可见,精准脱贫户的生计可持续问题已成为新时期我国扶贫开发的核心内容,也是后扶贫时期国家关注的重点方向。

---

① 六个精准:扶持对象精准、项目安排精准、资金使用精准、措施到户精准、驻村帮扶精准、脱贫成效精准。

② 五个一批:大力发展生产脱贫一批、易地搬迁脱贫一批、生态补偿脱贫一批、发展教育脱贫一批、社会保障兜底一批。

4.1.2　中国新时期扶贫趋向

1. 中国新时期精准脱贫投入

进入脱贫攻坚新时期以来,我国大力拓展精准扶贫广度和深度,在脱贫攻坚方面取得了辉煌的成果,贫困地区脱贫人数持续大幅增长,基础设施建设不断完善,贫困地区群众生计水平不断提高。由图 4-1 所示,2011—2017 年间我国中央财政专项扶贫资金呈持续递增状态,由 272 亿元逐步提高至 1 400 亿元,上涨约 5.15 倍。其中,2011—2015 年中央财政专项扶贫资金增量较为平稳,四年间约 1.7 倍。2016 年伴随着《中共中央　国务院关于打赢脱贫攻坚战的决定》的出台,我国扶贫开发进入"十三五"脱贫攻坚首战之年,交通、水利、农业、国土等行业部门也进一步加大对贫困地区的支持力度,2016 年财政专项扶贫资金投入额呈现陡增态势。

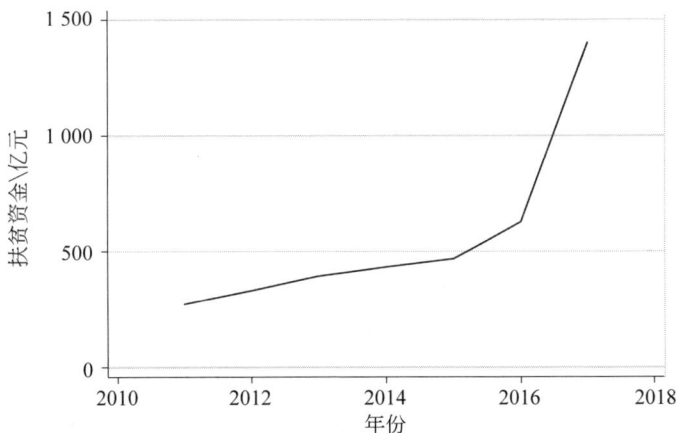

图 4-1　财政专项扶贫资金投入

从扶贫资金来源角度看,2016 年全国贫困地区县级扶贫资金总额共计 2 958 亿元,比 2015 年增长 55.5%。其中,中央扶贫贴息贷款累计发放 556.7 亿元,较上一年增长约 2.7 倍,中央财政专项扶贫资金 627.6 亿元,较上一年增长 1.34 倍,中央专项退耕还林还草工程补贴 107.9 亿元,比上一年提高 5.4 百分点,中央拨付的低保金 378 亿元,比 2015 年提高 9.9 百分点,省级安排的扶贫资金 259.7 亿元,国际扶贫资金 3.2 亿元,比 2015 年翻了一番,其他资金为 1 025.24 亿元,上涨近 2 倍 (如表 4-1 所示)。

表 4-1 2014—2016 年全国县级扶贫资金增长情况 单位:亿元

扶贫资金来源	2014 年	2015 年	2016 年
中央扶贫贴息贷款	153.3	209.1	556.7
中央财政专项扶贫资金	379.0	440.4	627.6
中央专项退耕还林还草工程补助	66.7	102.3	107.9
中央拨付的低保资金	263.7	343.9	378.0
省级财政安排的扶贫资金	125.2	171.3	259.7
国际扶贫资金	3.6	2.1	3.2
其他资金	429.5	551.5	1 025.4

数据来源:国家统计局中国农村贫困监测报告。

从扶贫资金投向角度看(如表 4-2 所示),2011—2016 年我国贫困地区扶贫资金主要用于以下几方面。

表 4-2 2011—2016 年我国贫困地区扶贫资金投向变化

指 标	2011 年	2012 年	2013 年	2014 年	2015 年	2016 年
农业占比/%	8.7	8.9	10.0	9.2	9.1	8.9
林业占比/%	6.2	6.4	5.7	4.9	5.4	3.8
畜牧业占比/%	5.6	5.5	6.4	5.3	5.4	6.0
农产品加工业占比/%	2.4	2.5	2.6	1.6	1.4	0.8
农村饮水安全工程占比/%	2.7	2.7	2.7	2.7	2.7	2.0
农村水电及小型水利占比/%	3.6	3.3	4.0	4.1	2.6	2.2
水库加固占比/%	2.0	2.2	1.4	0.9	0.8	0.5
村通公路占比/%	9.6	9.4	11.0	12.8	14.6	10.3
农网及电力设施占比/%	3.3	3.6	2.5	3.0	3.4	2.8
信息化建设占比/%	1.0	1.2	1.1	0.9	1.8	1.2
清洁能源建设占比/%	1.0	0.9	0.6	0.4	0.3	0.3

续表

指　　标	2011 年	2012 年	2013 年	2014 年	2015 年	2016 年
危房改造占比/%	9.5	9.3	9.0	7.7	7.6	6.5
乡卫生院建设占比/%	1.5	1.3	1.4	1.2	1.1	0.8
卫生技术人员培训占比/%	0.1	0.1	0.1	0.1	0.1	0.1
劳动力职业培训占比/%	1.0	0.8	1.1	0.8	0.6	0.5
易地扶贫搬迁占比/%	4.5	4.6	4.8	5.5	4.6	17.1
农村中小学建设占比/%	11.2	10.6	11.6	11.3	10.0	7.3
农村营养午餐计划占比/%	7.9	7.6	5.9	5.2	4.5	3.5
其他占比/%	18.2	19.0	18.3	22.5	24.2	25.4

数据来源：国家统计局中国农村贫困监测报告。

（1）产业扶贫。配合农业部出台的《贫困地区发展特色产业促进精准脱贫指导意见》，我国大力支持贫困地区因地制宜发展特色农牧业、乡村旅游、电商、光伏、农村小水电等产业，以产业发展带动脱贫增收。

（2）易地扶贫搬迁。易地扶贫搬迁作为新一轮脱贫攻坚的标志性工程，是我国精准脱贫的重点和难点。随着《全国"十三五"易地扶贫搬迁规划》等文件落地生根，我国 2016 年安排中央预算内投资 193.6 亿元、贴息贷款规模 828.5 亿元、专项建设基金 500 亿元、地方政府债务 1 000 亿元用于扶贫搬迁项目。

（3）基础设施建设。我国大力推进贫困地区交通、水利、能源等基础设施建设，2016 年安排中央预算内投资 651 亿元进行农村饮水安全和水利设施建设，安排 85 亿元用于贫困地区农网改造升级，投入 30.9 亿元用于农村扶贫公路建设，到 2016 年底实现了"老少边穷"地区 98% 的乡镇和 93.3% 的建制村通了沥青（水泥）路。

（4）教育扶贫。基于教育在脱贫攻坚中的先导性、基础性和持续性作用，我国大力实施了一系列教育富民政策，2016 年中央财政安排专项资金 338 亿元用于贫困地区校舍改造，安排营养膳食补助 189 亿元，贫困学生生活补助 71 亿元，中等职业教育补助金 138.8 亿元。

2. 新时期贫困人口变化情况

随着精准脱贫的不断靶向深入，我国农村贫困人口逐年减少，贫困发生率持续下降。如图 4-2 所示,进入脱贫攻坚新时期以来,我国农村贫困人口呈现大幅递减趋势,贫困发生率也随之逐年下降。按现行的国家农村贫困标准(2010 年价格水平每人每年 2 300 元)测算,全国农村贫困人口由 2010 年的 1.66 亿人骤减至 2017 年的 3 046 万人,累计减贫 13 520 万人,农村贫困发生率从 2010 年的 17.27% 降低至 2017 年的 3.1%,下降近 5.6 倍,平均每年下降 1.4 百分点,年均减贫人数均超过 1 000 万人。分地区来看(如表 4-3 所示),2010 年至 2016 年,我国东部、中部、西部地区①贫困人口全面减少,贫困发生率也逐年走低,其中西部贫困人口减少量最大,2016 年东、中、西部地区农村贫困人口分别比上年减少 163 万人、413 万人、663 万人。与此同时应注意到,我国贫困人口分布明显向中西部地区集中,2016 年我国西部地区和中部地区贫困人口占总贫困人口比重分别为 51.9% 和 36.8%,其贫困发生率分别高于东部地区约 5.6 倍和 3.5 倍,因此 2020 年中国要实现全面建成小康社会的奋斗目标,重点集中于中西部地区。

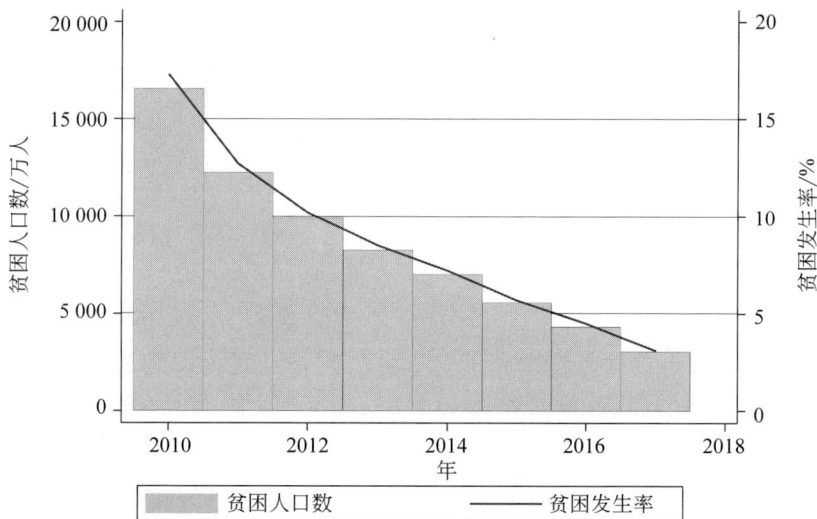

图 4-2　2010—2017 年农村贫困人口变化趋势图

---

① 东部地区:北京、天津、河北、辽宁、上海、江苏、浙江、福建、山东、广东、海南。中部地区:山西、吉林、黑龙江、安徽、江西、河南、湖北、湖南。西部地区:内蒙古、广西、重庆、四川、贵州、云南、西藏、陕西、甘肃、青海、宁夏、新疆。

表 4-3　我国东中西部地区贫困人口变化

| 年　份 | 农村贫困人口规模/万人 | | | 农村贫困发生率/% | | |
	东　部	中　部	西　部	东　部	中　部	西　部
2010	2 587	5 551	8 429	7.4	17.2	29.2
2011	1 655	4 238	6345	4.7	13.1	21.9
2012	1 367	3 446	5 086	3.9	10.6	17.5
2013	1 171	2 869	4 209	3.3	8.8	14.5
2014	956	2 461	3 600	2.7	7.5	12.4
2015	653	2 007	2 914	1.8	6.2	10.0
2016	490	1 594	2 251	1.4	4.9	7.8

数据来源：国家统计局中国农村贫困监测报告。

　　其中,覆盖了全国绝大部分深度贫困群体的贫困地区由于贫困程度深、致贫原因复杂,常规扶贫手段难奏效,扶贫开发工作任务异常艰巨,被视为我国脱贫攻坚的主战场,也是精准脱贫的“硬骨头”,自 2011 年《中国农村扶贫开发纲要(2011—2020 年)》出台以来,我国加大了对贫困地区的投入和支持力度,中央财政专项扶贫资金的新增部分主要用于深度贫困地区。由图 4-3 可知,2011—2016 年我国贫困地区贫困发生率大幅度减少,由 28.5% 下降至 10.1%,累计下降 18.4%,年均下降 3.68 百分点。与此同时,全国农村贫困发生率逐年递减,由 2011 年的 12.7% 降至 2016 年的 4.5%,累积下降 8.2 百分点。对比同一时期的贫困地区和全国农村数据可看出,2011 年至 2016 年间贫困地区贫困发生率均为全国同期水平的 2.3 倍左右,贫困发生率畸高。

　　从贫困规模上看(如图 4-4 所示),我国贫困地区贫困人口由 2011 年的 7 645 万人减少至 2016 年的 2 654 万人,累计减少 4 991 万人,降幅高达 65.3%,年均减贫 998.2 万人。同一时期,我国农村地区贫困人口由 2011 年的 12 238 万人逐年大幅递减至 2016 年的 4 335 万人,累计减少 7 903 万人,年均减贫 1 580.6 万人。值得注意的是,虽然我国贫困地区减贫速度快于全国农村平均水平,但 2011—2016 年间贫困人口占全国农村贫困总人口比重均高达近 62%。

　　具体而言,由图 4-5 可知,截至 2016 年我国贫困地区农村贫困人口超 300 万的省份共 2 个,分别为云南(352 万)和贵州(346 万),贫困人口总额为 200 万～300 万的省份共 3 个,分别为甘肃(235 万)、河南(221 万)以及湖南(205 万),为

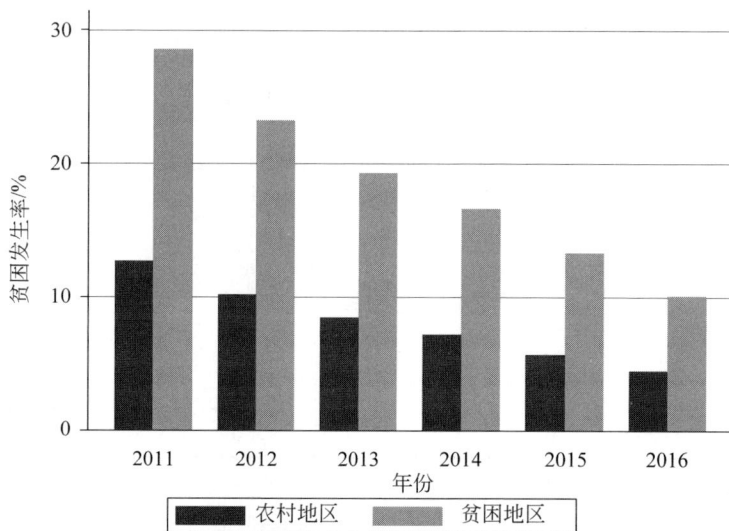

图 4-3 2011—2016 年我国贫困地区与农村地区贫困发生率

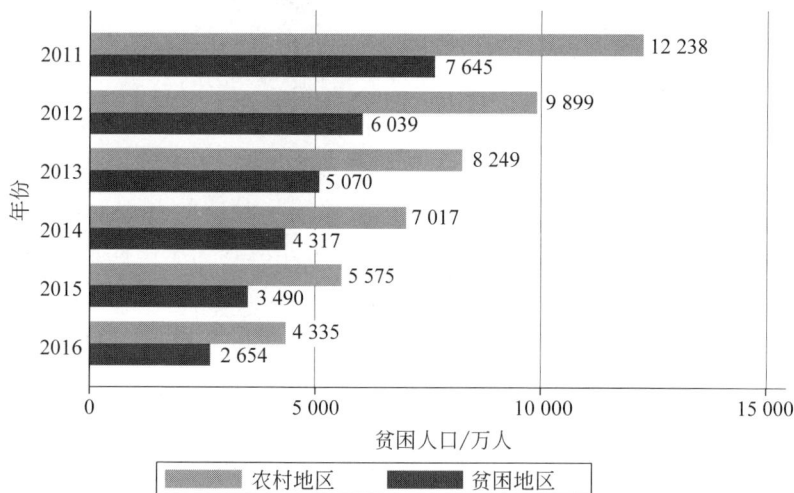

图 4-4 2011—2016 年我国贫困地区贫困规模

100 万～200 万的省份共 7 个,分别为安徽(155 万)、四川(150 万)、河北(147 万),陕西(140 万)、湖北(117 万)、江西(107 万)以及广西(100 万)。22 个省份中,甘肃贫困发生率最高,为 14.5%,其次为云南、西藏,贫困发生率均超过 13%,贫困发生率介于 10% ～ 13% 的省份共 8 个,分别为新疆(12.8%)、山西(11.9%)、贵州(11.9%)、海南(11.2%)、陕西(10.6%)、河北(10.6%)、湖南(10.3%)、黑龙江(10.0%),贫困发生率为 9% ～ 10% 的省份共 4 个,分别为广西(9.7%)、湖北(9.6%)、四川(9.0%)、吉林(9.0%)。与同期 4.5% 的全国平均水平相比,我国贫困地区中 68.2% 的省份贫困发生率不低于全国平均水平的 2 倍。介于贫困地区贫困人口占比高、贫困发生率高的现实问题,该地区应成为新时期精准脱贫的重点区域。

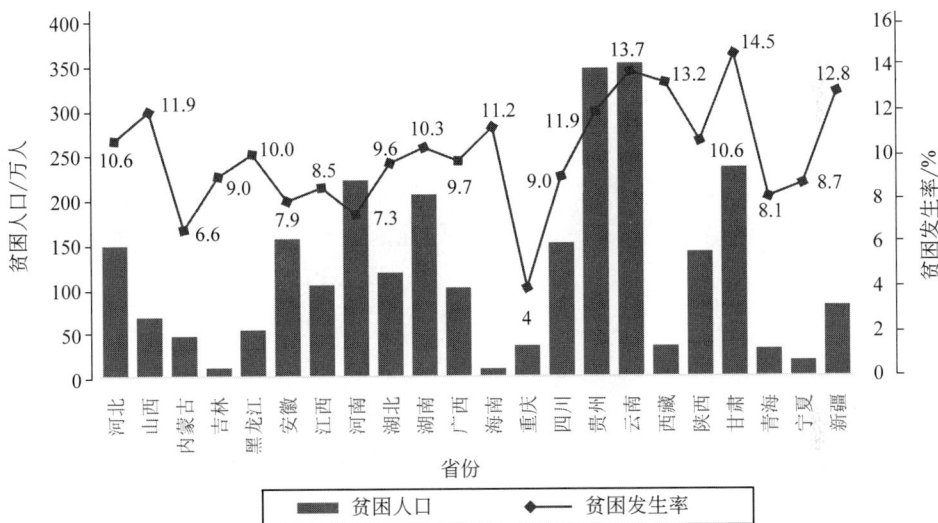

图 4-5　2016 年贫困地区贫困人口及贫困发生率

4.2　精准脱贫户生计现状分析

4.2.1　生计改善的外部环境

党的十八大以来,我国扶贫开发已驶入精准脱贫快车道,脱贫攻坚成为引领区域发展全局的核心原动力,推动着地区经济社会发展迈上新台阶。脱贫攻坚作为最大的民生工程,其内容可被概括为吃、穿"两不愁",教育、医疗、住房"三保障",一个是解决贫困户经济发展问题,另一个是解决贫困户生活质量问题。精准脱贫战略绝不应仅仅作用于贫困群众本身,而应在科学研判致贫因素的基础上,综合运用多元化的支持手段,从社会发展和贫困个体两维度滴灌式回应贫困人口需求,以精准保障贫困人口的持续性脱贫。因此,本节将基于生计资本角度总结近年来在中央对贫困地区扶持力度持续加大的政策指导下,该地区经济社会发展情况,从中观层面分析精准脱贫户生计发展的外部环境,为进一步探究其可持续生计,准确把握贫困地区的脱贫短板提供现实依据。

1. 人均收入不断提高,金融资本持续积累

由表 4-4 可知,我国贫困地区农户人均可支配收入呈现持续增长态势,由 2013 年的 6 079 元增加至 2016 年的 8 452 元,累计增加 2 373 元,年均名义增速 10.8%,扣除价格因素后年均实际涨幅 8.5%,实际增速超过全国农村平均水平 2.2 百分点,精准扶贫成效十分显著。2013 年贫困地区农户人均收入占全国农村居民人均收入比重为 64.5%,2016 年已达到 68.4%,提高 3.9 百分点。具体来看,2014 年贫困地区农户可支配收入名义增速超出全国平均水平 1.5 百分点,50% 的贫困地区农村居民收入年均实际增速超过全国农村平均水平,分别为内蒙古、吉林、黑龙江、安徽、湖北、湖南、广西、重庆、云南、西藏、甘肃。2015 年贫困地区农户人均可支配收入名义增速超过全国平均水平 2.8 百分点,内蒙古、吉林、安徽、江西、河南、湖南、重庆、四川、贵州、云南、西藏、甘肃、宁夏等共计 13 个省(自治区、直辖市)农村人均可支配收入增速均超过全国平均水平,占贫困地区总额的 59.1%,2016 年该数值扩大至 22 个,占贫困地区总额的 100%,与全国农村平均水平相对差距持续缩小,贫困地区农村群众实现收入较快增长,内生动力不断增强,收入动能释放明显。

表 4-4　2013—2016 年贫困地区农户人均可支配收入

片　区	收入水平/元				名义增速/%		
	2013	2014	2015	2016	2014	2015	2016
全国农村	9 430	10 489	11 422	12 363	11.2	8.9	8.2
贫困地区	6 079	6 852	7 653	8 452	12.7	11.7	10.4
河北	6 150	6 886	7 575	8 382	7.7	8.5	10.6
山西	4 875	5 430	6 078	6 623	9.7	7.4	9.0

续表

片 区	收入水平/元				名义增速/%		
	2013	2014	2015	2016	2014	2015	2016
内蒙古	6 545	7 375	8 201	9 005	11.8	9.0	9.8
吉林	5 798	6 414	7 045	7 669	11.3	11.1	8.9
黑龙江	5 896	6 450	7 174	7 828	12.1	5.7	9.1
安徽	7 119	8 062	8 952	9 890	12.3	14.9	10.5
江西	6 053	6 830	7 759	8 643	10.9	12.1	11.4
河南	7 070	7 983	8 865	9 735	10.4	11.7	9.8
湖北	6 971	7 831	8 682	9 502	11.4	7.6	9.4
湖南	5 715	6 461	7 222	8 029	12.8	11.0	11.2
广西	6 252	7 044	7 927	8 800	13.1	7.3	11.0
海南	7 145	7 449	8 284	9 163	4.9	7.0	10.6
重庆	7 131	8 044	9 120	10 244	14.0	11.2	12.3
四川	6 282	7 091	7 966	8 799	10.4	13.2	10.5
贵州	5 557	6 381	7 171	7 894	10.7	10.2	10.1
云南	5 616	6 314	7 070	7 847	12.4	14.7	11.0
西藏	6 553	7 359	8 244	9 094	17.6	15.7	10.3
陕西	6 162	6 963	7 692	8 424	9.7	8.2	9.5
甘肃	4 487	5 106	5 782	6 323	13.9	11.0	9.3
青海	6 462	7 283	7 933	8 664	9.7	4.0	9.2
宁夏	5 840	6 555	7 255	7 937	9.2	15.0	9.4
新疆	5 986	6 635	7 341	8 055	5.6	4.4	9.7

在收入绝对额增加的同时,从收入结构上看(如表4-5所示),随着扶贫力度的不断加大,贫困地区多项收入实现较快增长。按收入来源分,2016年贫困地区农户工资性收入2 880元,比上年增长325元,名义增速12.7%,增速高出全国平均水平3.5百分点,在可支配收入总体中所占比重较高,为34.1%,是一个稳定的收入增长点。与全国平均水平相比,同一时期全国农村居民人均工资性收入为5 022元,是贫困地区的近1.8倍,在可支配收入中占比较贫困地区高6.5百分点。

其次,经营性收入增长略慢。2016年贫困地区农户人均经营性收入3 443元,比上年增长 161 元,名义增速 4.9％,低于全国平均水平。其中,第一产业净收入 2 696 元,比 2015 年增加 70 元,增长 2.7％,增速低于全国同期平均水平 1 百分点,这主要是由于贫困地区受资源禀赋约束,农户生计靠种植、养殖为主,其中农业收入比重最高,占收入结构的 22.8％,其次是牧业,为 6.8％,但受到产量下降、全年农产品价格低位运行等因素影响,农业相关收入略有下滑。第二、三产业经营净收入人均 747 元,比上年增加 91 元,增长 13.9％,增速高于全国平均水平 4.9 百分点。从收入构成上看,经营性收入占人均可支配收入比重最高,达到 40.7％,其中,第一产业经营性收入为 31.9％,第二、三产业经营性收入为 8.8％,由此可见,贫困地区农村居民家庭经营仍以第一产业为主,第二、三产业稳步发展,农业仍是当前贫困地区农村居民最主要的生计来源。

财产净收入增幅明显。随着贫困地区精准脱贫的不断深化,产业扶贫、整村推进等扶贫政策成效逐步显现,2016 年贫困地区农户人均财产净收入为 107 元,相对于 2015 年增加 13 元,增长 14.3％,高于全国平均增速 6.1 百分点,占人均可支配收入的 1.3％。与此同时全国农村居民人均财产净收入为 272 元,是贫困地区收入水平的 2.5 倍,其占人均可支配收入比重高于贫困地区 0.9 百分点。

转移净收入增长最快。随着各级政府对贫困地区扶贫力度的加大以及各项社会保障制度、社会救助体系的不断完善,贫困地区转移净收入快速增长,2016 年贫困地区农村居民人均转移净收入 2 021 元,比上年增加 300 元,名义增速为 17.4％,高于全国平均增速 4.7 百分点,增速为近三年最高,对增收的贡献率为 37.5％。其中,人均养老金收入 347 元,增长 16％,人均社会救济补助和政策性生活补贴 229 元,增长 28.8％。同一时期,全国农村居民人均转移净收入 2 328 元,占其收入结构的 18.8％,其收入水平比贫困地区高出 307 元。

表 4-5 2016 年贫困地区农户收入结构

指　标	贫困地区/农村			全国农村		
	收入水平/元	构成/％	名义增速/％	收入水平/元	构成/％	名义增速/％
人均可支配收入	8 452	100.0	10.4	12 363	100.0	8.2
一、工资性收入	2 880	34.1	12.7	5 022	40.6	9.2

指　标	贫困地区/农村			全 国 农 村		
	收入水平/元	构成/%	名义增速/%	收入水平/元	构成/%	名义增速/%
二、经营性收入	3 443	40.7	4.9	4741	38.3	5.3
（一）一产净收入	2 696	31.9	2.7	3270	26.4	3.7
农业	1 931	22.8	2.1	2 440	19.7	1.1
牧业	571	6.8	6.9	574	4.6	17.4
（二）二、三产净收入	747	8.8	13.9	1 472	11.9	9.0
三、财产净收入	107	1.3	14.3	272	2.2	8.2
四、转移净收入	2 021	23.9	17.4	2 328	18.8	12.7

数据来源：国家统计局中国农村贫困监测报告、中国统计年鉴。

2. 农村居民消费逐步增长，生计资本日益增加

就整体而言，随着收入水平的稳步增长和社会保障体系的不断完善，贫困地区农村居民的消费能力逐步增强，生活质量稳步提升，生活消费支出明显增加（如图 4-6 所示）。2012—2016 年，贫困地区农村居民消费支出呈现逐年稳定递增态势，由 4 058 元增长至 7 331 元，累积增加 3 273 元，增长 80.65%。贫困地区农村居民人均消费名义增速逐年放缓，由 2012 年的 16.4% 逐步降至 2016 年的 10.1%。

与此同时，贫困地区农村居民消费结构进一步优化。如图 4-7 所示，贫困地区农村恩格尔系数（食品支出比重）在 2002—2016 年间整体上呈现波动下降态势，由最初的 57.4% 下降至 35%，累计下降 22.4 百分点，与全国平均水平差距进一步缩小，由 2002 年的 11.2% 逐步缩小至 2016 年的 2.8%。

具体来看，食品、衣着等基本生存消费支出在消费支出总额中所占比重逐年下降，与之相对应的是用于居住类、交通通信、文化教育娱乐等发展享受型消费支出比重不断上升，生活品质逐渐改善（如表 4-6 所示）。2016 年贫困地区农户家庭的吃穿用住消费占全部生活消费支出比重为 67.9%，比 2014 年减少 0.9 百分点，反

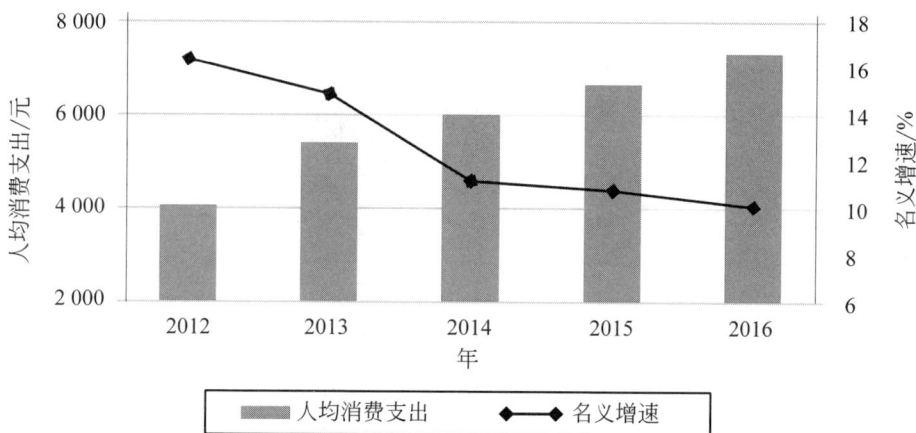

图 4-6　2012—2017 年贫困地区农村居民消费增长情况

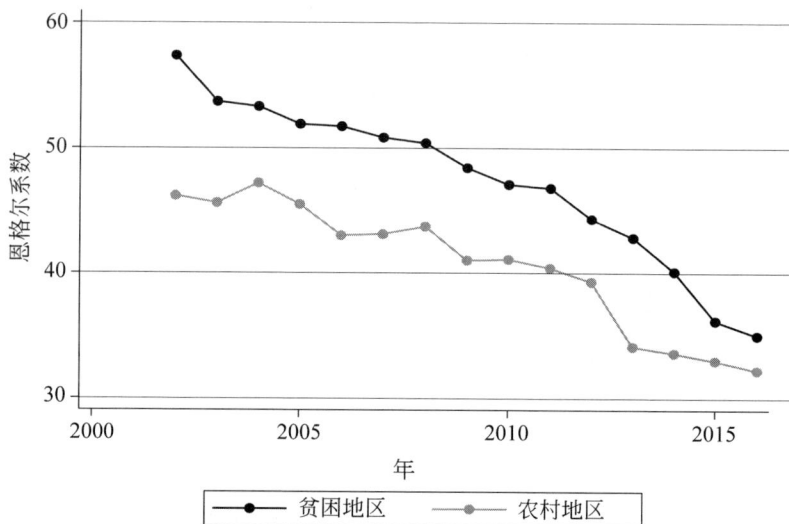

图 4-7　2002—2016 年贫困地区与全国农村恩格尔系数

映出该地区基本生活消费仍居主导地位,其中食品烟酒支出为 2 567 元,同比增长 6.5%,占全部消费支出比重最大,为 35%,衣着支出为 423 元,比上年增长 4.4%,居住消费支出 1 543 元,占总消费支出的 20.9%,同比上涨 12.2%,生活用品及服务支出为 448 元,比上一年提高 9.2%。

表 4-6 贫困地区农村居民消费支出结构

| 指　标 | 2014 年消费支出 /元 | | 比例 /% | 2015 年消费 支出/元 | | 比例 /% | 2016 年消费支出 /元 | | 比例 /% |
	贫困 地区	全国 农村		贫困 地区	全国 农村		贫困 地区	全国 农村	
人均消费支出	6 007	8 383	71.7	6 656	9 223	72.2	7 331	10 130	72.4
食品烟酒	2 197	2 814	78.1	2 411	3 048	79.7	2 567	3 266	78.6
衣着	370	510	72.5	405	550	71.2	423	575	73.4
居住	1 244	1 763	70.6	1 376	1 926	69.7	1 543	2 147	71.9
生活用品及 服务	382	506	75.5	411	546	74.6	448	596	75.3
交通通信	615	1 013	60.7	693	1 163	58.6	803	1 360	59.0
教育文化娱乐	590	860	68.6	680	969	69.3	790	1 070	73.8
医疗保健	511	754	67.8	567	846	64.3	638	929	68.6
其他用品和 服务	99	163	60.7	144	174	61.5	118	186	63.5

数据来源：国家统计局中国农村贫困监测报告、中国统计年鉴。

享受型和发展型消费支出增长较快。近年来贫困地区持续加大在基础设施、教育、卫生等方面的投入力度,上述地区道路交通、通信、教育医疗设施的改善带动了农村居民在满足基本吃穿住消费的基础上,积极拓宽消费领域,转变消费方式,使得改善生活状况、提高生活品质的享受型和发展型消费支出不断增加,人力资本、物质资本、社会资本在内的生计资本日益积累。2016 年贫困地区农户人均交通通信支出 803 元,占总消费金额的 11.0%,比上年提高 15.9 百分点,比 2014 年提高 30.6 百分点。交通通信费用的提高反映出该地区群众社交网络持续扩大,信息渠道日益通畅,有助于社会资本存量的逐步积累。与此同时,教育文化娱乐和医疗保健支出也逐步增加,2016 年贫困地区农户人均教育文化娱乐支出 790 元,医疗保健支出 638 元,对整体消费贡献率分别为 10.8% 和 8.7%,分别比上年提高 110元、71 元,增长幅度为 16.2%、12.5%。教育文化娱乐和医疗保健支出比重的提高在一定程度上反映了以文化和健康为核心的人力资本的增进,有助于规避生计风险,扩大生计策略选择面,提高家庭生计稳定。

但应注意到,贫困地区农村居民生活水平与全国平均水平仍有较大差距,2016

年贫困地区人均消费支出 7 331 元,相当于全国平均水平的 72.4%,比上年提高 0.2%。食品、衣着、居住、生活用品及服务等基本生活消费相当于全国平均水平的 78.6%、73.4%、71.9%、75.3%,其中贫困地区食品消费支出相当于全国平均水平的比重比上年减少 1.1 百分点,衣着、居住、生活用品及服务等消费支出相当于全国平均水平的比重分别比上年提高 2.2 百分点、2.2 百分点、0.7 百分点。交通通信、教育文化娱乐、医疗保健和其他服务等发展享受型消费分别相当于全国平均水平的 59%、73.8%、68.6%、63.5%,比上年提升 0.4 百分点、4.5 百分点、4.3 百分点、2.8 百分点、2.0 百分点,反映出受低收入水平影响,贫困地区农户在消费支出方面虽然与全国农村平均水平差距缓慢缩小,但生活质量仍相对较低,存在较大上升空间。

3.物质资本持续增进,生活条件进一步改善

党的十八大以来,扶贫攻坚惠及民生,贫困地区农村居民生活条件改善最为显著,物质资本增量显著。住房安全是"两不愁、三保障"的重要内容,从居住条件看,2016 年贫困地区农村居民户均住房面积达到 137.3m²,比 2012 年增长 22.7m²,年均增长 5%。2012—2016 年间,居住在钢筋混凝土或砖混材料房的贫困地区农户比重逐年大幅攀升,累计增长 35.5 百分点,居住在竹草土坯房的农村居民比重逐年稳定递减,由 7.8% 降至 4.5%,累积下降 3.3%。炊事用能源中,炊用柴草的农户比重由 2012 年的 61.1% 逐年缩减至 2016 年的 51.4%,累积减少 9.7 百分点,截至2016 年,贫困地区仍有约一半农户未使用清洁能源。与此同时,拥有家用基础设施的农户比重逐年递增,2016 年使用照明电、管道供水比重分别为 99.3%、67.4%,比 2012 年分别增长 0.5 百分点、11 百分点,基本实现电网全覆盖。卫生设施方面,贫困地区有独立厕所农户比重逐年提高,由 2012 年的 91% 提高至 2016 年的 94.2%,累计增长 4%,但在 2016 年拥有独立厕所的农户当中,使用卫生厕所的农户比重仅为 30%,卫生条件缓慢改善,生活居住设施仍有待进一步提高。饮水方面,贫困地区饮水无困难的农户比重由 2012 年的 78.9% 提升至 2016 年的 87.9%,涨幅为 9%,截至 2016 年,贫困地区饮水有困难农户约占 12.1%,其中 2.3% 的农户单次取水往返时间超过半小时,4.7% 的农户存在间断或定时供水,5.1% 的农户当年连续缺水时间超过 15 天。此外,2016 年在贫困地区仅有 40.8% 的农户使用净化处理自来水,仍有近 60% 的农户饮水安全无保障,水利基础设施相对滞后,工程性缺水现象仍有存在,饮水问题依然严峻(如表 4-7 所示)。

表 4-7　2012—2016 年贫困地区农户生产生活条件

指　　标	2012 年	2013 年	2014 年	2015 年	2016 年
户均居住面积/m²	114.6	120.4	126.8	131.4	137.3
居住竹草土坯房农户比重/%	7.8	7.0	6.6	5.7	4.5
居住钢筋混凝土或砖混材料房比重/%	21.6	30.2	38.1	49.5	57.1
炊用柴草比重/%	61.1	58.6	57.8	54.9	51.4
使用照明电比重/%	98.8	99.3	99.5	99.8	99.3
使用管道供水比重/%	56.4	53.6	55.9	61.5	67.4
有独立厕所比重/%	91.0	92.7	93.1	93.6	94.2
使用净化处理自来水比重/%	33.1	30.6	33.1	36.4	40.8
饮水无困难比重/%	78.9	81.0	82.3	85.3	87.9

数据来源：国家统计局中国农村贫困监测报告。

　　贫困地区农户物质资本改善的另一个表现是家庭耐用消费品拥有量的增加（如表 4-8 所示）。其一，传统耐用消费品持续增加。2012—2016 年间，贫困地区每百户家庭拥有洗衣机、冰箱数量呈逐年稳定递增态势，分别由 52.3% 和 47.5% 增长至 80.7% 和 75.3%，累计增长 28.4% 和 27.8%。其二，汽车、手机、计算机等反映现代生活的耐用消费品稳步增加。贫困地区每百户汽车拥有量由 2012 年的 2.7 辆逐年快速提升至 2016 年的 11.1 辆，上涨约 3.1 倍，每百户手机拥有量也呈现逐年递增态势，由最初的 158.3 部增加至 225.1 部，累计增加 66.8 部，每百户计算机拥有量提高约 1.8 倍，由 2012 年的 5.4 台增加到 2016 年的 15.1 台。

表 4-8　2012—2016 年贫困地区农户家庭耐用消费品拥有量

指　　标	2012 年		2013 年		2014 年		2015 年		2016 年	
	贫困地区	全国农村	贫困地区	全国农村	贫困地区	全国农村	贫困地区	全国农村	贫困地区	全国农村
百户汽车拥有量/辆	2.7	6.8	5.5	9.9	6.7	11.0	8.3	13.3	11.1	17.4
百户洗衣机拥有量/台	52.3	65.3	65.8	71.1	70.1	74.8	75.6	78.8	80.7	84.0

续表

指　　标	2012 年		2013 年		2014 年		2015 年		2016 年	
	贫困地区	全国农村	贫困地区	全国农村	贫困地区	全国农村	贫困地区	全国农村	贫困地区	全国农村
百户冰箱拥有量/台	47.5	56.6	52.6	72.9	60.9	77.6	67.9	82.6	75.3	89.5
百户手机拥有量/部	158.3	185.3	172.9	199.5	194.8	215.0	208.9	226.1	225.1	240.7
百户计算机拥有量/台	5.4	15.4	7.9	20.0	11.1	23.5	13.2	25.7	15.1	27.9

数据来源：国家统计局中国农村贫困监测报告。

但值得注意的是，虽然 2012—2016 年，贫困地区农户手机、冰箱、洗衣机等家庭耐用消费品拥有量与全国农村平均水平之间的差额在整体上呈现出逐年递减趋势，但是汽车和计算机拥有量之间的差距却缓慢增大，由最初的 4.1 和 10.0 扩大至 6.3 和 12.8。与此同时，贫困地区家庭耐用消费品拥有量与全国农村地区相比差距依然明显（如图 4-8 所示），每百户贫困家庭手机、冰箱和计算机的拥有量与全国平均水平差距达到 10 以上。截至 2016 年，贫困地区家庭汽车、洗衣机、冰箱、手机和计算机等耐用消费品拥有量分别相当于全国平均水平的 63.8％、96.1％、84.2％、93.5％、54.1％，其中，计算机在贫困地区的拥有量过低，与全国农村平均水平差距最为明显，不利于当地群众获取生计资本，拓宽信息渠道。

4. 基础设施与公共服务日益完善，人力资本稳定提升

进入脱贫攻坚关键期以来，我国加大了对贫困地区基础设施和公共服务建设投资力度，积极推进教育文化扶贫，努力提高医疗卫生服务保障水平，使得贫困地区基础设施、教育文化设施状况和医疗卫生服务条件改善显著。

（1）基础设施状况持续改善。贫困地区"四通"覆盖面持续扩大，通电、通电话、通宽带、通有线电视信号比重逐年提高。由表 4-9 可知，2012 年以来贫困地区道路通达情况和通信设施建设状况不断改善，2016 年基本实现电网全覆盖，所在自然村通公路和进村主干道路硬化农户比重分别由 2012 年的 97.2％、84.3％提高至 2016 年的 99.8％、96％，累计增长 2.6％和 11.7％，基本实现村级公路全覆盖，农户周边居住环境日益改善。与此同时，2016 年所在自然村便利乘坐公共汽车农户

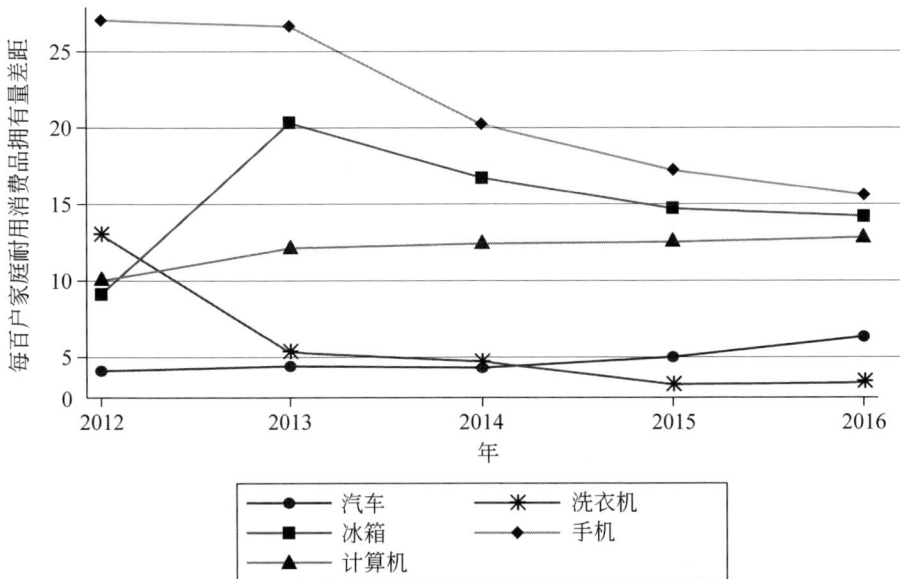

图 4-8　贫困地区耐用消费品拥有量与全国平均水平差距

比重为 63.9%,虽然较 2012 年提升 13.1 百分点,但仍有 48.8% 的农户所在自然村没有通客运班车,公共交通的便捷度仍较低,反映出公共交通基础设施供给不足,无法满足当地群众生产生活需求。通信设施方面,从整体上看,通信设施状况改善显著,2016 年所在自然村通电话农户和能够接收有线电视信号的农户比重分别达到 99.9%、94.2%,比 2012 年分别提高 4.8 百分点、27.8 百分点,基本实现手机信号全覆盖,极大地丰富了贫困地区群众生活,提高了当地居民的生活质量和生计满意度。但所在自然村通宽带农户比重虽然在 5 年间增速迅猛,由 2012 年的 39.4% 逐年攀升至 2016 年的 78.8%,上涨约 1 倍,但就整体而言,贫困地区宽带覆盖率仍较低,通信设施建设有待完善。垃圾处理方面,2012—2016 年间贫困地区垃圾处理设施改善显著,垃圾集中处理的自然村比重由最初的 24.6% 逐年稳定增长至50.9%,上涨超 1 倍,贫困地区卫生条件持续改善,但截至 2016 年仍有近一半的自然村未实现垃圾集中处理,此外,2016 年仅 27.1% 的自然村拥有禽畜集中饲养区,这对于当地民众健康、人力资本积累有潜在的阻碍作用。

表 4-9　2012—2016 年贫困地区基础设施建设　　　　　　　　%

指　标	2012 年	2013 年	2014 年	2015 年	2016 年
所在自然村通电农户比重	98.5	99.2	99.5	99.7	99.9
所在自然村通公路农户比重	97.2	97.8	99.1	99.7	99.8
所在自然村进村主干道路硬化农户比重	84.3	88.9	90.8	94.1	96.0
所在自然村便利乘坐公共汽车农户比重	50.8	56.3	58.5	60.9	63.9
所在自然村通客运班车的农户比重	33.8	38.8	42.7	47.8	51.2
所在自然村通宽带农户比重	39.4	54.3	63.2	71.8	78.8
所在自然村通电话农户比重	95.1	98.3	99.2	99.7	99.9
所在自然村能够接收有线电视信号农户比重	66.4	79.6	88.7	92.2	94.2
垃圾集中处理的自然村比重	24.6	29.9	35.2	43.3	50.9
拥有禽畜集中饲养区的自然村比重	16.0	23.9	26.7	26.9	27.1

（2）文化教育条件提高显著。由表 4-10 所示，近年来贫困地区农村居民文化教育条件进一步改善，农户人力资本进一步提高。从公共服务建设情况看，2012—2016 年，该地区有综合文化站的乡镇比重逐年增加，2016 年 99.6％的乡镇配备了综合文化站，较 2012 年提升 12.6％，86.6％的自然村拥有文化活动室，为当地农户人力资本积累创造了条件。从教育机构数量上看，2012 年—2016 年贫困地区拥有小学和幼儿园（学前班）的自然村比重逐年稳步增长，分别由 2012 年的 60.4％和 42.9％提升至 2016 年的 65.8％和 59.2％，累积增长 5.4％和 16.3％，年均增长幅度分别为 1.35％和 4.1％。截至 2016 年，40.8％的自然村没有幼儿园或学前班，34.2％的自然村没有小学，就整体而言村内规范化幼儿园等基础教育机构数量匮乏，初等教育保障力度有待加强。从教育文化设施的便利性来看，所在自然村上幼儿园便利农户比重呈现稳定递增态势，由 65.6％提高至 79.7％，累积增长 14.1％，年均增长 3.5 百分点。所在自然村上小学便利的农户比重由 2012 年的 76.3％逐年递增至 84.9％，年均提高 2.2 百分点，与初等教育便捷程度相比，该地区的入园便捷程度偏低，2016 年仍有 20.3％的自然村农户面临入园难困境。从受教育情况看，伴随着我国教育扶贫力度的不断加大，社会教育救助持续增加，家庭教育负担

明显下降,贫困地区学龄儿童在校率平稳提升,因贫失学儿童比例不断缩减,7～15
岁非在校儿童比重呈现小幅逐年下降趋势,由 2012 年的 3.7％逐步缩减至 2016 年
的 1.8％,累计减少 1.9 百分点。同一时期农户家庭 16 岁以上成员均未完成初中
教育农户比重也平稳递减,由 18.6％减少至 16％,年均缩减 0.65 百分点。在辍学
儿童中,小学阶段辍学比重为 14.1％,初中辍学比重为 70％,高中辍学比重为
15.9％,从辍学年级分布来看,儿童辍学集中于初二年级和初三年级,比重分别为
20.5％和 44％(如图 4-9 所示),其主要原因为不愿读书(80％)、家庭缺少劳动力
(5％)、健康问题(3.7％)。此外,贫困地区劳动力平均受教育程度在五年间以年均
0.075％的增长率缓慢提升,截至 2016 年劳动力平均受教育年限为 7.4 年,反映出
贫困地区劳动力文化素质维持在较低水平。

表 4-10　2012—2016 年贫困地区文化教育情况

指　　标	2012 年	2013 年	2014 年	2015 年	2016 年
有综合文化站的乡镇比重/％	87.0	94.8	97.2	98.4	99.6
有文化活动室的自然村比重/％	74.5	75.6	81.5	83.8	86.6
有小学的自然村比重/％	60.4	62.6	63.7	64.5	65.8
有幼儿园或学前班的自然村比重/％	42.9	50.3	55.4	57.6	59.2
所在自然村上幼儿园便利农户比重/％	65.6	71.4	74.5	76.1	79.7
所在自然村上小学便利农户比重/％	76.3	79.8	81.2	81.7	84.9
7～15 岁非在校儿童比重/％	3.7	3.3	2.8	2.2	1.8
16 岁以上成员均未完成初中教育农户比重/％	18.6	18.4	17.3	16.9	16.0
劳动力平均受教育年限/年	7.1	7.2	7.2	7.3	7.4

　　(3) 医疗卫生水平逐年提高。如表 4-11 所示,2011—2016 年,贫困地区医疗
机构床位数和医疗技术人员人数均呈逐年稳定递增趋势,分别由最初的 67 万床、
49.2 万人增长至 111 万床、84.2 万人,卫生机构床位数和医疗技术人员数均增长约
0.7 倍,同一时期执业医师人数逐年增加,五年间增加 6.5 万人,平均每年增加 1.3
万人,显著改善了贫困地区医疗卫生水平。与此同时,社会福利收养性机构数量和
床位数也逐年增加,2016 年贫困地区社会福利收养性机构数量比 2011 年增加了
1 336 个,累计增加床位数 24 万张。乡镇层面,有政府办卫生院的乡镇比重逐年增

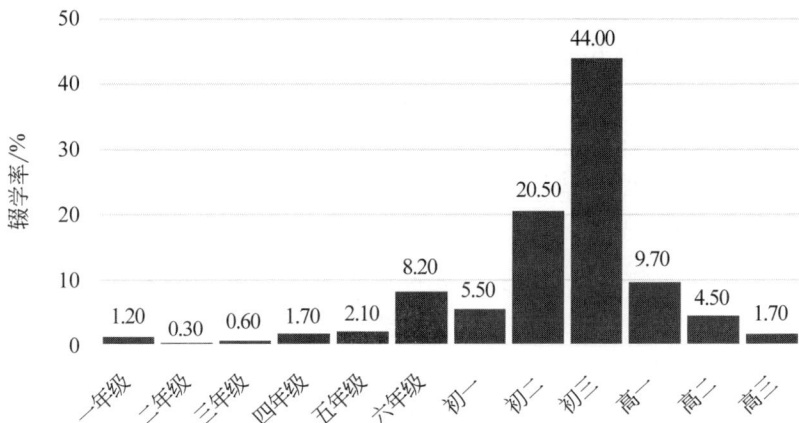

图 4-9　2016 年贫困地区辍学儿童年级分布

加,由 2011 年的 85.8％增长至 2016 年的 99.8％,基本实现全覆盖。有全科医生的乡镇比重也呈现大幅增长,五年间增长 28.5％,截至 2016 年,贫困地区仍有 9.7％的乡镇未配备全科医生。村级层面,所在自然村有卫生站的农户比重增幅明显,由 2011 年的 79.8％提高至 2016 年的 96.3％,累计增长幅度 16.5％,与此同时,拥有合法行医证医生/卫生员的自然村比重由最初的 77.3％递增至 92.4％,贫困地区群众看病难的情况得到一定程度的缓解。未参加医保人口比重逐年小幅下跌,截至 2016 年,新型合作医疗制度逐步完善,覆盖 99.3％的农村居民,有病不能及时就医比重由 2011 年的 11.2％逐年下降至 2016 年的 4％,在不能及时就医的农户中,19.9％是由于经济困难,而 75.3％是由于距离医院太远,由此可见,贫困地区公共服务及社会保障设施建设得到很大程度的提高,但仍有待进一步加强和完善。此外,调研时发现,村卫生室数量虽然逐年递增,但设施简陋、条件恶劣、标准化程度低,仅能够提供基础医疗卫生服务,而家庭成员的健康程度与家庭生计稳定性具有直接作用关系,户主健康程度越高,贫困发生率越低,反之亦然。当前,虽然卫生机构床位数逐年增长,但贫困地区人均拥有卫生机构床位数不足 1 张,医疗卫生供给能力与该地区群众需求之间存在数字鸿沟,贫困地区群众看病难现象仍普遍存在,这会在一定程度上加速健康人力资本的折旧和消耗,不利于家庭生计的稳定和提高。

表 4-11　2011—2016 年贫困地区医疗卫生发展现状

指　　　标	2011 年	2012 年	2013 年	2014 年	2015 年	2016 年
卫生机构床位数/万张	67	76	86	96	104	111
医疗技术人员/万人	49.2	54.0	61.7	68.8	76.4	84.2
执业医师/万人	21.5	23.2	24.6	25.4	26.7	28.0
社会福利收养性单位数/个	9 239	9 385	9 372	10 202	10 421	10 575
福利单位床位数/万张	58	60	69	78	81	68
有政府办卫生院的乡镇比重/%	85.8	92.1	97.1	98.2	99.4	99.8
有全科医生的乡镇比重/%	61.8	69.0	77.8	83.2	87.1	90.3
有卫生站（室）的自然村比重/%	79.8	86.8	92.6	94.1	95.2	96.3
拥有合法行医证医生/卫生员的自然村比重/%	77.3	83.4	88.9	90.9	91.2	92.4
未参加医保人口比重/%	2.4	1.9	1.1	0.9	0.8	0.7
有病不能及时就医比重/%	11.2	9.7	7.5	5.6	4.8	4

数据来源：国家统计局中国农村贫困监测报告。

5. 劳动力素质持续提高，生计决策趋于合理

2016 年贫困地区常住劳动力中，27.4% 接受过技能培训，与 2015 年相比增加 2.8 百分点，其中 21.6% 的劳动力接受过农业技术培训，13.6% 的劳动力接受过非农技能培训。从劳动力文化程度上看（如表 4-12 所示），2014—2016 年间，在女性劳动力中，高中及以上文化程度所占比重略微提升，由 7.5% 提高至 7.9%，小学及以下文化程度所占比重由 51.9% 略微下降至 51.5%，而男性劳动力高中及以上文化程度由 2014 年的 13.5% 逐年递增至 2016 年的 15%，比女性劳动力高出 7.1 百分点，小学及以下文化程度所占比重由 2014 年的 35.9% 稳步减少至 2016 年的 33.1%，比女性劳动力低 18.4 百分点。从整体上看，女性劳动力受教育程度低于男性。

表 4-12　2014—2016 年劳动力受教育程度及其生计策略

类　别		2014 年		2015 年		2016 年	
		女　性	男　性	女　性	男　性	女　性	男　性
文化程度/%	不识字	12.7	4.8	12.6	4.2	12.0	3.9
	小学	39.2	31.1	39.4	30.1	39.5	29.2
	初中	40.6	50.7	40.2	51.0	40.6	51.9
	高中	5.5	10.5	6.0	11.0	5.8	11.3
	大专及以上	2.0	3.0	1.9	3.7	2.1	3.7
生计策略/%	第一产业	81.6	60.8	83	62.6	81.6	60.3
	第二产业	7.6	15.7	6.8	19.6	7.1	20.4
	第三产业	10.8	15.9	10.2	17.8	19.2	19.2

数据来源：国家统计局中国农村贫困监测报告。

从劳动力生计策略选择角度看,2014—2016 年间,女性劳动力从事第一产业的比重维持在 80% 以上,从事第二产业比重徘徊在 7%,而选择第三产业的女性劳动力比重由最初的 10.8% 提升至 19.2%,累积增长 8.4 百分点。与此同时,约 6 成男性劳动力选择以第一产业作为主要生计来源,选择第二产业的男性劳动力比重在三年间有小幅提升,由 2014 年的 15.7% 提升至 2016 年的 20.4%,增长 4.7 百分点,从事第三产业的男性劳动力比重由最初的 15.9% 逐年稳步增长至 19.2%,由此看来,贫困地区劳动力主要以第一产业作为家庭生计策略,从事第二、第三产业的比重逐年小幅提升,且女性劳动力从事二、三产业比重比男性劳动力低约 21.0 百分点。

4.2.2　生计改善的内部状态

由第 3 章理论分析可知,精准脱贫战略对于贫困个体或家庭的效用应最终体现为其生计资本的优化和积累。因此,本节将从微观层面,以我国连片特困地区微观调查数据为基础,基于生计资本视角对贫困地区精准脱贫户生计现状进行进一步分析探讨,剖析潜在的生计风险与脱贫障碍,为后续研究和政策制定提供现实参考。

1.金融资本方面

伴随着贫困地区农户收入的较快增长,精准脱贫户家庭经济状态在脱贫前后也得到明显改善,但其改善幅度在不同性别户主之间存在较大差异(如表 4-13 所示)。具体而言,增收方面,脱贫后精准脱贫户人均年收入增长约 861.8 元,其中男性户主家庭平均增长 891.3 元,女性户主家庭增加 583.5 元,按收入增长的四分位数分层来看,男性户主的增收幅度在所有收入层级均高于女性户主家庭,且随着收入增加该差距呈现逐步扩大趋势,由 25 分位点的 111.8 元扩大至 75 分位点的 354.7元。储蓄方面,整体上看,脱贫前后精准脱贫户家庭储蓄增长明显,男性户主家庭储蓄增长 520.9 元,女性户主家庭则相对较低,为 345.6 元,按储蓄增长额的四分位数看,男性户主家庭储蓄增长量在 25%、50%、75%储蓄水平分别为 268.5 元、399.2元、701.3 元,比女性户主家庭储蓄增量高出 134.2 元、188.5 元、145.7 元。从月收入水平来看,精准脱贫户月收入水平分布在 2 000～3 000 元较为集中,占总人口比重约为 34.26%,其次为 1 000～2 000 元和 3 000～4 000 元,占比为 33.10%和16.36%。按照性别划分来看,收入水平在两性之间分布存在较大差异,男性月收入主要集中于 2 000～3 000 元段,占比约为 38.57%,其次为 1 000～2 000 元和3 000～4 000 元段,所占比重为 27.43%、17.24%,而女性收入则以 1 000～2 000元为主,所占比重为 40.36%,其次为 2 000～3 000 元和 3 000～4 000 元段,占比约为 31.82%、13.88%。可以发现,在低收入阶段,女性占比高于男性,而在中高收入阶段,男性比重均明显高于女性,这可能与女性由于自身客观条件而在体力劳动、就业竞争中均处于劣势且劳动力要素价格普遍低于男性有关。按照收入结构来看(如图 4-10 所示),与贫困地区农村居民相比,精准脱贫户家庭经营性收入比重较高,为 43.1%,且以第一产业为主,第二、第三产业收入相对较少,农业仍是当前贫困地区精准脱贫户最主要的生计来源。

表 4-13　精准脱贫户脱贫后收入情况

类　别	总　体	男性户主	女性户主
人均年收入增加额/元	861.8	891.3	583.5
人均年收入增加额 25 分位点/元	398.6	428.3	316.2
人均年收入增加额 50 分位点/元	651.3	731.8	483.8

类　别	总　体	男性户主	女性户主
人均年收入增加额 75 分位点/元	1 050.2	1 062.3	707.6
人均储蓄增加额/元	504.2	520.9	345.6
人均储蓄增加额 25 分位点/元	209.7	268.5	134.3
人均储蓄增加额 50 分位点/元	400.4	399.2	210.7
人均储蓄增加额 75 分位点/元	698.5	701.3	555.6
月收入结构	100%	100%	100%
0～<1 000 元	6.79%	5.12%	10.05%
1 000 元～<2 000 元	33.10%	27.43%	40.36%
2 000 元～<3 000 元	34.26%	38.57%	31.82%
3 000 元～<4 000 元	16.36%	17.24%	13.88%
4 000 元～<5 000 元	5.33%	6.15%	2.04%
≥5 000 元	4.16%	5.49%	1.85%

数据来源：根据课题组调研数据整理计算所得。

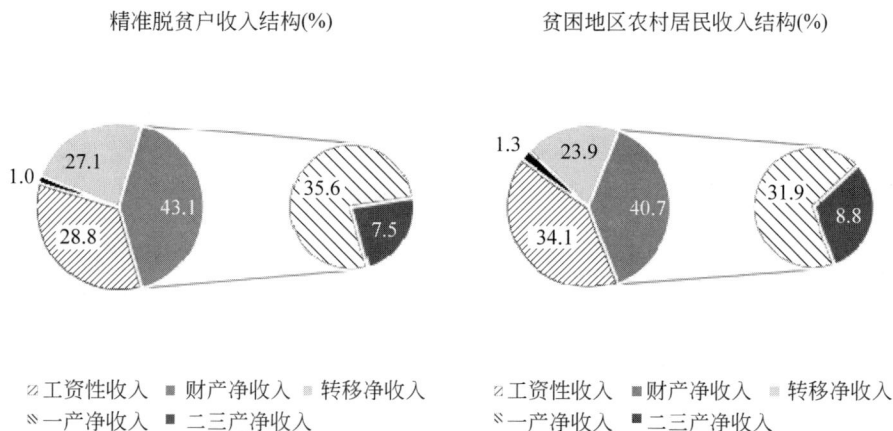

图 4-10　贫困地区精准脱贫户与农村居民收入结构

按照调研区的实际情况,本书将精准脱贫户退出贫困项目前的致贫原因归结为生理致贫、心理致贫、能力致贫、环境致贫和教育致贫。其中,生理致贫包括由于家庭成员身体原因而造成的贫困,例如疾病、残疾等;心理致贫涵盖了由于个体心理因素而导致的贫困,如惰性思维、缺乏自信等;能力致贫则反映了由于个体人力资本存量偏低,教育程度较低,就业技能不足而导致的收入水平过低;环境致贫主要源自于当地经济社会发展滞后,基础设施薄弱,地区自我造血能力不足,资源匮乏,自然环境恶劣等因素;教育致贫即未成年子女较多,家庭抚养负担过重而造成的贫困。

由表 4-14 可知,因能力致贫的贫困家庭脱贫退出后家庭年消费金额最高,为11 945.7 元,其次为因环境致贫和教育致贫家庭,因疾病或残疾等生理原因致贫的家庭在脱贫后年消费金额最低,仅为 7 691.12 元。按消费支出结构看,精准脱贫户家庭 75.36% 的支出用于日常消费,其次为教育支出和生产投入。消费支出结构在不同致贫类型精准脱贫户中也存在较大差异。其中生理致贫家庭日常消费占总支出比重最高,达到 78.56%,其次为心理致贫家庭,能力致贫家庭日常消费占比最小;教育支出方面,教育致贫家庭的教育支出比重最高,达到 11.23%,其次为能力致贫和环境致贫家庭,分别占总支出的 9.11% 和 8.65%,生理致贫家庭在教育投资上支出最低;医疗支出方面,生理致贫家庭的医疗消费在五类致贫家庭中最高,为10.09%,与支出最少的心理致贫家庭相差近 3 百分点;生产投入方面,整体上看各贫困类型家庭生产投资支出较低,仅为 4.12%,能力致贫家庭生产投入比重较高,为 6.88%,其次为环境致贫(5.16%)和教育致贫(4.76%)家庭,心理致贫和生理致贫家庭在生产投入方面支出比重较低。由此可得,不同致贫原因家庭的消费能力和消费内容差距较大,脱贫后各精准脱贫户家庭生计并未达到同一水平,且日常消费金额占比过高,生产投资比重较低,不利于精准脱贫户家庭生计水平的进一步提高。与贫困地区和全国农村整体水平相比,精准脱贫户家庭消费能力较弱,可支配金额较低。

表 4-14　贫困地区不同类型精准脱贫户消费支出结构

指　标	总　体	生理致贫	心理致贫	能力致贫	环境致贫	教育致贫
家庭年消费金额/元	9 452.4	7 691.12	9 091.46	11 945.70	10 646.64	9 739.03
日常消费/%	75.36	78.56	76.88	71.04	73.35	72.16
教育支出/%	8.57	7.14	7.73	9.11	8.65	11.23
医疗支出/%	8.53	10.09	7.16	7.35	8.32	8.28

指 标	总 体	生理致贫	心理致贫	能力致贫	环境致贫	教育致贫
生产投资/%	4.12	3.03	4.14	6.88	5.16	4.76
其他支出/%	3.42	1.18	4.09	5.62	4.52	3.57

数据来源：根据课题组调研数据整理计算所得。

2. 物质资本方面

对于精准脱贫户而言，表 4-15 数据显示，脱贫后精准脱贫户户均居住面积均未达到贫困地区平均水平，其中，由生理原因致贫的精准脱贫户住房面积略小于其他类型家庭，五类精准脱贫家庭居住面积差距较小。住房结构方面，精准脱贫户家庭住房以砖瓦结构最多，占比为 36.8%，其次为混凝土结构（35.5%），土木结构和竹草土坯房结构相对较少，且以生理致贫家庭为主。房屋地面材料是家庭生活质量的体现，数据显示，精准脱贫户家庭房屋地面材料多以土砖、石料和水泥为主，使用瓷砖、木地板的家庭仅占总人数的 34.4%。主要生活能源方面，精准脱贫户炊用柴草比重为 52.9%，略高于贫困地区平均水平，使用天然气的精准脱贫户比重较低，仅为 5.9%，五类精准脱贫户中生理致贫家庭使用天然气的比重为 5.1%，略低于其他类型家庭。饮用水来源方面，仅 30.7% 的精准脱贫户家庭使用自来水作为主要饮用水源，比贫困地区农户平均水平低 10.1%。厕所类型方面，精准脱贫户家庭以旱厕为主，占比达 53.4%，其次为冲水式厕所，占比为 43.3%，极少家庭无厕所。使用照明电精准脱贫户比重已达到 100%，已实现电网全覆盖。

表 4-15　精准脱贫户脱贫后生产生活条件

指 标	总 体	生理致贫	心理致贫	能力致贫	环境致贫	教育致贫
一、户均居住面积/m²	116.89	105.95	115.77	121.97	118.76	113.92
二、住房结构/%						
1. 混凝土结构	35.5	28.7	35.7	47.4	40.3	30.2
2. 砖瓦结构	36.8	31.5	38.2	32.0	41.4	46.2
3. 土砖结构	15.9	21.7	17.7	17.0	10.5	10.8

续表

指　标	总　体	生理致贫	心理致贫	能力致贫	环境致贫	教育致贫
4. 土木结构	7.4	10.5	7.3	3.6	4.6	6.5
5. 竹草土坯房	4.4	7.6	1.1	0	3.2	6.3
三、房屋地面材料/%						
1. 土砖、石料、水泥	65.6	73.6	68.3	55.1	61.7	58.9
2. 水磨、瓷砖、木地板	34.4	26.4	31.7	44.9	38.3	41.1
四、主要生活能源/%						
1. 柴草	52.9	58.7	52.6	48.3	50.5	49.8
2. 天然气	5.9	5.1	6.0	7.9	7.6	7.3
五、饮用水来源/%						
1. 井水等其他水源	69.3	78.1	71.4	67.2	65.7	68.6
2. 处理过的自来水	30.7	21.9	28.6	32.8	32.3	31.4
六、厕所类型/%						
1. 无厕所	3.3	3.5	3.1	2.2	3.2	2.3
2. 旱厕	53.4	55.6	54.7	51.7	51.2	50.9
3. 冲水式厕所	43.3	36.1	42.2	46.1	45.6	46.8
七、使用照明电比重/%	100	100	100	100	100	100

数据来源：根据课题组调研数据整理计算所得。

图 4-11 对比了精准脱贫男性户主和女性户主家庭对于常用生活耐用品的拥有量，整体上看，男性户主和女性户主的生活耐用品拥有量差别较小，但拥有水平均未达到贫困地区农户一般水平。其中，贫困地区精准脱贫户家庭热水器的拥有量最高，男性户主与女性户主家庭拥有比重分别为 81.3% 和 84%，其次为彩色电视，男性与女性户主家庭拥有量分别达到 73.8% 和 75%，精准脱贫户家庭对于洗衣机、冰箱、智能手机的拥有比重均超过 60%，但均低于贫困地区农户平均水平。相比之下，精准脱贫户家庭对汽车、计算机、音响、饮水机等耐用消费品拥有量比重较小，均未超过 10%，反映出精准脱贫户对传统生活耐用品拥有量逐步提高，但对

于现代生活耐用消费品持有不足,生活水平有待进一步提升。

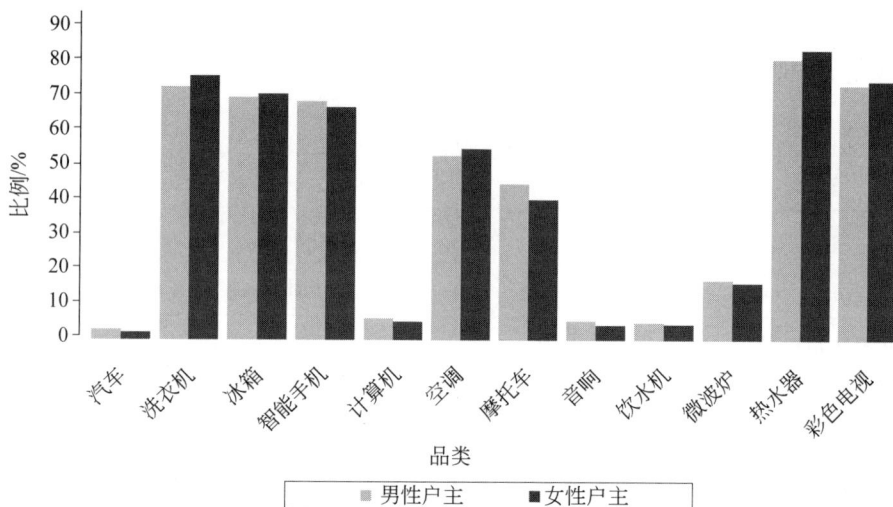

图 4-11　精准脱贫户生活耐用品拥有比例

3. 人力资本方面

图 4-12 反映了贫困地区精准脱贫户家庭劳动力平均文化程度,受教育程度在小学和初中水平的家庭最为集中,其比重分别为 38.2% 和 34.6%,高中文化程度的农村家庭劳动力比重为 6.1%,高职文化程度比重为 9%,大专及以上的文化程度比重为 1.4%,未上过学的劳动力比重为 8%。与贫困地区相比,小学及以下文化程度比贫困地区农户平均水平分别高出 2.7% 和 3.8%,高中文化程度和大专以上文化程度分别比贫困地区平均水平低 11.6 百分点和 1.5 百分点,反映出精准脱贫户家庭劳动力平均受教育程度较低。劳动力受教育程度对于家庭或个人的收入具有十分积极的影响,其收入随着受教育程度的增加而呈现出显著的上升趋势,受教育程度为本科及以上的劳动力所拥有的平均月收入比未受过正规教育的劳动力高 2 276.03 元,与此同时,受教育程度越低,转移净收入越高,未上学劳动力的转移净收入比本科及以上劳动力高 163.58 元,反映出贫困地区精准脱贫户家庭劳动力受教育程度与家庭生计之间联系紧密,劳动力受教育程度越高,人力资本存量越大,所获得收入越多,贫困发生率越低,生计越稳定;反之若劳动力文化程度较低,人力资

本存量不足,增量受限,虽然政府帮扶所带来的转移净收入有所增加,但是收入总量偏低,更容易导致贫困的发生和反复。当前,精准脱贫户受教育程度偏低,后续发展缺乏后劲,内生动力难以施展,就业渠道单一,收入水平停滞,不利于其生计的稳定。

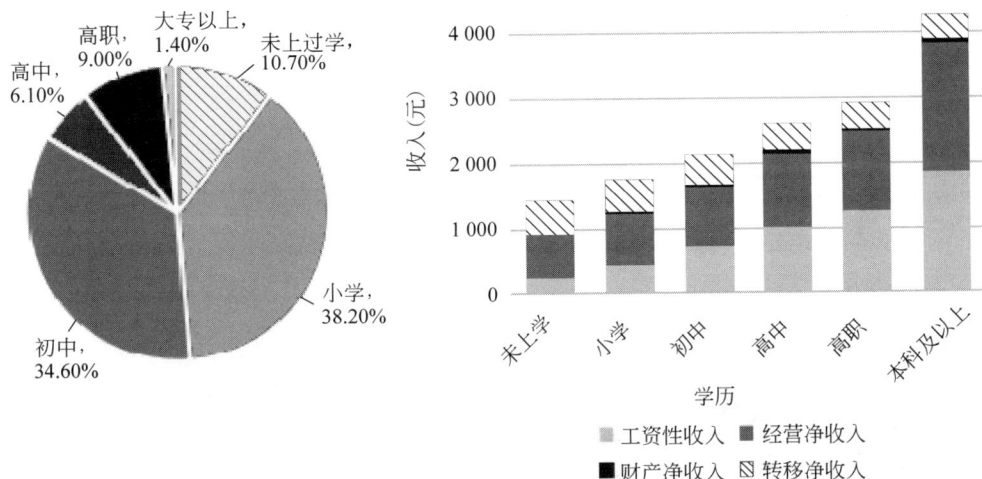

图 4-12　2016 年贫困地区精准脱贫户家庭劳动力平均受教育程度及其收入

　　从户主受教育年限看(如表 4-16 所示),精准脱贫户家庭户主受教育程度集中于 1～<6 年和 6～<9 年,且两性之间差异较大。在女性户主中,受教育年限小于 1 年的人数占比达到 34.9%,是男性户主的 3.7 倍,6 年及以上受教育年限的男女户主比重差距较大,整体而言,女性户主受教育程度远低于男性。从劳动力分布角度看,如图 4-13 所示,贫困地区小学及以下文化程度的精准脱贫户家庭劳动力主要集中于第一产业,初中文化程度的劳动力更倾向于从事第二产业和第三产业,而高中及以上文化程度的劳动力在第三产业占比较大。在外出劳动力中,精准脱贫户主要选择第二产业作为生计策略,其次为第三产业。具体来看,外出劳动力主要集中于建筑业、制造业、居民服务和其他服务业、农业、批发和零售业、交通运输仓储和邮政业,所占比重分别为 36.8%、18.7%、10.1%、10.2%、8.2%、5.0%。从外出方式看,贫困地区劳动力外出主要以自发和亲戚朋友介绍为主,其中以自发形式外出的劳动力占全部外出劳动力的 51.7%,亲戚朋友介绍外出占 42.5%,农村社会资本普遍参与了精准脱贫户生计决策。

表 4-16　精准脱贫户受教育年限

指　　　标	男性户主/%	女性户主/%
<1	9.5	34.9
1～<6	45.3	37.3
6～<9	33.7	24.1
9～<12	10.1	3.5
≥12	1.5	0.2

数据来源：根据课题组调研数据整理计算所得。

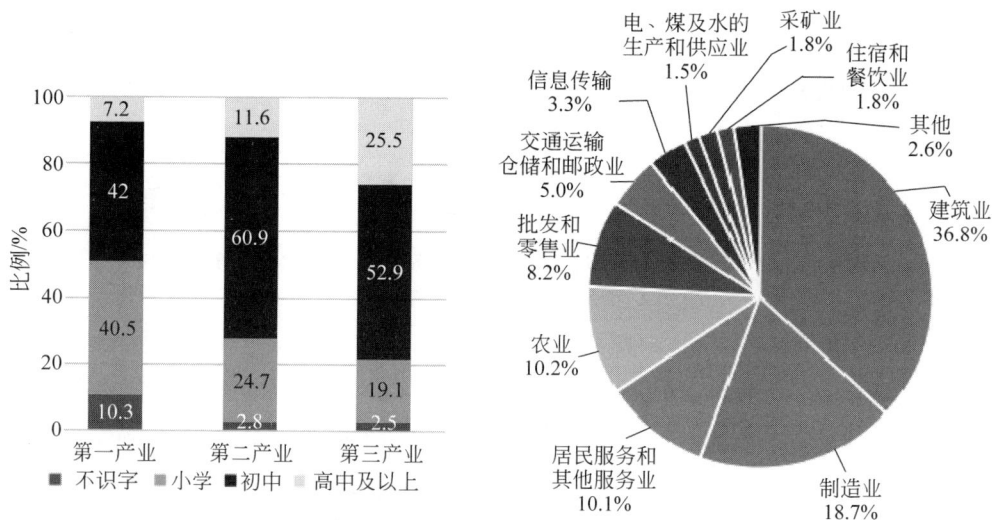

图 4-13　精准脱贫户家庭劳动力行业分布

家庭健康人力资本对于提高家庭收入来源、降低风险脆弱性意义重大,由表 4-17可知,精准脱贫户家庭户主健康人力资本在一般和较差水平较为集中,占比分别为 32.1%和 28.4%,其次为较好水平,占比为 28.1%,两性之间差别较小。家庭整体劳动力方面,60.5%的家庭拥有 1～2 名有效劳动力,26.8%的家庭拥有 3～4 名有效劳动力,在 2 人及以下的较低拥有量范围女性户主比重略高于男性,而在 3 人以上的较高拥有量范围男性户主比重高于女性。残疾和疾病人数方面,精准脱贫户家庭拥有的残疾或疾病家庭成员数集中在 0～1 人,男性户主家庭残疾或病人数为 0～1 人的比重高于女性户主家庭,而拥有较高残疾或病人数的家庭中,女性户主所占比重略大于男性。

表 4-17 精准脱贫户健康人力资本情况

指　标	总体/%	男性户主/%	女性户主/%
一、户主健康水平			
差	6.2	6.1	7.1
较差	28.4	29.1	21.2
一般	32.1	31.5	37.6
较好	28.1	27.8	30.6
很好	5.3	5.4	3.5
二、有效劳动力数量/人			
0	11.0	10.6	14.7
1～2	60.5	59.0	63.1
3～4	26.8	28.6	20.6
≥5	1.7	1.8	1.6
三、残疾或病人数/人			
0	41.5	43.1	38.1
1	39.2	39.7	38.4
2	14.1	13.8	15.7
3	3.3	1.7	4.8
≥4	1.9	1.7	3.0

数据来源：根据课题组调研数据整理计算所得。

4. 自然资本方面

表 4-18 反映了精准脱贫户脱贫后自然资本情况,本次调研样本多集中于丘陵地区,男性户主平均土地拥有面积为 6.32 亩,较女性户主多 1.23 亩,精准脱贫户家庭参与农业合作社比重为 23.5%。自然条件方面,经济作物种植情况和土地质量差强人意,反映出当地自然环境对于农作物种植的产出效益一般。地理位置方面,有 29.2% 的精准脱贫户到中心城镇较不便利,37.2% 的精准脱贫户认为其所在地区至中心城镇便捷程度一般,仅 33.6% 的被调查对象认为其所在地区出行便捷,反

映贫困农村地区到中心城镇便捷程度普遍偏低,公共交通的通达性有待加强。自然灾害方面,调研对象中有 14.15% 的精准脱贫户所在地区自然条件较为恶劣,遭受自然风险灾害风险较大,有 38.3% 的精准脱贫户所在地区可能遭受自然灾害,体现出贫困地区自然条件的特殊性导致精准脱贫户有可能遭受不可预见的自然灾害风险冲击。

表 4-18　精准脱贫户自然资本情况

指　　标	所在地地形分布/%	指　　标	经济作物种植情况/%
高原	3.7	非常不好	4.0
平原	25.3	比较不好	19.9
盆地	6.8	一般	48.9
丘陵	44.7	比较好	24.5
山地	19.5	非常好	2.7
指标	到中心城镇便捷度/%	指标	土地质量情况/%
非常不便捷	10.2	非常不好	3.5
比较不便捷	19	比较不好	16.3
一般便捷	37.2	一般	51.3
比较便捷	21	比较好	27.6
非常便捷	12.6	非常好	1.3
指标	自然灾害风险情况/%	指标	是否参加农业合作社/%
风险很大	4.3	是	23.5
风险较大	9.8	否	76.5
风险一般	38.3	指标	平均土地面积/亩
风险较低	32.5	男性户主	6.32
没有风险	15.1	女性户主	5.09

数据来源:根据课题组调研数据整理计算所得。

5. 社会资本方面

由表 4-19 可知,由于我国农村地区血缘、亲缘、地缘关系丰富,精准脱贫户街坊信任度和邻里关系较好,且所在地区亲戚数量在 15 人以上的精准脱贫户所占比重达到 47.7％,体现出贫困地区精准脱贫户地缘性和亲缘性社会资本存量较丰富。城镇亲友方面,74.6％的精准脱贫户所拥有的城镇亲朋数集中于 0～5 人,10 人以上城镇亲友的精准脱贫户仅占总人数的 10.1％,城市或县城亲友数较少,不利于生计相关信息的获取及生计活动的顺利开展。官员亲友方面,精准脱贫户所拥有的官员亲友数量极为有限,不拥有的脱贫户比重达到 91.7％,在表达自身诉求和获取生计资源时具有一定的局限性,可能造成稀缺资本的"精英俘获"。机关事业单位亲友数反映了精准脱贫户的交际层面和人脉网络,调查发现,与政府官员亲友数类似,精准脱贫户拥有的事业单位亲友也十分有限,95.4％的精准脱贫户拥有的事业单位亲友量在 0～3 人范围。富裕的亲友可以在发生升级动荡时给予必要帮助,有利于化解生计风险,缓解收入波动,拥有富裕亲友数在 0～3 人的精准脱贫户占比达到 79.3％,反映出脱贫户所结识的经济宽裕亲友较少。相类似的,可获得信贷机会体现了资金短缺时可获取信贷支持可能性,数据显示精准脱贫户可获取信贷机会集中于困难和一般两种状态,所占比重分别为 31.4％和 31.1％,其次为较困难,占比为 23.2％。整体而言,精准脱贫户群体交际层面存在局限性,"社会排斥"问题可能会导致社会资本对生计结果的促进作用受到一定限制。

表 4-19　脱贫后精准脱贫户社会资本存量

指标/人	街坊信任度/％	指标/人	邻里关系情况/％
几乎不可信任	0.6	很差	0.7
少数可信任	6.0	较差	8.1
一半可信任	14.7	一般	28.5
大多数可信任	66.6	较好	50.3
全部信任	12.1	非常好	12.4
指标/人	所在地区亲戚数分布/％	指标/人	城镇亲朋好友数分布/％
0～5	18.9	0～5	74.6
5～<10	22.0	5～<10	14.3
10～<15	10.4	10～<15	7.4
≥15	47.7	≥15	2.7

续表

指标/人	干部或官员亲友数分布/%	指标/人	机关企事业单位亲友数分布/%
0	91.7	0～3	95.4
1～<3	6.0	3～<6	2.2
3～<6	0.9	6～<9	0.9
≥6	0.4	≥9	0.5
指标/人	富裕的亲朋好友数分布/%	指标	可获得信贷机会/%
0～3	79.3	困难	31.4
3～<6	11.4	较困难	23.2
6～<9	4.6	一般	31.1
9～<12	3.7	较容易	13.3
≥12	1.0	容易	1.0

数据来源：根据课题组调研数据整理计算所得。

6. 发展环境方面

表 4-20 描述了精准脱贫户家庭生计的外部发展环境。就业条件方面，贫困地区精准脱贫户普遍认为本地区就业条件有待改进，其中 36.1% 的精准脱贫户认为就业环境非常差或较差，57.5% 的精准脱贫户认为就业渠道不畅。基础设施方面，整体上看，贫困地区基础设施条件陈旧落后，对本地区公共交通、通信设施、医疗水平、教育水平不满意的精准脱贫户分别达到 51.77%、54.81%、51.9%、53.69%。产业发展方面，近一半的精准脱贫户对当地农业产业发展不甚满意，超六成精准脱贫户认为当前的非农产业发展滞后，有较大改进空间。自然条件方面，约一半的精准脱贫户认为当地自然资源匮乏，36% 的精准脱贫户认为所在村地理位置偏远，自然条件欠佳。脱贫成效方面，针对精准帮扶途径的合理性，超六成精准脱贫户持肯定态度，而对于脱贫后家庭整体生计的可持续性，35.1% 的精准脱贫户认为非常差或较差，27.4% 的家庭认为生计可持续性一般，仅 37.5% 的精准脱贫户家庭认为生计较稳定，精准脱贫户的可持续生计有待加强。

表 4-20　精准脱贫户生计外部发展环境

指　标	非常差/%	较差/%	一般/%	较好/%	非常好/%
一、就业条件					
就业环境	7.3	28.8	44.6	14.7	4.6
就业渠道	26.0	31.5	28.0	9.7	4.8
二、基础设施					
公共交通	4.48	47.29	28.46	15.17	4.60
通信设施	14.25	40.56	22.21	20.88	2.10
医疗水平	10.18	41.76	26.53	19.87	1.66
教育水平	9.67	44.02	23.89	18.34	4.08
三、产业发展					
农业产业	10.72	36.05	37.16	13.52	2.55
非农产业	17.67	44.38	27.49	8.18	2.28
四、自然条件					
自然资源	13.0	38.75	33.58	10.03	4.64
地理位置	3.49	32.51	44.57	14.36	5.07
五、脱贫评价					
帮扶合理性	0.3	4.9	33.9	49.4	11.5
生计持续性	6.5	28.6	27.4	26.6	10.9

数据来源：根据课题组调研数据整理计算所得。

4.3　贫困地区精准脱贫户可持续生计的问题分析

通过上文对贫困地区精准脱贫户可持续生计的外部环境与内部条件分析可发现，伴随着扶贫投入力度的持续加大，贫困地区精准脱贫户整体生计状况持续改善，但也暴露出一些问题亟待解决。本节基于中观和微观层面的现状分析，进一步厘清贫困地区精准脱贫户生计发展中存在的问题与制约因素,为后续研究提供现实参考。

4.3.1 外部发展壁垒

1. 产业基础薄弱,发展环境欠佳

虽然近年来贫困地区在基础设施建设方面投入了大量的人力、物力、财力,使得贫困地区生活条件持续改善,但由于该地区地形地貌复杂,地理位置偏远,自然条件恶劣,工程造价高,致使交通、电信、水利、能源等基础设施发展起步较晚,发展现状相对于民生改善和经济社会发展的要求仍有较大差距,发展不足、不协调、不平衡、不持续的问题明显存在。交通路网规模不足,道路等级偏低,公路密度不高,公共服务供给能力不足,配套设施保障缺位等现实情况,导致贫困地区自然资源难以整合,生产要素流动成本较大,产业布局零散混乱,造成空间布局"马赛克化",无法形成特色产业链,产业规模效应难以施展,产业结构不够合理,短期内很难发展成为新的经济增长点,区域竞争优势不明显,这直接影响了贫困地区农业及非农产业的健康发展以及精准脱贫户就业的稳定。产业发展的落后所导致的就业环境欠佳和就业渠道不畅问题必然造成当地精准脱贫户的收入回报较低,失业风险较大。据统计,30%的脱贫户存在较大失业风险,27.2%的精准脱贫户家庭存在一般失业风险。收入回报方面,精准脱贫户家庭日常消费金额占比超过70%,生产投资和教育投资所占比重较低,反映出精准脱贫户收入水平仅能用于满足家庭日常基本开销,在家庭成员的健康管理、教育培训、生计投资等方面则"心有余而力不足",使得精准脱贫户自身发展受限,不利于其生计水平进一步提高。

2. 相关配套不足,后续保障乏力

虽然100%的精准脱贫户认同脱贫前后其家庭生计状况有所改善,但对于脱贫后家庭整体生计的可持续性,35.1%的精准脱贫户认为非常差或较差,27.4%的家庭认为生计可持续性一般,仅37.5%的精准脱贫户家庭认为生计较稳定,反映出贫困地区对于精准脱贫户的后续保障工作不到位,相关配套明显不足,贫困群众脱贫退出后潜在生计风险较高,精准脱贫户的生计可持续性有待加强。据统计,47.1%的家庭认为未能获得所需且有效的劳动技能培训,高达75.8%的精准脱贫

户对于脱贫政策不了解或不太了解,仅 12.2% 的精准脱贫户从村干部组织宣传途径获取致富信息,遭遇外部风险冲击时,19.3% 的精准脱贫户会选择寻求村干部或政府部门帮助,而选择自己处理或亲朋好友援助的精准脱贫户比重高达 65.7%。脱贫退出后,约 71.8% 的精准脱贫户没有获得后续保障和跟踪支持,57.5% 的家庭表示就业渠道并未在政府及外界的相应扶持下得到拓宽,45.8% 的家庭对脱贫效果表示一般满意或较不满意。由此可见,针对精准脱贫户这一特殊群体,现行的脱贫相关配套政策尚未能有效满足其生计需求,且在遭遇外部风险冲击时,精准脱贫户化解风险能力较弱,处理风险手段单一,生计脆弱性较高,需要政府充分发挥出公共服务职能,着力改善贫困地区的外部发展条件及精准脱贫户的生计资本现状,从而保障贫困地区精准脱贫户生计的持续和稳定。

4.3.2 内部条件制约

1. 生计资本积累量不足

对于退出减贫计划的家庭而言,退出后的家庭生计资本存量及其可持续生计能力是保障其实现长期的收入稳定的关键因素。然而,从现实考察的结果可以发现,现阶段精准脱贫户生计资本积累量普遍偏低,自我发展能力受限。首先,从生计资本角度看,精准脱贫户家庭收入水平偏低,收入结构欠合理,日常消费金额占比过高,生产投资比重较低,与贫困地区和全国农村整体水平相比,精准脱贫户家庭消费能力整体偏弱,可支配金额较低,现代化生活耐用品持有量过低,居住和卫生条件有待改善,户主和家庭成员受教育程度均较低,家庭有效劳动力不足,抚养负担较重,"社会排斥"问题凸显,抗风险能力不强,生计资本存量与当地农户一般水平差距显著,同全国农户平均水平之间差距也显著,且内部分化加剧,两性之间差异明显。其次,从自我发展角度看,精准脱贫户自我发展主动性意识较弱,在获取致富信息、表达利益诉求、维护自身权益等方面局限性较大。据统计,66.5% 的脱贫户不关注或极少关注当地自然情况,52.4% 的家庭对农业新技术接受程度不高,86.3% 的脱贫户家庭对当地就业信息不了解或不太了解,85.7% 的家庭甚少主动了解健康生活方式,66.4% 的精准脱贫户选择每隔数周甚至更长时间主动获取一次致富信息,且获取致富信息方式主要通过亲朋好友交流(33.2%);其次为广播电视(22.0%),通过电脑等现代化设备获取致富信息的比重仅为 3.8%,高达 95.7%

的精准脱贫户在过去半年内没有主动支出过与提高自身人力资本相关的教育投资。在利益受损时,67.5％的脱贫户选择被动接受或私下协商解决,仅1.8％的精准脱贫户考虑采取司法诉讼途径维权。

2.劳动力综合素质偏低

从村级层面上看,对当地教育和医疗卫生水平不满意的精准脱贫户占比分别达到51.9％、53.69％,截至2016年,贫困地区仍有40.8％自然村没有幼儿园或学前班,34.2％的自然村没有小学,就整体而言,村内规范化幼儿园等基础教育机构数量匮乏,初等教育保障力度有待加强。调研时发现,贫困地区教育资源较匮乏、基础教育、特殊教育、职业教育、高等教育、继续教育等各类教育资源远未实现均衡发展,无法满足当地群众多元化教育需求。由于受交通闭塞、信息落后、环境恶劣、薪资待遇等因素影响,贫困地区教师流失现象十分普遍。此外,村卫生室数量虽然逐年递增,但设施简陋、条件恶劣、标准化程度低,仅能够提供基础医疗卫生服务。虽然卫生机构床位数逐年增长,但贫困地区人均拥有卫生机构床位数不足1张,医疗卫生供给能力与该地区群众需求之间存在数字鸿沟,贫困地区群众看病难现象仍普遍存在,这会在一定程度上加速健康人力资本的折旧和消耗,不利于家庭生计的稳定和提高。从个体层面上看,贫困地区精准脱贫户家庭劳动力文化程度普遍较低,健康状况不佳的户主占总人数的34.6％,综合素质亟待加强。应当意识到,自经济进入"新常态"以来,随着供给侧结构性改革的不断推进,产业结构也在不断地优化升级,劳动密集型产业逐渐向资本密集型以及技术密集型产业转变,在这一宏观背景下,就业市场已发生根本性的转变,知识型、技能型的劳动力资源是就业市场的主要需求导向。而综合素质偏低的精准脱贫户只能在就业市场上寻求较为低端的就业岗位,同时也难以拥有相应的工资议价权,低水平的收入使得其难以抵抗突如其来的风险冲击,极易造成生计动荡。与此同时,当前贫困地区的社会保障体系尚不健全,社会收入分配差距大,将不利于低收入群体受教育的公平性,使得认知能力以及健康这两个维度的人力资本代际传递形成不公平性的固化,这极不利于精准脱贫户生计的稳定。

4.4 本 章 小 结

本章首先基于历史的长时段视角,对改革开放以来的扶贫开发战略进行了回顾,发现我国国家减贫治理体系的演进具有显著的逻辑性和发展性特征。其次基于宏观、中观、微观三个维度对贫困地区精准脱贫户生计现状进行了多角度立体化探讨。在宏观层面,基于统计年鉴数据得出新时期我国精准脱贫投入与贫困人口减少量呈现出某种程度的一致性,通过区域间横向比较发现当前我国精准脱贫的重点应向贫困地区集中;在中观层面,以中国农村贫困检测报告为数据基础,采用描述性分析方法刻画了现阶段贫困地区精准脱贫户生计的外部环境,发现贫困地区经济社会发展与当地群众脱贫致富具有极强的关联性;在微观层面,以我国连片特困地区微观脱贫户调查数据为基础,从生计资本视角对现阶段我国贫困地区精准脱贫户的生计现状进行分析,发现精准脱贫过程亦是困难群众生计资本积累优化的过程,而由贫困户转为非贫困户的精准脱贫户,其脱贫退出必然伴随着各类生计资本的增进和生计资本存量的良性改变。最后,本章结合宏观、中观、微观层面的分析,从外部和内部两方面对贫困地区农户生计存在的问题进行了剖析。通过以上分析,有助于本研究厘清贫困地区精准脱贫户生计现状及存在的问题,从而为后文的实证分析提供可靠的现实依据。

第 5 章
生计资本视域下精准脱贫户可持续生计的多维评价

本章通过构建一个改良的可持续生计框架,并基于 BP 神经网络从横向与纵向维度综合评估不同类型精准脱贫户的可持续生计指数、生计资本耦合协调度和生计多样性指数,发掘精准脱贫后续保障中的加强点,从而预防农村贫困"反扑",为后扶贫时期的政策制定提供理论依据。研究发现,不同地区精准脱贫户可持续生计指数差异较大,而同一地区的精准脱贫户的生计状况也未达到同一水平。其中,由于心理、能力、环境、教育因素致贫的农户脱贫后生计改善最明显,而由于生理原因致贫的家庭在脱贫后可持续生计能力较弱,脆弱性程度较高;贫困地区精准脱贫家庭生计资本耦合程度较弱且差异较小,生计资本转化协调能力普遍偏低;生计资本的先天缺陷与优势资本的无形流失使得精准脱贫户的生计资本还不足以支撑现有的多样化生计策略,生计策略多样性与收入多样性不匹配导致精准脱贫户家庭整体收入风险较大,不利于脱贫后生计的稳定和可持续。

5.1 问题提出

精准脱贫战略对于我国贫困人口的减少发挥了关键作用(汪三贵和郭子豪,2015;左停和杨雨鑫,2015;王志章和韩佳丽,2017),但暂时性的帮扶项目无法解决其他持续存在的外部社会风险,因此单靠货币转移还不足以可持续地减少贫困(Elva López Mourelo,2017)。项目退出意味着从整个项目领域撤出外部提供的资源,受益人享受的待遇暂时中止,对于退出减贫计划的家庭而言,有两个重要的问题值得关注:一是退出后是否继续有能力维持基本的生活水准。二是是否具备了相应的人力资本积累水平,实现长期的收入稳定。因此,对这部分群体的可持续生计评估是十分重要的(Barrientos and Villa,2015;Morais and Michelle,2017)。与此同时,在发展中国家,农村家庭的生计通常由于其风险、资产、策略、收入等差异而呈现出异质性特点(Wang,2011),不同农村家庭生计整体可持续性可能大不相同,因而许多关注农村可持续发展的文献由于采用了综合分析而忽视了家庭构成的巨大变化最终会得出模棱两可的结论(Singh and Hiremath,2010)。为了克服综合分析的缺点,一些学者从地理位置、家庭组成和社区角度分析其生计脆弱性(Rahman and Akter,2014;Yan,2011;Fang,2014),但对于同一地区不同家庭群体的可持续生计差异没有给予足够的重视。家庭异质性对评估其可持续生计意义重大(Liang,2012),对重要发展机遇(政策)的不同反应、劳动力流动、生计策略选择均会扩大农户生计结果的差距。

通过以上研究可发现,可持续生计评估作为以干预为目标的帮扶政策精准实施的先决条件和关键指标,已被国内外学者广泛使用,但现有的可持续生计评价大多基于既定的 SL 框架指标体系,而可持续生计框架所强调的是基于生计资本而进行生计策略选择最终实现可持续生计输出的过程,无法反映出代际可持续的能力大小。对于精准脱贫户而言,预防贫困反扑和斩断贫困代际传递是精准脱贫战略成功实施的直接体现。此外,现有研究对生计资本优劣的衡量只是简单以生计资本量来替代,鲜有涉及各类生计资本间耦合协调状态的论述,因此亟须打破现有研究的桎梏,从可持续生计框架整体把握剖析农户生计的可持续性。在研究内容上,现有研究大多基于同一区域的个体展开,而忽视了由于地域性和政策性而造成的生计异质性。除了不同区域间生计结果的对比分析外,对同一地区精准脱贫户而言,其生计结果是否会因家庭致贫原因、生计策略不同而体现出较大差异是我们进一步关心的问题。基于此,本书通过构建一个改良的可持续生计框架并基于 BP 神经网络,勾画出精准脱贫户生计资本整体性水平,试图对其生计可持续性给出总体性评价。

5.2 可持续生计框架优化与指标选取

5.2.1 可持续生计框架优化

退出不等于单纯地催促贫困人口离开项目,项目退出本身并不是目的,它真正的目的在于提高受助者可持续发展的能力(Cecchini and Madariaga,2011)。通过评估他们的生计前景来瞄准弱势家庭,并采用贴合受助者知识水平和接受能力的教育、就业培训等干预措施消除潜在脆弱性(Almeida and Galasso,2010),稳定弱势家庭财务状况,保障其良性发展轨迹(Galasso,2004),这是社会可持续发展和进步的关键(Ellwood and Adams,2015)。为了准确评估低收入群体的生计状态,学者在指标选择方面进行了大量探讨(Bhandari and Grant,2007;Thulstrup,2015)。有学者将可持续生计指标简化为四到五种资产,以反映生计的可持续性(Su,2009;Fang,2014)。还有学者提出生计脆弱性指数(LVI)(Hahn,2009;Yan,2011),从暴露程度、敏感程度、响应能力三个维度分析气候变化、土地丧失、地理环境对于农户生计的影响(Muhammad Masood Azeem,2016;Huang,2017),其他指标也被用于计算可持续生计,如可持续生计安全指数(SLSI)和家庭生计安全(HLS)(Marc Lindenberg,2002;Singh and Hiremath,2010)。上述指标被用于评估贫困人口的生理需求,其关注重点是缓解粮食短缺和营养不良(Vincent,2007),而生计状态较差的低收入群体和徘徊在贫困线以上群体的需求往往被忽视(Wang,2016)。

根据马斯洛需求理论的层次结构,人类的需求可以按照优先权的顺序排列为生理、安全、情感、自尊和自我实现等从基本生理需求到上层自我形成需求的需求金字塔,人的需要有一个从低级向高级发展的过程,最低级的需求将首先得到满足(Maslow,1943),该需要相对满足后,就会向高一层次发展,追求更高一层次的需要就成为驱使行为的动力,而已被满足的需要就不再具有激励作用。对于生存困境得到解决的低收入家庭而言,其生存问题(吃穿问题、住房保障)已经得到满足,为后代提供高质量的教育将取代温饱成为该群体更高阶的现实需求(De Brauw and Rozellem,2008;Asadullah,2009),这也是代际可持续性和实现永续脱贫的关键所在(Reimers,2013)。无论是从事非农活动还是农业活动,更好的后代教育均可通过提高劳动生产率和个体综合素质实现低收入家庭后代的可持续生计(De Brauw and Rozellem,2008;Asadullah and Rahman,2009;Yunez Naude and Taylor,2011;Reimers and Klasen,2013)。本章节研究的主要目的是科学评估比较不同贫困地区精准脱贫户的可持续生计,尤其强调该群体自身对贫困动态转换的认识,即代际可持续性,以反映精准脱贫的实施效果和薄弱环节。因此,本书考虑将后代教育纳入可持续生计评估体系,构建起本书的可持续生计分析框架。

5.2.2　指标选取

在构建可持续生计指数之前,需确定与可持续生计有关的关键属性和变量。一方面,生计资本作为 DFID 可持续生计框架的核心要素,对精准脱贫户生计的稳定起着决定性的作用;另一方面,在实地调研中发现,人力资本是农村最重要的分化因素,也是家庭生计代际延续的重要基石。因而本书选择生计资本和代际可持续性分别代表两个关键属性。在子组件层面,本书将生计资本进一步分化为物质资本、自然资本、人力资本、社会资本、金融资本五类。

1. 物质资本指标选取

物质资本是指农户用于生产和生活的公共设施和物资设备。根据研究侧重点不同,物质资本指标选取存在较大差异。有学者在测度城乡民生资本时将"房屋价值""固定资产价值"作为物质资本指标,强调城乡生产生活条件的差异性(Jia Fans,2015)。宁泽逵(2017)在评价不同农户生计资本时认为"房屋结构""生活耐用品数量"能够体现当地居民的生活质量和生计水平,李广东(2012)、郝文渊(2013)在研究农户耕地保护、生态补偿模式时也将"住房情况""家庭资产"和"基础设施完善度"列为物质资产代理指标,强调房结构、资产数量能够更直接反映危房改造、易地搬迁、生态补偿等政策实施效果。普拉莫德(Pramod,2010)在发展中国家生计安全指数研究中认为"房屋结构"和"厕所类型"是家庭生存安全和卫生条件的重要体现,应被纳入物质资本指标范畴。阎建忠(2011)在评估青藏高原农牧民生计脆弱性时将"牲畜损失"作为物质资本的次级指标。安祥生(2014)在分析城镇化农民可持续非农生计时采用"城市住房区位""城市住房面积"和"耐用消费品得分"反映物质资本情况。由于实地调研中发现,当前贫困地区精准脱贫户在退出帮扶项目后其基本的民生需求,如食物、衣物、基础设施等均已得到满足,其资本存量之间差距较小,因而本书选择价值量较高且差异较大的物质资本作为相应指标(Singh and Hiremath,2010),包括饮用水是否经过处理、是否有独立冲水式卫生间、拥有生活耐用品和农机价值、房屋价值。其中,对于房屋的估价考虑了不断上涨的成本(宅基地、劳工、建筑材料)和折旧。由于房屋成本在过去20年里增长迅速,建筑质量得到了显著加强,使得房屋交易价值应远超其原始价值,因此,1995年后建造的房屋可视为一种投资(Yang,2016),其增值可以通过投资回报率乘以原始值来计算。国家统计局统计数据表明,1996—2010年银行贷款的平均名义年利率为7.15%,而中国的私人贷款年利率则更高(10%以上),因此,我们选用8%作为房价年增长率。对于1995年之前的房屋,以我国农村地区房屋价值测算办法,混凝土结构房屋600元/m²,砖房500元/m²,木制或土制房屋400元/m²,与此同时,受建筑技术和使用寿命的限制,1995年以前构建的房屋其价值折旧不应被忽视(Wang,2016)。根据我国农村实际情况,以10%和20%分别作为1990—1995年和1990年以前建成房屋的折旧率。

2.自然资本指标选取

自然资本包括所有可产生收入来源的自然资源库存,如土地、动植物、水、空气等(De Janvry,1981)。在农村地区,拥有的农田大小对于家庭维持生计至关重要(Findley,1987;Fang,2014),大农户可以更好地获得金融服务和慈善资本,如收入、储蓄和信贷,并有能力利用这些资源来加强其生计(Lu,2013)。规模农场户主能承担购买现代农业投入品,如化肥、杀虫剂和改良的农具,并将它们用于其农作物农场以达到更佳的投入产出比(Shrestha and Conway,1985;Shrestha,1990)。虽然政府对于现代化农业的推广和投入理论上是中立的,但是研究表明其实际上更倾向于支持拥有较多农业生产资料和规模较大农田的农民(Glauben,2016)。在我国,自然资本主要是指农户拥有或可长期使用的土地,为农户提供了最基本的生存保障(汪三贵,2015)。由于自然资本其本身具有折旧性、变化性、节律性、区域性等特点,其收益受到自然资本质量的直接影响而呈现出不确定性。土地贫瘠所导致的土地出产量下降,会造成当地农民生活能源短缺,收入来源单一且不稳定,这可能会促使家庭从农业活动转向非农业活动(Kimhi and Bollman,1999;王彦星,2014)。因此,结合我国贫困地区实际情况,本书将土地这一自然资产分别以农户家庭拥有耕地面积和家庭耕地质量好坏两个指标来衡量,分别体现土地资源规模和产出效率。

3. 人力资本指标选取

人力资本包括劳动力的数量和质量(能力、技能、知识和健康等),人力资本能促使个体或家庭追求不同生计策略以实现差异化的生计目标(DFID,1999)。对于低收入群体而言,人力资本质量以及可用的劳动力数量是获得生计来源并维持生计稳定的重要基石(Food and Agriculture Organization,1986;Low,1986)。在传统农业中,一个家庭可用劳动力数量是各项农业活动顺利开展的重要保障并直接决定了土地产出(Bhandari,2007)。班达里(Bhandari,2013)强调发展中国家推行的生计农业其实质是雇用大量非技术性的家庭劳动力,并且很大程度上是进行农业活动所需的劳动力。与此同时,非农部门就业更强调包括年龄、受教育程度、技能熟练度、健康状况在内的人力资本质量(Mamdani,2012)。刘恩来(2015)提出以"劳动力数"和"教育程度"作为人力资本二级指标,认为人力资本包括健康、劳动能力、知识技能、适应能力等,是农户生计的基础,决定农户驾驭其他资本的能力和范围,是其他资本的核心。有学者在评估红壤侵蚀地区不同农户可持续生计时选择"劳动力人数""劳动力平均受教育年限"作为相应指标(Chengchao Wang,2016),李小云(2007)使用"户主健康状况""家庭整体劳动力数量""家庭平均受教育程度"三个代理变量测度人力资本。本书从人力资本的质量和数量双重维度测量人力资本,包括"户主受教育程度""劳动力占比""是否参加过技能培训""户主年龄""是否所有家庭成员均处于健康状态""抚养负担""家庭规模"等代理指标。

4. 社会资本指标选取

社会资本是指农户为了实施生计策略而利用的社会资源,包括加入的社区组织以及个人构建的社会网络。由于贫困地区农户社会资本网络的非规则性,体现为一方面,除了行政组织外,贫困地区农村社区组织缺失,农民参与某种协会或组织的自我组织程度不高(Caroline Donohue,2015)。另一方面,农户社会网络主要表现为基于血缘关系的家庭亲戚网络、基于地缘关系的乡邻网络和基于行政隶属关系的行政组织网络等(李琳一,2004;杨云彦,2009)。因此,本书结合实际状况,采用两类指标来衡量精准脱贫户社会资本:一是街坊邻里关系,这一指标可反映农户在日常生产生活中获取帮助的情况和社会融入程度;二是农户城市亲朋数量和干部亲朋好友数量。这两个指标可以大体反映农户在面临风险和困难时获得支持的强弱和稀缺资源的获取能力。

5. 金融资本指标选取

金融资本主要是指农户可支配和可筹措的现金,赵雪雁(2014)在评价甘南高原农户生计可持续性时将"自身的现金收入""从正规渠道和非正规渠道获得的贷款""获得无偿援助机会"作为金融资本的次级指标。有学者在评估不同农户生计可持续性时将"农业收入"和"非农业收入"作为金融资本代理指标。徐鹏(2008)在对西部10县(区)农户可持续生计资产状况进行实证分析时将"户均年收入"和"户均银行存款"作为相应指标。易卜拉希米(Ebrahimi,2008)在测度贫困群体的生计可持续性时指出,相比一般农户,低收入农户的风险脆弱性更强调足够的金融资本存量以维持生计的稳定。虽然金融项目对参与者缓解贫困有持续性影响,尤其是对于女性参与者和村级的正面溢出效应而言(Khandker,2005),但收入较低的农户由于自身积累的天然不足和外源性资本获取能力较差,使其受到更大的金融抑制而难以摆脱收入增长的困境(Awojobi and Bein,2011),而收入较高农户因其自身资本积累优势和较高的外源融资能力而更易于通过获取金融服务从而促使其家庭收入增长步入良性轨道(王小华,2014)。因此,在发展中国家的贫困地区,信贷情况不足以准确描述当地低收入农户的生计情况,相比借贷,他们大多更倾向于自发性的资本积累(Swin Ranjula Bali,2012),这与实地调研情况相符。综上,本书从积累存量角度衡量精准脱贫户的金融资本(杨云彦,2009),涵盖农业收入、非农收入、转移性收入、财产性收入、储蓄几部分。其中,农业收入和非农收入是该家庭整体生计策略的反馈和体现,而由于风险冲击和脆弱性的不确定性,难以加以量化,因此考虑从家庭储蓄角度评估对未来不确定风险的应急响应能力和抗风险冲击能力。

在既有的文献中,"后代教育"通常被用于反映家庭代际可持续性。加里·S. 贝克尔(Gary S.Becker,1964)指出,家庭对子女的教育投资能实现收益的代际转移,其收益主要表现为子女生计资本存量优化,收入增加,就业机会增加,信息渠道增多,社会地位提升,健康状况改善,劳动力素质提高,既体现为社会的水平流动,也体现为社会的垂直流动,最终实现子女及整个家庭可持续生计。家庭劳动力受教育水平的提升有助于其自身生计资本的快速积累,最终获得较高的生计水平,并且有能力为其子女提供更好的营养条件、学习机会和生活环境,从而提高子女学习能力和竞争力,使其获得更高等的教育机会(Treiman,1998),由此形成良性循环,从源头遏制贫困代际传递。比约克伦德(Björklund,2013)进一步指出由于父母生计水平的差异导致对子女的初等教育投资力度差别较大,而初等教育处于生命周期当中认知可塑性阶段,可为有针对性的干预提供潜在的"机会之窗"(Cunha and Heckman,2008;Cunha,2010;Aizer and Cunha,2012),所积累的人力资本随着时间的推移而相互作用,从而产生复杂的动力和互补性,直接影响子女获取高等教育的机会和程度,因此,相比高等教育,初等教育对代际可持续性的作用更为显著。综上,本书引入后代教育作为贫困地区精准脱贫户代际可持续性评估指标,并选择"家庭教育投资费用""是否家庭劳动力都完成小学义务教育""是否所有学龄儿童(6~15 岁)都在上学"作为代理指标(Chengchao Wang,2016)。

由此,基于改良的可持续生计框架,从贫困地区实际情况出发,建立了精准脱贫户可持续生计评价指标体系(表 5-1),可持续生计多维评估方法如下。

表 5-1　可持续生计评价指标体系

主要成分	子组件	指　　标	符　号	说　　明
生计资本	物质资本	饮用水是否经过处理	water	1＝是;0＝否
		是否有独立冲水式卫生间	toliet	1＝是;0＝否
		拥有生活耐用品和农机价值	nyp	万元(以对数化处理)
		房屋价值	house	万元(以对数化处理)
	自然资本	耕地质量	zl	1＝非常差;2＝较差;3＝一般;4＝较好;5＝非常好
		耕地面积	mj	亩
	人力资本	户主受教育程度	edu	1＝不识字、2＝小学、3＝初中、4＝高中、5＝大专及以上
		劳动力占比	ld	18~60 岁家庭劳动力人口占比
		是否参加过技能培训	PX	1＝是;0＝否
		户主年龄	age	年龄
		是否所有家庭成员均处于健康状态	jk	1＝是;0＝否
		抚养负担	fy	15 岁以下儿童、65 岁以上老人、残疾人和病人所占比例

续表

主要成分	子组件	指　　标	符　号	说　　明
生计资本	人力资本	家庭规模	scale	居住时间超过六个月的家庭成员数量
	社会资本	邻里关系是否融洽	gx	1＝是；0＝否
		拥有官员亲友数量	gov	人
		拥有城镇亲友数量	city	人
	金融资本	农业收入	ny	万元(以对数化处理)
		非农收入	fn	万元(以对数化处理)
		转移性收入	zy	万元(以对数化处理)
		财产性收入	cc	万元(以对数化处理)
		储蓄	cx	万元(以对数化处理)
代际可持续	后代教育	家庭教育投资费用	jytz	万元(以对数化处理)
		是否家庭劳动力都完成小学义务教育	lajy	1＝是；0＝否
		是否所有学龄儿童(6～15岁)都在上学	child	1＝是；0＝否

(1) 可持续生计指数。基于可持续生计框架所得出的"可持续生计指数"是对于某一时间点家庭福利水平和今后福利水平变化趋势的前瞻性、综合性判断,具有较强的合理性和参考价值,能够有效弥补面板数据缺失的短板(Chaudhuri,2002),是国内外学者和研究机构进行可持续生计评估的一致做法,已被广泛应用于国内外生计研究之中。

① 各维度的取值。假设有 n 个样本,每个样本的生计可持续性由 m 个指标来评价,x_{ij} 表示样本 i 在维度 j 的取值($i=1,2,\cdots,n;j=1,2,\cdots,m$),因此,$n$ 个样本在 m 个维度上的生计状况可以用矩阵 $X^{n\times m}$ 来表示。

② 生计可持续性得分。本书定义 g_{ij} 为每个样本在每个维度的取值,对每个指标分别赋予权重 w_j,则样本 i 在第 m 个生计维度的总得分为 $c_i=\sum_{j=1}^{m}w_jg_{ij}$。

(2) 生计资本耦合协调度。耦合协调度即事物间相互作用以及作用关系之间良性耦合程度的强弱。精准脱贫户生计可持续性不仅要求生计资本存量的充足,并且要保证五类资本之间存在良好的耦合协调性(吴孔森,2016)。因此,本书考虑进一步测度精准脱贫户的生计资本耦合协调度,以反映生计资本间相互作用、协调发展的程度,计算公式如下:

$$H = \left\{ \frac{\prod\limits_{j=1}^{5} P_j}{\left[\sum\limits_{j=1}^{5} P_j\right]^5} \right\}^{\frac{1}{5}} \tag{5-1}$$

$$D = \sqrt{H \cdot C} \tag{5-2}$$

其中,H 为生计资本耦合度,P 为各类生计资本量值,D 为生计资本耦合协调度,C 为生计资本总指数。

(3)生计多样性指数。在发展中国家的农村地区,家庭和个人的生计组合通常是多种多样的,包括农业、临时或非正式劳动力和正规就业等(David J. Mills,2017),家庭和个人的谋生途径可能因环境变化、外生冲击或新兴机遇而发生改变。生计的结构、活力和多样性体现了人们从有限资源中获得的稳定性收益程度,以及人们对变化做出反应和应对的能力,是降低家庭生计脆弱性,规避生计风险冲击,提高家庭生计可持续性的又一关键因素(Cinner,2010)。本书涉及的生计多样性指数包括生计策略多样性指数与收入多样性指数。其中生计策略多样性指数采用精准脱贫户家庭从事的生计活动种类来计算,最后对不同区域个体或家庭生计多样化指数取平均值,得出该区精准脱贫户生计策略多样性指数(赵雪雁,2013)。收入多样性指数主要表示精准脱贫户收入来源的多样性高低和各种收入的均衡程度,其值为 0 时,表明仅有一种收入来源;其值增大,表明收入来源增加且各类收入在家庭整体收入中呈均衡化趋势分布,计算公式为

$$V_{\text{income}} = -\sum_{i=1}^{s} L_i \log l_i \tag{5-3}$$

其中,V_{income} 为收入多样性指数,l_i 为精准脱贫户家庭某项收入来源占总收入比重。数据来源及样本分布已在前文列出,这里不再赘述,下同。

5.3 可持续生计指标权重衡量方法

在综合评价中,指标权重确定的合理性直接决定了评价结果的可信程度。当前针对可持续生计的指标权重评价方法中,"主观经验赋权法"(如 Delphi 法、AHP 法)是在设定可持续生计权重时最常用的方法(李小云,2007;Fang,2014;赵雪雁,2014),此方法运用较为成熟且能有效防止属性权重与属性实际重要程度相悖的情况,但因其结果主观随意性过强而存在一定的局限性。为减少权重设定的主观性,一些学者假设五类生计资本对生计结果的重要程度相同,并采用等权重法确定每个变量的权重(Vincent,2007;Wang,2016),这显然与我国贫困地区精准脱贫户实际情况不符,因而诸多学者指出了该方法的不足,并提出了基于 logistic 回归的客观评价方法(刘恩来,2015),然而精准脱贫户的生计评估是多因素交互的非线性复杂问题,存在着不确定性、离散性等关系,此种方法过于依赖回归分析,有可能剔除一些重要的社会经济指标变量进而损害指标体系的解释力。BP(Back Propagation)神经网络是基于误差反向传播算法的多层前馈神经网,由输入层、隐含层和输出层组成,在正向传播时,输入信号通过隐含层作用于输出节点,经过非线性转换后,产生输出信号;当输出层不能获得期望的输出时,则通过原先路径反向传播,通过调整各神经元的权值,使得误差信号达到最小。相较于传统方法,BP 神经网络及其算法增设了中间隐含层而且有相应的学习规则可循,使其对非线性模式具有良好的识别能力(孟庆良和郭鑫鑫,2017)。BP 神经网络映射型完全定理表明一个三层网络能够实现以任意精度近似任何连续函数(Wang,2007),反映出 BP 神经网络在处理非线性问题方面较强的自学习性、高度非线性优势,对于科学确定各指标的贡献权重十分有益,因而被广泛地运用于经济社会研究领域(张天云,2012)。基于此,本书构建了三层 BP 神经网对各生计指标间未知关系进行系统辨识,利用训练好的神经网络进行正向推理,科学设定可持续生计各项评价指标的权重,计算公式如下:

(1)为消除各指标间的不同量纲,先进行无量纲化处理,如式(5-4):

$$x_{ij} = \frac{x'_{ij} - \min\limits_{i=1}^{n} x'_{ij}}{\max\limits_{i=1}^{n} x'_{ij}} \quad i = 1, 2, \cdots, n; j = 1, 2, \cdots, m \tag{5-4}$$

同理,n 个训练样本的期望输出 $D' = (d'_1, d'_2, \cdots, d'_j, \cdots, d'_n)$ 经式(5-4)处理得
到 $D = (d_1, d_2, \cdots, d_j, \cdots, d_n)$。

(2) 对于输出层:

$$O = f\left(\sum_{j=1}^{k} z_j y_j\right) \tag{5-5}$$

(3) 对于隐含层:

$$y_j = f\left(\sum_{i=1}^{m} v_{ij} x_i\right) \quad j = 1, 2, \cdots, k \tag{5-6}$$

(4) 激活函数选用单极性 Sigmoid 函数:

$$f(x) = \frac{1}{1 + e^{-x}} \tag{5-7}$$

(5) 计算网络总误差:

$$E = \frac{1}{2} \sum_{i=1}^{n} \frac{1}{2(d_i - o_i)} \quad i = 1, 2, \cdots, n \tag{5-8}$$

(6) 各层权值调整:

$$\delta = (d - o)o(1 - o) \tag{5-9}$$

$$\delta = \delta^o z_j y_j (1 - y_j) \tag{5-10}$$

$$z_j(t) = z_j(t - 1) + \eta \delta^o y_j + \mu \Delta z_j(t - 1) \tag{5-11}$$

$$v_{ij}(t) = v_{ij}(t - 1) + \eta \delta_j^y x_i + \eta \Delta v_{ij}(t - 1) \tag{5-12}$$

(7) 以输出层的 Purelin 函数计算得到 BP 神经网络的预测输出。根据设定的
期望误差,判断预测输出值是否满足要求,若不满足要求,则通过 trainlm 训练函数
调整相关系数设置,继续迭代,直到满足要求并计算权重:

$$w_j = \frac{\sum\limits_{l=1}^{k} |v_{il}|}{\sum\limits_{i=1}^{m} \sum\limits_{l=1}^{k} |v_{il}|} \quad j = 1, 2, \cdots, m \tag{5-13}$$

式(5-13)中,n 为训练样本个数,m 为输入层节点数,x'_{ij} 表示第 i 个训练样本
中第 j 个指标值。v_{ij} 为输入层第 i 个节点与隐含层第 j 个节点之间的连接权,z_j
为输出层与隐含层第 j 个节点间的连接权,δ^o 为输出层期望与实际输出误差信号,

δ_j^y 为 δ^o 反传至隐含层误差信号,$\eta \in (0,1)$ 为学习率,$\mu \in (0,1)$ 为动量项。

5.4　精准脱贫户可持续生计的多维评价

5.4.1　可持续生计指标的权重输出

BP 神经网络得出相关系数为 0.98,R^2 为 0.95,均方误差 MSE 为 0.06,均方根误差 RMSE 为 0.25,平均绝对误差 MAE 为 0.10,平均偏差 MBE 为 0.00,模型可用。最终所得到 W 的值即为各个可持续生计指标的权重,如表 5-2 所示,储蓄金额对于精准脱贫可持续生计的重要程度最强,达到 0.088 9,反映出储蓄对于精准脱贫户提高生计水平、抵抗风险冲击的重要性。其次为劳动力占比、耕地质量和耕地面积,权重分别为 0.070 7、0.062 7、0.052 3,反映出人力资本和自然资本对于维持家庭可持续生计的重要作用。户主受教育程度、参与培训情况、家庭抚养负担、家庭规模以及各类收入的权重均超过 0.04,人力资本和金融资本对精准脱贫户家庭可持续生计影响显著。总体而言,金融资本、人力资本和自然资本对于精准脱贫户家庭生计影响程度较大,上述三类生计资本的提升能够显著增加精准脱贫户家庭生计稳定性和吸收外部风险冲击能力;其次为代际教育,表明代际教育的提高有利于增强生计可持续性,阻隔代际贫困;物质资本与社会资本对于精准脱贫家庭的整体生计稳定的重要程度相对较低,对于可持续生计的实现有一定的保障促进作用。

表 5-2　可持续生计指标权重

主要成分	子组件	指　　　标	符　号	权　　重
生计资本	物质资本	饮用水是否经过处理	water	0.026 9
		是否有独立冲水式卫生间	toliet	0.033 7
		拥有生活耐用品和农机价值	nyp	0.023 4
		房屋价值	house	0.033 7
	自然资本	耕地质量	zl	0.062 7
		耕地面积	mj	0.052 3

主要成分	子组件	指　　　　标	符　号	权　重
生计资本	人力资本	户主受教育程度	edu	0.040 3
		劳动力占比	ld	0.070 7
		是否参加过技能培训	PX	0.043 1
		户主年龄	age	0.038 7
		是否所有家庭成员均处于健康状态	jk	0.025 9
		抚养负担	fy	0.047 0
		家庭规模	scale	0.041 5
	社会资本	邻里关系是否融洽	gx	0.034 4
		拥有官员亲友数量	gov	0.026 3
		拥有城镇亲友数量	city	0.027 9
	金融资本	农业收入	ny	0.044 1
		非农收入	fn	0.043 9
		转移性收入	zy	0.050 8
		财产性收入	cc	0.047 7
		储蓄	cx	0.088 9
代际可持续	后代教育	家庭教育投资费用	jytz	0.035 4
		是否家庭劳动力都完成小学义务教育	lajy	0.036 0
		是否所有学龄儿童（6～15 岁）都在上学	child	0.024 7

5.4.2　可持续生计综合指数得分

表 5-3 即为神经网络预测得出的精准脱贫户可持续生计指数，结果表明不同地区精准脱贫户可持续生计指数差异较大。巴雷特（Barrett，2006）将生计脆弱性与动态资产门槛之间的差异相结合，将生计得分标记为"易受伤害"（$\bar{c}$）和"绝望"低水平的均衡（$7/10\bar{c}$），本书根据其研究思路以及调查区精准脱贫户家庭实际反馈，将低于阈值 2.8 的生计综合指数定义为生计缓冲能力较弱，即不可持续生计，将高于阈值 2.8 而低于阈值 3.6 看作是"易受伤害"生计。具体来看，甘肃、山西贫

困地区精准脱贫户生计状况较好,生计可持续性较强,其可持续生计指数分别为 4.288 和 4.161。云南、江西、重庆贫困地区精准脱贫户可持续生计指数差别较小且均超过 3.6,分别为 3.688、3.642、3.629,反映出该地区精准脱贫户生计较稳定。四川、湖南两地精准脱贫户家庭可持续生计指数为 3.377 和 3.135,生计整体水平较低,而贵州地区可持续生计指数为 2.953,反映出该地区精准脱贫户生计较为脆弱,在不利的外部风险冲击下容易再度返贫。按照调研区的实际情况,本书将精准脱贫户退出贫困项目前的致贫原因归结为生理致贫、心理致贫、能力致贫、环境致贫和教育致贫。其中,生理致贫包括由于家庭成员身体原因而造成的贫困,例如疾病、残疾等;心理致贫涵盖了由于个体心理因素而导致的贫困,如惰性思维、缺乏自信等;能力致贫则反映了由于个体人力资本存量偏低、教育程度较低、就业技能不足而导致的收入水平过低;环境致贫主要源自于当地经济社会发展滞后、基础设施薄弱、地区自我造血能力不足、资源匮乏、自然环境恶劣等因素;教育致贫即未成年子女较多、家庭抚养负担过重而造成的贫困。由表 5-4 可知,八个贫困地区中由于心理、能力、环境、教育原因致贫的精准脱贫户生计指数得分相对较高,这与我国现行的通过提升地区和个体自我发展能力的"造血式"精准帮扶战略高度相符,反映出上述地区践行脱贫战略的精准落地。纵向比较可发现,由于生理原因导致贫困的家庭在脱贫后可持续生计指数均相对较低,反映出该类精准脱贫户其劳动能力和市场竞争力普遍偏弱,先天性和后天性人力资本存量均不足,家庭负担更重,贫困修复期更长,生计改善能力较差,潜在的生计脆弱性较强,脱贫后生计动荡可能性较大,后期脱贫保障政策应给予重点关注。本书按照非农收入与农业收入比重将精准脱贫户生计策略分为农业主导型、非农业主导型、农工均衡型和其他类型,进一步探讨不同生计策略的精准脱贫户家庭的可持续生计指数。相比于其他类型生计策略,非农生计策略的可持续生计得分在各地区均处于较高水平,反映出结合贫困地区的自然条件和发展现状,非农生计策略可能更有利于精准脱贫户家庭生计的持续。

表 5-3　可持续生计指数

划分维度	类　别	甘肃	贵州	湖南	江西	山西	四川	云南	重庆
致贫原因	总得分	4.288	2.953	3.135	3.642	4.161	3.377	3.688	3.629
	生理致贫	4.172	2.859	3.120	3.621	4.153	3.367	3.670	3.625

划分维度	类　别	甘肃	贵州	湖南	江西	山西	四川	云南	重庆
致贫原因	心理致贫	4.248	2.918	3.144	3.655	4.166	3.366	3.686	3.627
	能力致贫	4.387	3.025	3.136	3.624	4.162	3.379	3.703	3.631
	环境致贫	4.303	2.959	3.143	3.672	4.171	3.404	3.691	3.632
	教育致贫	4.330	3.004	3.132	3.638	4.153	3.369	3.690	3.630
生计策略	农业主导型	4.285	2.948	3.135	3.642	4.161	3.373	3.687	3.631
	非农业主导型	4.293	2.957	3.137	3.646	4.162	3.381	3.692	3.635
	农工均衡型	4.288	2.953	3.133	3.641	4.159	3.379	3.687	3.624
	其他类型	4.286	2.954	3.135	3.639	4.162	3.375	3.686	3.626

表 5-4　生计资本耦合协调度

划分维度	类　别	甘肃	贵州	湖南	江西	山西	四川	云南	重庆
致贫原因	总得分	1.939	1.461	1.477	1.734	1.809	1.608	1.781	1.723
	生理致贫	1.922	1.445	1.467	1.723	1.806	1.593	1.764	1.720
	心理致贫	1.927	1.444	1.481	1.738	1.809	1.602	1.780	1.722
	能力致贫	1.953	1.472	1.498	1.736	1.812	1.619	1.796	1.729
	环境致贫	1.944	1.469	1.484	1.731	1.807	1.621	1.782	1.720
	教育致贫	1.950	1.470	1.474	1.741	1.811	1.606	1.782	1.725
生计策略	农业主导型	1.939	1.461	1.475	1.731	1.807	1.582	1.778	1.720
	非农业主导型	1.941	1.463	1.481	1.737	1.809	1.620	1.782	1.724
	农工均衡型	1.940	1.461	1.476	1.735	1.811	1.618	1.781	1.725
	其他类型	1.938	1.460	1.477	1.734	1.810	1.614	1.782	1.721

5.4.3　生计资本耦合协调度

表 5-4 反映了不同地区生计资本耦合程度,从整体上看,各地区生计资本耦合程度较弱且差异较小,反映出贫困地区精准脱贫家庭生计资本转化协调能力普遍

偏低,究其原因主要是由于研究区精准脱贫户间同质性较大,农户生计资本积累量存在极大的属性分异,导致五大资本失衡。生计资本的不合理结构不仅造成了精准脱贫户可用资本存量的紧张,而且限制了优势资本向生计结果转化的效率,造成了优势资本的无形流失,生计缓冲能力的积累也因此受到限制。按照致贫原因来看,各地区由于能力致贫的贫困群体在脱贫后其生计资本耦合协调度较高,这可能与其综合素质和自我发展能力的提升有关,由此可见,消除生计障碍,提高生计资本的转化能力,首先要重点着眼于以人力资本为主线的可持续发展能力培育。而相比之下生理致贫群体由于生计资本长期失调而导致脱贫退出后生计资本的内部流动能力仍较弱,不利于生计的稳定和持续。从生计策略角度看,非农生计策略更有利于促进各类生计资本的内部转换,缓解资本紧张状态,提高优势资本向生计结果转化的效率,从而有利于可持续生计的实现。

5.4.4　生计多样化指数

稳定性是社会-生态系统体制的重要特征(Holtz,2008),生计稳定性是精准脱贫户维持生计状态的重要保障,现有研究主要采用生计策略多样性指数作为农户生计体制的稳定性表征对农户生计的适应效果进行分析评价(喻忠磊,2013;吴孔森,2016)。然而,多样化的生计策略只是给农户带来了更多收入来源的可能性,并不代表每种生计策略都有稳定持续的收入,为弥补其中的不足,本书结合生计策略多样性指数与收入多样性指数,对贫困地区精准脱贫户生计稳定性进行分析。结果如表 5-5 所示,8 个贫困地区精准脱贫户的平均生计策略多样性指数为 2.659,其中,山西、重庆、云南三省(直辖市)精准脱贫户生计策略多样性指数较高,分别为3.016、2.978、2.842,江西、甘肃两省精准脱贫户家庭生计策略多样性指数均超过2.7,有利于降低家庭生计风险脆弱性,而湖南(2.543)、四川(2.392)、贵州(2.038)三省家庭生计策略同质性较高,这可能与精准脱贫户家庭的生计资本、风险偏好和就业环境有关。由于欠发达地区农户抵抗风险和补偿风险损失的机制与手段成本较高,因而上述地区精准脱贫户通常属于风险厌恶型农户,在生产生活中力图回避各类风险,宁愿选择投入产出比偏低但风险较小的生计活动而放弃那些收益较高但风险较大的生计活动。若遭遇外部风险冲击,如突发性自然灾害(旱灾、洪水)、经济萧条(失业率上升、价格波动)、健康威胁(疾病、意外)、意外事件(庄稼歉收、牲畜病害)、社会技术重大变革(机械化引入)等,生计策略单一化将可能造成家庭收入大幅缩减以至于生计动荡。

表 5-5　生计多样化指数

划分维度	类　别	甘肃	贵州	湖南	江西	山西	四川	云南	重庆
生计策略多样性指数	总得分	2.726	2.038	2.543	2.733	3.016	2.392	2.842	2.978
	生理致贫	2.399	1.717	2.170	2.465	2.985	2.017	2.645	2.696
	心理致贫	2.759	2.056	2.556	2.812	3.147	2.458	2.818	3.112
	能力致贫	2.904	2.142	2.642	2.823	3.015	2.619	2.910	3.225
	环境致贫	2.632	2.113	2.703	2.748	2.841	2.229	2.798	2.771
	教育致贫	2.918	2.164	2.644	2.815	3.092	2.639	3.040	3.098
收入多样性指数	总得分	0.301	0.286	0.255	0.312	0.338	0.325	0.322	0.320
	生理致贫	0.276	0.257	0.231	0.302	0.325	0.306	0.314	0.299
	心理致贫	0.288	0.269	0.257	0.313	0.344	0.324	0.317	0.328
	能力致贫	0.333	0.301	0.262	0.325	0.358	0.346	0.325	0.325
	环境致贫	0.309	0.294	0.255	0.307	0.322	0.331	0.320	0.319
	教育致贫	0.297	0.307	0.27	0.311	0.341	0.317	0.333	0.331

　　从家庭致贫薄弱点看,各地区能力致贫和教育致贫两类贫困家庭在脱贫后生计策略多样性指数均明显高于生理致贫的脱贫户,反映出生理致贫家庭受制于自身客观条件,在脱贫退出后不易拓宽收入渠道,在生计策略选择方面局限性较大。在收入多样性方面,贫困地区精准脱贫户收入多样性指数整体偏低且差距较小,平均收入多样性指数为 0.307,其中山西省精准脱贫户收入多样性指数较高,为0.338,贵州省收入多样性指数最低,为 0.286。对比分析两类指数可发现,精准脱贫户生计策略虽逐步多样化,但收入多样性指数并没随着生计策略的多样化而有所提高,各类收入不均衡,离散程度大,家庭整体收入依然由某一种收入所支配。这种矛盾源于生计资本的不足与失衡,生计资本的先天缺陷与优势资本的无形流失使得精准脱贫户的生计资本还不足以支撑现有的多样化生计策略,精准脱贫户家庭整体收入风险较大,不利于脱贫后生计的稳定和可持续。

5.5　本　章　小　结

前文理论研究表明,可持续生计研究实质是基于生计资本评估,探索生计资本累积的条件及其实现途径,推动精准脱贫户生计可持续,从而实现良好的生计结果。基于此,本章对既有的可持续生计框架进行了改良,运用BP神经网络对精准脱贫户生计进行了多维度评价,研究表明:

(1) 不同贫困地区精准脱贫户的生计差异较大,其中甘肃、山西两地脱贫户生计状况较好,云南、江西、重庆等地精准脱贫户生计较稳定,四川、湖南两地脱贫户生计状态尚可,而贵州地区精准脱贫户生计的可持续程度较弱。

(2) 同一区域不同致贫因素的精准脱贫家庭,其生计状况未达到同等水平。其中,由于心理、能力、环境、教育因素致贫的农户脱贫退出后生计改善明显,说明该部分困难群体对于当地精准脱贫战略实施的反馈更为积极,而由于生理原因(疾病或残疾等)致贫的家庭在脱贫后可持续生计能力仍较弱,风险脆弱性较高,后期脱贫保障政策应给予重点关注。

(3) 结合当前贫困地区的自然条件和经济社会发展现状,将非农就业作为生计策略更有利于生计的稳定和脱贫效果的持续。

(4) 贫困地区各类生计资本耦合程度较弱且群体间差异较小,贫困地区精准脱贫家庭生计资本转化协调能力普遍偏低,各类生计资本无法形成有效的耦合协调机制,造成了优势资本流失,生计缓冲能力的积累也因此受到限制。从家庭致贫薄弱点看,生理致贫的贫困群体脱贫后生计资本耦合协调度明显低于其他致贫因素群体。从生计策略角度看,非农生计策略更有利于促进各类生计资本的内部转换,缓解资本紧张状态,提高优势资本向生计结果转化的效率,从而有利于可持续生计的实现。

(5) 贫困地区精准脱贫户家庭平均生计策略多样性指数较高,但收入多样性指数整体偏低且差距较小,生计策略多样性与收入多样性不匹配,精准脱贫户家庭整体收入风险仍较大,不利于脱贫后生计的稳定和持续。

第6章
精准脱贫户实现可持续生计的传导路径分析

第 3 章理论分析表明,生计资本、生计策略、可持续生计之间存在某种内在逻辑关系,脱贫项目退出过程中,贫困户的五类生计资本配置从脱贫前的低水平均衡向脱贫后的不均衡变化,通过一系列帮扶政策,实现新的平衡,在资本变动和要素约束下,农户进行着不同的生产决策,并形成不同类型的生计策略,最终产生相应的生计结果。本章拟在前文分析的基础上,检验生计资本变化对可持续生计的传导路径。首先,采用熵值法对精准脱贫户脱贫前后生计资本变化进行评估;其次,采用 Logit 模型测度生计资本变化对不同生计策略的影响;再次,基于倾向得分匹配和广义倾向得分匹配法探讨生计策略对实现家庭整体生计可持续的作用以及对各类生计资本的积累效应,探索实现积极的、可持续的生计产出的生计决策形式;最后,运用中介效应模型进一步分析生计策略对可持续生计的作用形式。

6.1 研 究 假 设

通过理论研究可发现,可持续生计研究其实质是基于生计资本评估,探索完善要素以积累生计资本,从而实现良好的生计结果。在扶贫项目过程中,低收入群体的可持续生计是通过生计资本的改善而实现的。基于贫困的多维性和生计资本的相互作用性,贫困群众的生计资本积累与改善并不是独立进行的,而是一个相互补充相互促进的协同过程。因此,我国精准脱贫战略"五个一批"脱贫路径实施可归结为帮助贫困农户积累生计资本的过程,"一超过,两不愁,三保障"的脱贫退出标准可看作是从不同维度考察了帮扶群众生计资本的增进。国内外学者普遍认为生计资本是抵御生计风险的能力和选择生计策略的基础,也是获得生计输出的必要前提和扶贫工作的切入点,五种生计资本之间存在着资本互补性(Thulstrup,2015),在一定条件下五种资本之间可以相互作用和转换,生计资本的获取水平与多样化水平之间存在正相关关系(Onanong Longpichai,2012),人们取得幸福的能力在很大程度上取决于他们对生计资本的拥有。生计策略可看做是为了实现生计目标或者追求生计输出,农户对自身生计资产进行组合和使用的方式和路径(Gentle,2012),受到生计资本的禀赋支配和外部风险影响(Van den Berg,2010),农户会通过对其拥有的各类资源进行生计策略的多样化配置与整合,选择不同的收入创造活动以获得最大化利益及最小化风险(Su,2009),由此可得,生计资本的积累是精准脱贫落地实施的现实反映,而生计资本的改善程度是衡量脱贫户退出的核心指标。建档立卡贫困户的脱贫退出必然伴随着生计资产存量的良性改变,生计资产的完善可被看作是贫困群众实现可持续性生计必经过程。在当前经济减贫效应下降的趋势下,精准脱贫战略已成为我国扶贫开发基本方略,也将是中国未来的扶贫方式(汪三贵,2015)。在多元化精准脱贫战略的牵引下,低收入群体的生计资本能否得到改善?精准脱贫户生计策略的选择是否会对生计资本的强化产生积极响应?生计策略是否能对生计最终结果产生直接影响,切实提升群众幸福感?对于这些问题的回答不仅有助于全面把握当前精准脱贫战略实施情况,而且有利于科学评价实施结果,发现可持续生计框架下精准脱贫战略实施有待完善之处。基于以上分析,本章提出以下假设,并通过计量经济学方法,探讨生计资本变化对于精准脱贫户可持续生计的传导机制(如图6-1所示)。

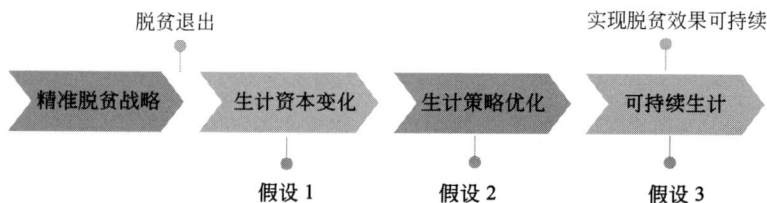

图6-1 生计资本对可持续生计的传导路径

假设1：精准脱贫战略的实施促进了精准脱贫户生计资本的增进。

假设2：精准脱贫户的生计资本改善对于其生计策略选择有积极影响。

假设3：精准脱贫户生计策略有助于实现可持续生计。

6.2　精准脱贫户生计资本变化评估

作为贫困的最终承载主体，精准脱贫户生计资本改善程度直接反映出当地精准脱贫的实施情况，对精准脱贫户脱贫前后的生计资本量化测度，是衡量和评估精准脱贫户可持续生计的逻辑起点，有助于明确贫困地区精准脱贫战略最终在贫困个体家庭生计层面的着陆点，有利于规避传统评价的狭隘性，对提高"后扶贫时期"精准脱贫政策对特定人群的瞄准精度具有一定的参考价值。

6.2.1　生计资本指标选取

基于可持续生计框架和我国精准脱贫"五个一批"实施战略和"一超过，两不愁，三保障"的精准退出标准，本书设定了物质资本、自然资本、人力资本、金融资本、社会资本五个反映生计质量的一级指标，每种资本下辖有若干二级指标。与前章可持续生计评价指标选取侧重家庭异质性不同，本章节生计资本指标选取更强调家庭脱贫前后的变化情况，以反映精准脱贫政策的实施效果。

物质资本方面，除了选择"家庭固定资产"和"生活耐用品"两个通用指标外（伍艳，2015；赵丽娟；2014；赵雪雁，2013），还考虑家庭所拥有的牲畜数量、当地基础设施（李广东，2012；郝文渊，2013；Jansen，2016）和卫生条件（McKay，2015）的改善情况。其中牲畜主要种类包括猪、牛、马和羊，本书采用了以下转换公式：1头猪＝1头羊，1头马＝3头羊，1头牛＝3头羊（Li，2014），然后汇总而成所有家畜的数值。此外，由第四章分析可知，当前贫困地区基础设施持续改善，水、电、手机信号基本实现全覆盖，而"能源结构"差异较大，因此，为切实反映当地基础设施情况，本书选用"能源结构"作为基础设施改善的替代性指标。

自然资本方面，本书采用家庭实际拥有的耕种面积（包括了土地流转、土地弃置等因素后)衡量自然资本存量。此外,由于自然资本其本身具有折旧性、变化性、节律性、区域性等特点,其收益受到自然资本质量的直接影响而呈现出不确定性。土地贫瘠所导致的土地出产量下降,会造成当地农民生活能源短缺,收入来源单一且不稳定,这可能会促使家庭从农业活动转向非农业活动(Kimhi and Bollman, 1999;王彦星,2014)。因此,结合我国贫困地区实际情况,本书采用家庭拥有耕地面积和家庭耕地质量好坏两个指标来衡量土地资源规模和产出效率。

人力资本方面,能力匮乏是导致生计动荡的根本原因。新增长理论认为,知识的积淀以及技术的进步是劳动力自我发展能力的核心体现,也是影响经济增长的主要动因。以卢卡斯人力资本为核心的新经济增长模型证明,在不诉诸外部力量的情况下,经济仍然可以随着人力资本的积累与提升而出现正增长。精准脱贫战略正是以"自我发展能力建设"为抓手,尤其强调提升人力资本,切断各致贫机制,增强抗逆力,以保障"脱贫不返贫"。人力资本的核心是健康和教育(程名望,2017),人力资本的数量和质量直接决定了农户驾驭其他资本的能力和范围(杨云彦,2009)。因此,本书从人力资本的质量和数量双重维度测量人力资本,即"家庭成员身体健康的比例""家庭劳动能力①""家庭平均受教育程度②"。

金融资本方面,金融资本主要是指农户在生产生活过程中可以支配的现金和获得的贷款。易卜拉希米(Ebrahimi,2008)在测度贫困群体的生计可持续性时指出,相比一般农户,低收入农户的风险脆弱性更强调足够的金融资本存量以维持生计的稳定。因此,本书选取家庭人均收入、家庭储蓄金额、家庭可向亲戚朋友借钱金额、家庭可获得的信贷金额四个维度衡量精准脱贫户家庭金融资本存量。

社会资本方面,社会资本指农户构建的人际信任和社会网络,以此实现生计目标。调研中发现,贫困地区精准脱贫户社会资本网络更多地体现出地缘性和亲缘性特征。此外,在农村社区,干部亲朋好友数量和住在城市亲友数量在一定程度上影响着农户家庭的社会地位和收入水平。因此,本书对农户社会资本用两类指标来衡量:一是街坊邻里关系,这一指标可反映农户在日常生产生活中获取帮助的情况和社会融入程度;二是农户城市亲朋数量和干部亲朋好友数量。这两个指标可以大体反映农户在面临风险和困难时获得支持的强弱和稀缺资源的获取能力。

---

① 每个家庭成员的劳动能力按指定值计算:非劳动 = 0,半劳动力 = 0.5,全劳力 = 1,总结所有家庭成员的劳动能力的价值。

② 家庭平均受教育程度为每个家庭成员的教育水平分配值:小学 = 6,初中 = 9,高中 = 12,大学或学院 = 16,文盲或学龄前 = 0。所有教育水平的平均值为家庭平均受教育程度。

6.2.2　测量方法说明

对生计资本的量化测度,是应用可持续生计分析框架探析农户生计状况的重要起点。夏普(Sharp,2003)为量化分析贫困农户生计资产开发了针对定性定量指标变量的"主观经验赋权法"数据处理技术,已被广泛用于生计研究之中(杨云彦,2009;王丹丹,2013;赵雪雁,2014;Fang,2014)。但随着生计资本经验研究的深入,学者们逐渐发现无论是专家打分法、层次分析法还是模糊层次分析法,都包含了主观赋值的过程,无法摆脱方法论上主观性过强的明显缺陷。有学者在评价农户生计可持续性时认为由于生计资本内部可以任意转移和替代,且各类生计资本的功能大小取决于其数量、质量和稀缺度,因此难以准确判断五类生计资产的重要程度(Wang,2016),进而采用等权重法确定每个变量的权重(Vincent,2007),这显然与实际情况存在一定差距。也有学者采用回归分析获得农户生计本评价权重,但该方法对数据质量要求过高,有可能会剔除关键的指标变量,进而损害指标体系的解释力。本书采用熵值赋权法测算生计资本评价指标体系权重,此方法反映了各样本实际数据内部差异驱动,体现了指标信息熵值的效用价值。在一个由 n 个待评方案,m 个评价指标所构成的指标数据矩阵 $X = \{x_{ij}\}_{n \times m}$ 中,指标数据离散程度越高,其熵值就越小,提供的信息量就越大,相应地在综合评价中所引起的作用就越大,熵权值(entropy weight)就越高,反之亦然(赵文娟,2016)。相对于主观经验赋权技术,这种方法既可规避主观赋权法的人为因素干扰,也可解决多指标间信息的重叠问题。

首先对表 6-1 中各指标的原始数据进行标准化处理,并将正向和负向指标分别采用方程(6-1)和方程(6-2)标准化处理,使得异质指标同质化,并将零值和负值指标进行平移,得到归一化数据集 $X = \{x_{ij}\}_{n \times m}$,其中 n 为样本个数,j 为指标个数。随后对数据进行方程(6-3)同度量化处理得指标发生概率 p_{ij},

$$x'_{ij} = \frac{x_{ij} - \min\{x_{1j}, \cdots, x_{nj}\}}{\max\{x_{1j}, \cdots, x_{nj}\} - \min\{x_{1j}, \cdots, x_{nj}\}} \tag{6-1}$$

$$x'_{ij} = \frac{\max\{x_{1j}, \cdots, x_{nj}\} - x_{ij}}{\max\{x_{1j}, \cdots, x_{nj}\} - \min\{x_{1j}, \cdots, x_{nj}\}} \tag{6-2}$$

$$p_{ij} = \frac{x_{ij}}{\sum_{i=1}^{n} x_{ij}}, \quad i = 1, \cdots, n; j = 1, \cdots, m \tag{6-3}$$

代入方程(6-4)和方程(6-5)可得第 j 项指标熵值 e_j 及其差异系数 g_j，即信息熵冗余度：

$$e_j = -k \sum_{i=1}^{n} p_{ij} \ln(p_{ij}), \quad k = -\frac{1}{\ln(n)} > 0, \quad e_j \geqslant 0 \tag{6-4}$$

$$g_j = 1 - e_j \tag{6-5}$$

方程(6-6)将其做归一化处理可得到第 j 项指标相对权重 w_j：

$$w_j = g_j \Big/ \sum_{j=1}^{m} g_j \tag{6-6}$$

将客观权重系数 w_j 指标发生概率 p_{ij} 代入生计资本综合评价模型(6-7)可得第 i 个精准脱贫户样本的生计资本综合评价指数得分：

$$F_i = \sum_{j=1}^{m} (w_j \times p_{ij}) \tag{6-7}$$

6.2.3 生计资产变化评估结果

表 6-1 反映出采用熵值赋权法得到的贫困地区生计资本评价指标体系全局权重。其中，在脱贫前后，家庭人均收入和储蓄金额两个指标权重均超过 25%，金融资本对于精准脱贫户生计的相对重要性最为突出。此外，人力资本方面健康比例、家庭劳动能力、家庭平均受教育程度三个指标权重分别占到全局权重的 20.5%、22.63% 和 21.04%，反映出人力资本对于脱贫后的家庭生计重要性。

表 6-1　生计资本评价指标体系权重

一级指标	二级指标	脱 贫 前		脱 贫 后	
		熵值 e_i	全局权重 w_i	熵值 e_i	全局权重 w_i
物质资本	房屋结构	0.969 3	0.010 5	0.962 9	0.013 1
	生活耐用品	0.953 1	0.016 1	0.934 4	0.023 1
	能源结构	0.975 9	0.008 3	0.936 5	0.022 4
	厕所类型	0.947 4	0.018 0	0.989 3	0.003 8
	拥有牲畜数	0.950 1	0.014 3	0.931 2	0.021 1
自然资本	耕地质量	0.975 0	0.008 6	0.867 4	0.046 7
	耕地面积	0.910 6	0.030 7	0.906 4	0.032 9

一级指标	二级指标	脱 贫 前		脱 贫 后	
		熵值 e_i	全局权重 w_i	熵值 e_i	全局权重 w_i
人力资本	家庭成员身体健康的比例	0.947 1	0.018 1	0.382 9	0.205 0
	家庭劳动力能力	0.944 8	0.019 4	0.340 7	0.226 2
	家庭平均受教育程度	0.933 2	0.021 5	0.368 1	0.210 4
金融资本	家庭人均收入	0.217 4	0.268 5	0.167 4	0.293 1
	储蓄金额	0.252 4	0.256 5	0.160 0	0.295 7
	获取亲友借款	0.860 5	0.047 9	0.675 5	0.114 2
	获取信贷规模	0.852 2	0.036 1	0.693 4	0.103 3
社会资本	街坊邻里关系	0.903 2	0.033 2	0.842 8	0.055 0
	城市亲朋好友数	0.910 6	0.030 7	0.905 1	0.033 1
	干部亲朋好友数	0.922 0	0.026 8	0.937 4	0.022 1

　　根据客观权重系数 w_j 指标发生概率 p_{ij} 进一步计算出贫困地区精准脱贫户的生计资本综合评价指数得分(如图 6-2 所示),验证了精准脱贫战略对改善生计资本存量有正向作用的研究假设 1。在脱贫前后,五类生计资本存量均呈现不同程度的提升。具体来看,精准脱贫战略对人力资本的积累作用最为显著,由脱贫前的 0.034 提高至 0.075,增长 0.041,这与我国精准脱贫战略"造血式帮扶"的目标内涵高度相符;自然资本得分由 0.039 提高至 0.060,提高 0.021;物质资本由 0.053 提升至 0.072,增长幅度 0.019;社会资本由 0.090 提升至 0.110,增加 0.020;金融资本由脱贫前的 0.032 提高至 0.053,涨幅 0.021。整体而言,社会资本作为"穷人的资本",由于其可获得性和无门槛性而在精准脱贫户生计资本存量中占比较大,其次为物质资本、人力资本和自然资本,相比之下精准脱贫户金融资本的存量较低,这可能与其长期贫困和低收入状态有关。生计五边形整体呈现不平衡态势,在后续保障措施中应着重提高精准脱贫户的金融资本存量积累并加快五大生计资本之间的流动和转换,以提升整体生计资本的稳定性。

　　分地区来看(如表 6-2 所示),所调研贫困地区贫困农户在获得精准帮扶后其生计资本存量均呈现不同程度增进,其中,甘肃省精准脱贫户脱贫后生计优化程度最为明显,为 0.139,其次为山西,生计存量提高 0.132,云南、重庆、四川次之,其生

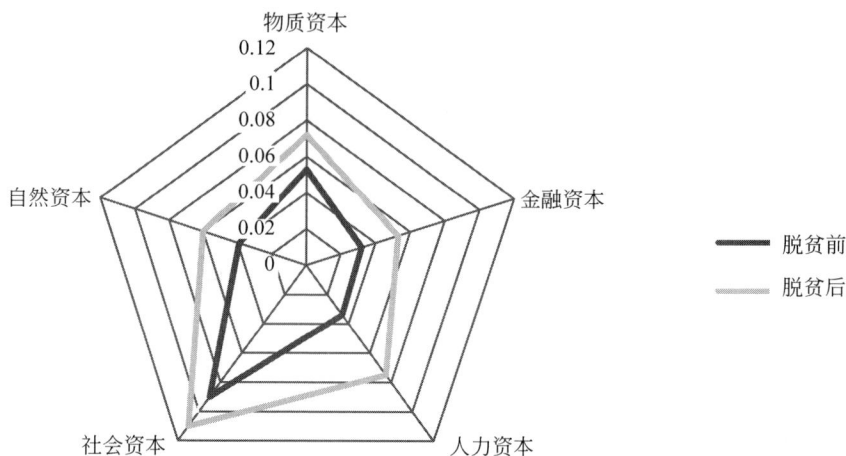

图 6-2　贫困地区精准脱贫户脱贫前后生计资本变化

计资本的改善程度分别为 0.127、0.120 和 0.117。湖南省和贵州省精准脱贫户生计资本存量在脱贫后增量较小,为 0.108 和 0.101。纵向相比之下可看出,各地区精准脱贫户人力资本的优化最为明显,反映了各地践行"造血式帮扶"战略的精准落地。

表 6-2　分地区家庭生计资本变化情况

类　别	甘肃	贵州	湖南	江西	山西	四川	云南	重庆
共计	0.139	0.101	0.108	0.119	0.132	0.117	0.127	0.120
物质资本	0.025	0.016	0.016	0.018	0.023	0.019	0.022	0.020
自然资本	0.020	0.017	0.019	0.021	0.021	0.023	0.022	0.021
人力资本	0.045	0.036	0.038	0.042	0.043	0.037	0.039	0.038
金融资本	0.025	0.016	0.017	0.021	0.022	0.019	0.021	0.020
社会资本	0.024	0.016	0.018	0.017	0.023	0.019	0.023	0.021

6.3　生计资本对生计策略的影响分析

在上文中,精准脱贫战略对生计资本的累积作用已被证实,而生计策略是家庭为实现其生计目标而进行生计活动的范围和组合,可被理解为应对外部干扰和维持生计能力的手段。大量研究表明,生计策略与家庭福利息息相关(Alwang,2005;Adam,2013),精准脱贫户生计资本存量是否影响生计策略的选择,直接决定了其可持续生计的实现。

6.3.1　方法选取与说明

当前,我国学者对于生计策略的划分通常按照非农收入占家庭年收入比重。有学者按照收入层级将农户分为低收入、中等收入和高收入三类,还有学者通过生计活动将农民群体定性划分为牧区、农牧区、多元化和非农业四种类型。此外,一些研究采用了 K 均值聚类分析(K-meaning cluster analysis)和潜类别分析(latent class cluster analysis)来探讨生计资本与生计策略之间的关系(Brown,2006;Jansen,2006,Van den Berg,2010;Bhandari,2013;Bryan,2013;Nielsen,2013),然而,使用上述方法均需预先确定一定数量的聚类中心,这将会导致最终结果的主观性(Nielsen,2013)。因此,本书采用两步聚类分析(two-step cluster method),其优势在于可同时对类别变量和连续变量进行聚类并采用距离准则自动确定最优分类个数,以避免生计策略分类标准的随机性。

两步聚类分析主要通过以下两个步骤实现。

1. 预聚类阶段(Pre-clustering)

采用 BIRCH 算法中 CF 树生长的思想,逐个读取数据集中数据点,在生成 CF 树的同时,预先聚类密集区域的数据点,形成诸多的小的子簇(sub-cluster),即各子簇的聚类特征:

假设簇 C_j 的聚类特征 $\overrightarrow{CF_j}$ 定义为四元组: $\overrightarrow{CF_j} = \langle N_j, \overrightarrow{\tilde{\Lambda}_j}, \overrightarrow{\tilde{\Sigma}_j}, \overrightarrow{\tilde{N}_j} \rangle$,其中,

$$\vec{\tilde{\Lambda}}_j = (\vec{\tilde{\Lambda}}_{j1}, \cdots, \vec{\tilde{\Lambda}}_{jD1})^{\mathrm{T}} = \Big(\sum_{n=1}^{N_j} \tilde{x}_{jn1}, \cdots, \sum_{n=1}^{N_j} \tilde{x}_{jnD1} \Big)^{\mathrm{T}} \qquad (6\text{-}8)$$

各连续型属性下簇 C_j 中数据点属性值的线性求和可表示为

$$\vec{\tilde{\Sigma}}_j = (\vec{\tilde{\Sigma}}_{j1}, \cdots, \vec{\tilde{\Sigma}}_{jD1})^{\mathrm{T}} = \Big(\sum_{n=1}^{N_j} \tilde{x}_{jn1}^2, \cdots, \sum_{n=1}^{N_j} \tilde{x}_{jnD1}^2 \Big)^{\mathrm{T}} \qquad (6\text{-}9)$$

各连续型属性下簇 C_j 中数据点属性值的平方和可表示为

$$\vec{\ddot{\Sigma}}_j = ((\vec{\ddot{\Sigma}}_{j1})^{\mathrm{T}}, \cdots, (\vec{\ddot{\Sigma}}_{jD2})^{\mathrm{T}})^{\mathrm{T}} \qquad (6\text{-}10)$$

式中 $\vec{\ddot{N}}_{jt} = (\ddot{N}_{jt1}, \cdots, \ddot{N}_{j,t,\tau-1})^{\mathrm{T}}$ 为簇 C_j 在第 t 个分类型属性下各可能取值的数据点数量构成的向量，$\ddot{N}_{jt}(k = 1, \cdots, \tau_{t-1})$ 表示簇 C_j 中在第 t 个分类型属性下第 k 种取值的数据点数量。由 $\ddot{N}_{jt\tau_t} = N_j - \Sigma_{k=1}^{\tau_{t-1}} \ddot{N}_{jtk}$ 可知向量 $\vec{\ddot{N}}_{jt}$ 的维度为 $\tau_t - 1$，向量 $\vec{\ddot{N}}_j$ 维度为 $\Sigma_{t=1}^{D_2} (\tau_t - 1)$。

由于聚类特征具有可加性，因此将簇 C_j 的聚类特征 $\vec{CF}_j = \langle N_j, \vec{\tilde{\Lambda}}_j, \vec{\tilde{\Sigma}}_j, \vec{\ddot{N}}_j \rangle$ 和簇 $C_{j'}$ 的聚类特征 $\vec{CF}_{j'} = \langle N_{j'}, \vec{\tilde{\Lambda}}_{j'}, \vec{\tilde{\Sigma}}_{j'}, \vec{\ddot{N}}_{j'} \rangle$ 合并为大簇 $C_{\langle j,j' \rangle}$ 时，其聚类特征可表达为

$$\vec{CF}_{\langle j,j' \rangle} = \langle N_j + N_{j'}, \vec{\tilde{\Lambda}}_j + \vec{\tilde{\Lambda}}_{j'}, \vec{\tilde{\Sigma}}_j + \vec{\tilde{\Sigma}}_{j'}, \vec{\ddot{N}}_j + \vec{\ddot{N}}_{j'} \rangle \qquad (6\text{-}11)$$

簇 C_j 参数可表达为

$$\zeta_j = -N_j \Big(\frac{1}{2} \sum_{s=1}^{D1} \ln(\hat{\sigma}_{js}^2 + \hat{\sigma}_s^2) + \sum_{t=1}^{D2} \hat{E}_{jt} \Big) \qquad (6\text{-}12)$$

其中，$\hat{\sigma}_{js}^2 = 1/N_j \Sigma_{n=1}^{N_j} (\tilde{x}_{jns} - \overline{\tilde{x}}_{js})^2$ 为根据簇 C_j 数据点估计出的第 s 个连续型属性下的方差，$\hat{\sigma}_s^2 = 1/N \Sigma_{n=1}^{N} (\tilde{x}_{ns} - \overline{\tilde{x}}_s)^2$ 表示数据集中所有数据点估计出的第 s 个连续型属性下的方差，$\hat{E}_{jt} = -\Sigma_{k=1}^{\tau_t} \ddot{N}_{jtk}/N_j \ln(\ddot{N}_{jtk}/N_j)$ 为簇 C_j 第 t 个分类型属性下的信息熵。

2. 聚类阶段（Clustering）

以预聚类阶段的结果为对象，采用凝聚法思想，基于施瓦茨（Schwarz，1978）提出的贝叶斯信息准则（Bayesian information ciriterion，BIC），自动确定聚类的最佳簇数。

假设有 r 个模型 $M_1, \cdots, M_r$，M_i 其概率函数为 $f_i(x; \theta_i)$，θ_i 参数空间为 k_i 维，则 $\theta_i \in \Theta_i \subset \mathfrak{R}^{k_i}$，现有 n 个观测值 $x_1, \cdots, x_n$，则 BIC 计算公式为

$$BIC(M_i) = -2\ln f_i(x; \hat{\theta}_i) + k_i \ln n \tag{6-13}$$

其中,$\hat{\theta}_i$ 为 $f_i(x; \theta)$ 的极大似然估计。相应地,按照式(6-13)可计算聚类 $C_J = \{c_1, \cdots, c_J\}$:

$$BIC(C_J) = -2L_{C_J} + K \ln N \tag{6-14}$$

其中,N 为 C_J 中包含的数据点的总数,L_{C_J} 为簇划分对数似然值,且 $L_{C_J} = \sum_{j=1}^{J} L_{C_j} = \sum_{j=1}^{J} \zeta_j$,由于每个连续型变量参数个数为 2(期望和方差),每个分类变量参数个数为 $\tau_t - 1$,则上式中:

$$K = J\left(2D_1 + \sum_{t=1}^{D_2} (\tau_t - 1)\right) \tag{6-15}$$

将由凝聚法所得聚类 $C_{J0}, \cdots, C_1$ 代入式(6-14)可得所有聚类的 BIC 值,随后根据相邻 BIC 差值:

$$\Delta_{BIC}(J) = BIC(C_J) - BIC(C_{J+1}), \quad J = 1, \cdots, J_0 \tag{6-16}$$

则 BIC 变化率可表达为

$$r_1(J) = \frac{\Delta_{BIC}(J)}{\Delta_{BIC}(1)} \tag{6-17}$$

若 $\Delta_{BIC}(1) < 0$,则最佳簇数为 1,否则找出所有满足 $r_1(J) < 0.04$ 的 J,最小 J 即为最佳簇数估计,即 $J_1 = \min\{J \in \{1, \cdots, J_0\} : r_1(J) < 0.04\}$。

根据尼尔森(Nielsen,2013)和花晓波(Xiaobo Hua,2017)思想对生计策略进行分类,涵盖了土地质量、非农业活动收入、农业活动收入、土地转让面积、非农人口等主要指标(如表 6-3 所示),采用对数似然距离计算集群距离,并最终确定聚类个数为 2 类,分别为农业主导型生计策略和非农主导型生计策略,平均轮廓系数(Silhouette Coefficiend)为 0.8,聚类质量良好;最小聚类大小 995(37.4%),最大聚类大小 1665(62.6%),最大聚类比最小聚类为 1.67,两类个案规模未出现过大或过小情况,区分度良好(如图 6-3 所示)。

表 6-3　生计策略变量及说明

生计策略变量	变量的含义	变量的类型
土地质量	1=非常差,2=较差,3=一般,4=较好,5=非常好	分类变量
非农收入	通过第二和第三产业活动获得的家庭现金收入	连续型变量

续表

生计策略变量	变量的含义	变量的类型
农业收入	通过第一产业活动获得的家庭现金收入	连续型变量
土地转让	脱贫前后土地面积变化,表示农业生产的扩大或缩小	连续型变量
非农人口	家庭从事非农生计活动人数	连续型变量

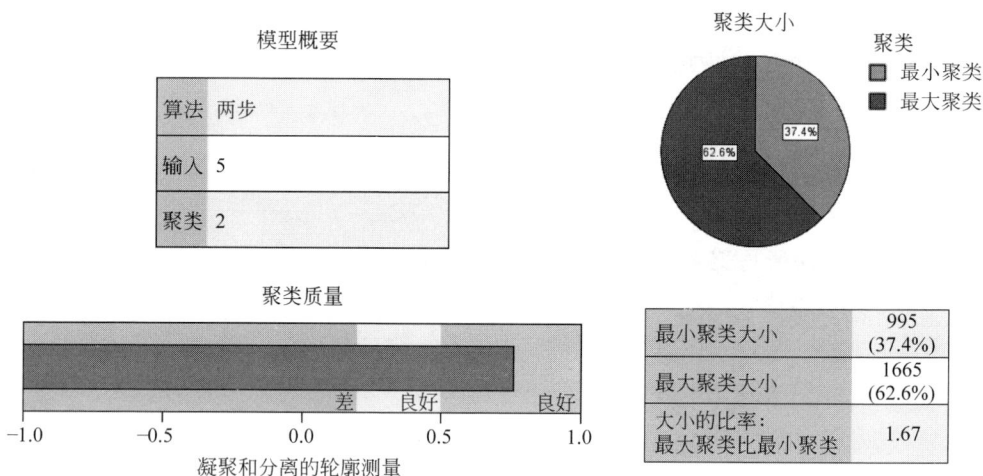

图 6-3 模型概要

由表 6-4 可知,两种生计策略特征在土地质量、非农收入、农业收入、土地转让以及非农人口方面均呈现显著差异,农业主导型生计策略家庭所拥有的土地质量、土地面积以及农业收入均优于非农业主导型生计策略家庭,而非农主导型生计策略家庭其所获得的非农收入和家庭非农人口数明显高于农业主导型生计策略家庭。

表 6-4 生计策略特征比较

维度	农业主导型生计策略		非农主导型生计策略		显著性差异
	观测值	均 值	观测值	均 值	检 验
土地质量	995	3.59	1 665	3.06	10.363***
非农收入	995	156.39	1 665	8 561.52	−42.669***
农业收入	995	6 399.22	1 665	3 787.92	7.295***

续表

维度	农业主导型生计策略		非农主导型生计策略		显著性差异
	观测值	均 值	观测值	均 值	检 验
土地转让	995	6.547	1 665	3.408	9.910***
非农人口	995	0.01	1 665	1.61	−83.274***

注：***为 P 值在 1‰ 显著性水平下显著。

在本书中，由于因变量为二分类变量，因此考虑采用二元 Logit 回归以探究生计资本对于生计策略的影响。Logit 模型是针对二分类和多分类响应变量建立的回归模型，被广泛用于研究行为主体的选择过程，其模型如式(6-18)所示：

$$p = b_0 + \sum_{i=1}^{m} b_i C_i \tag{6-18}$$

其中，p 为概率，b_0 为常数项，b_i 为回归系数，根据上文中测算得生计资本指数，我们可得生计资本 $C_i = \sum W_i Z_i$，其中 C_i 为各类生计资本的估计值，包括物质资本、人力资本、社会资本、金融资本、自然资本五类，W_i 表示第 i 个观测值的权重，Z_i 代表第 i 个观测值的归一化值。

由于因变量 p 不是连续的，因此将 p 转化为非农主导型生计策略的概率比 Ω：

$$\ln(\Omega) = \ln\left(\frac{p}{1-p}\right) \tag{6-19}$$

进一步整理得到

$$\mathrm{logit}(p) = b_0 + \sum_{i=1}^{m} b_i C_i \tag{6-20}$$

由此可计算 C_i 的预期概率：

$$\Omega = \frac{p}{1-p} = \exp\left(b_0 + \sum_{i}^{m} b_i C_i\right) \tag{6-21}$$

生计资本价值增加一个单位对非农主导型生计策略的估计概率可变换为方程(6-22)：

$$\Omega' = \exp\left(b_j + b_0 + \sum_{i=1}^{m} b_i C_i\right) = \Omega \exp(b_j) \tag{6-22}$$

其中，$\exp(b_j)$ 为概率弹性，会随着 C_i 的变化而发生相应改变，以此反映生计策略对生计资本的敏感性。

6.3.2　实证结果与分析

考虑到各个解释变量之间可能存在相关性,因而有必要在模型估计之前,先进行多重共线性检验。自变量相关性矩阵表明相关系数最大值为 0.179(金融资本与人力资本),故可以认为该模型不存在严重的多重共线性问题。家庭应对环境变化和生存压力的方式直接取决于生计资本的可用性和可获得性,生计策略的选择过程其实质就是生计资本的配置和组合,生计资本存量的不同会产生差异化的生计策略。由表 6-5 可知,家庭拥有的生计资本积累量与生计策略密切相关,证实了前文关于生计资本对生计策略存在积极影响的研究假设 2。从整体上看,自然资本对贫困地区农业主导型生计策略的选择普遍具有积极影响,自然资本存量较高的家庭更有可能从事农业活动,而金融资本和人力资本存量的增加会使得精准脱贫户进行非农主导型生计决策的倾向性显著提升。此外,社会资本和物质资本对于生计策略的作用在不同地区体现出较大的差异性。

表 6-5　生计决策的统计分析结果

变量	甘肃	贵州	湖南	江西	山西	四川	云南	重庆
自然资本	−0.165** (0.074)	−0.279** (0.124)	−0.771*** (0.168)	−0.193** (0.093)	−0.795*** (0.253)	−0.124*** (0.029)	−0.157*** (0.033)	−0.247*** (0.092)
物质资本	0.873** (0.408)	0.302** (0.153)	0.433** (0.176)	0.162 (0.215)	−2.533** (0.217)	0.191** (0.076)	0.125 (0.137)	0.438 (0.302)
人力资本	2.203** (0.466)	2.296** (0.525)	1.830** (0.521)	1.648** (0.661)	2.194* (0.317)	2.021*** (0.740)	0.910* (0.495)	1.255* (0.655)
社会资本	0.766* (0.392)	2.203*** (0.555)	1.708** (0.668)	0.834* (0.503)	1.595* (0.398)	−0.523* (0.294)	−1.385*** (0.408)	1.265** (0.514)
金融资本	2.131*** (0.378)	1.038*** (0.196)	0.822*** (0.221)	1.061*** (0.244)	1.126** (0.480)	1.597*** (0.120)	1.828*** (0.180)	0.792** (0.329)
Omnibus (Sig)	0.000	0.000	0.000	0.000	0.000	0.000	0.000	0.000
Hosmer-Lemeshow	0.976	0.755	0.823	0.858	0.824	0.763	0.732	0.948

注:***、**、*分别表示在 1%、5%、10%水平下显著。

具体而言(如表 6-6 所示),自然资本、物质资本、人力资本、社会资本和金融资本对于甘肃省精准脱贫户的生计决策均具有显著影响。结果表明,自然资本与农业主导型生计策略呈现出积极的关联性,拥有较多自然资本的家庭更有可能参与农业活动,而物质资本、人力资本、社会资本、金融资本的改善提高了精准脱贫户家庭劳动力非农就业机会的获得性,从而促使其选择非农主导型生计策略。从敏感性角度看,若自然资本增加 1 单位,从事农业主导型活动的概率就会增加 0.848 倍,而物质资本、人力资本、社会资本、金融资本每提升 1 单位会使得选择非农主导型生计策略的概率分别增加 2.395、9.048、2.150、8.424 倍。由此可得,甘肃省精准脱贫家庭劳动力资本的流动对人力资本、金融资本的改善最为敏感,人力资本和金融资本的增加能够显著提高其非农就业的概率。

表 6-6　生计策略对生计资本的敏感性

变　　量	甘肃	贵州	湖南	江西	山西	四川	云南	重庆
自然资本	0.848	0.760	0.462	0.824	0.452	0.884	0.854	0.781
物质资本	2.395	1.353	1.542	1.176	0.079	1.210	1.133	1.550
人力资本	9.048	9.937	6.235	5.198	8.975	7.547	2.484	3.507
社会资本	2.150	9.057	5.518	2.303	4.930	0.592	0.250	3.537
金融资本	8.424	2.825	2.276	2.889	3.083	4.940	6.219	2.208

对于贵州省脱贫户而言,自然资本与农业主导型生计策略之间存在正向关系,自然资本每提高 1% 会使得从事农业活动的概率提高 76%,而物质资本、人力资本、社会资本、金融资本每提升 1 单位会使得选择非农主导型生计策略的概率分别增加 1.353、9.937、9.057、2.825 倍,与物质资本和金融资本相比,人力资本和社会资本对于该地区精准脱贫户的非农主导型生计决策影响更大,这些资本的增加可能会引致更高的非农就业比例。

湖南省精准脱贫户农业主导型生计策略与其所拥有的自然资本存量高度相关,自然资本存量每提升 1% 会使得农业主导型生计策略选择倾向性增加 46.2%。与之相对应的,当物质资本、人力资本、社会资本、金融资本每提升 1 单位,该地区精准脱贫户选择非农主导型生计策略的概率会随之提高 1.542、6.235、5.518、2.276 倍。可见,该地区非农就业策略对于家庭所拥有的人力资本、社会资本变动更为敏感。

江西省精准脱贫户的农业主导型生计策略对自然资本的变动较为敏感,自然资本每提升 1%,会使得参与农业活动概率提高 82.4%,而非农活动的选择取决于家庭人力资本、社会资本、金融资本的积累量,人力资本、社会资本、金融资本每提高 1 单位,会使得从事非农活动概率提升 5.198、2.303、2.889 倍,非农主导型生计策略对人力资本变化的敏感程度最高。

山西省拥有较高自然资本、物质资本存量的脱贫户家庭更倾向于从事农业主导型活动,而人力资本、社会资本、金融资本每提升 1 单位,会使得选择非农主导型生计策略的家庭概率增长 8.975 倍、4.930 倍、3.083 倍,人力资本积累量是该地区精准脱贫户参与非农生计活动的首要影响因素。

四川省精准脱贫户的农业主导型生计决策受自然资本、社会资本影响较大,自然资本、社会资本每提高 1%,会使得参与农业活动的比例提升 88.4% 和 59.2%,而该地区非农主导型生计决策对于物质资本、人力资本、金融资本变动较敏感,其每提高 1 单位会使得非农活动参与度分别提高 1.210、7.547、4.940 倍。

云南省的精准脱贫户家庭中,自然资本和社会资本对其农业主导型生计决策具有积极影响,自然资本和社会资本每提高 1%,其农业活动参与概率会随之提升 85.4% 和 25%,而非农主导型生计策略受到人力资本与金融资本拥有量的影响,研究显示人力资本和金融资本每提高 1 单位,非农生计决策概率会提高 2.484 倍和 6.219 倍,反映了该地区非农就业策略对金融资本的敏感度更高。

对于重庆市而言,自然资本每提升 1 单位会促使农业主导型生计策略的选择概率提高 0.781 倍,而当地非农主导型生计策略则受到人力资本、社会资本、金融资本的共同影响。人力资本、社会资本、金融资本每提高 1 个单位,该地区精准脱贫户非农活动参与度会提高 3.507、3.537、2.208 倍,由此可以得出,该地区精准脱贫户人力资本和社会资本的提高将促使其对非农主导型生计策略的选择倾向性增加。

6.4　生计策略对实现可持续生计的影响分析

我们已得出精准脱贫战略会使得生计资本发生变化,并证实了生计资本变化会影响生计策略选择的研究假设,根据可持续生计框架的逻辑结构,生计策略是否影响生计结果的可持续是我们需要进一步讨论的问题。

在上一章中,通过精准脱贫户可持续生计评估,已得出不同生计策略下的最终产出的生计结果有所差异,其中非农主导型生计策略似乎更有利于可持续生计的实现。事实上,学者普遍认同稳定的非农活动在打破贫困恶性循环方面作用显著(Lanjouw and Feder,2001;De Janvry,2005;Word Bank,2009;Haggblade,2010),经典理论的研究表明,发展中国家在其经济增长过程中,农村劳动力非农就业是一个具有普遍性的社会现象(Harris and Todaro,1970),其所带来的非农收入已成为当前农户家庭收入的主要来源(都阳和朴之水,2003)。在当前进入精准脱贫决胜阶段、扶贫效益不断下降、扶贫资金的边际成本不断上升的现实背景下,非农生计策略已成为贫困地区人口脱离贫困的主要路径(Alemu,2012;韩佳丽,2017)。虽然农业活动通过扩大农田面积,发展高附加值产品,调整农业生产结构,提高农业生产效率等方式亦可实现贫困缓解(Alary,2011;Christiaensen,2011;Hogarth,2013),但未知气候变化对农业生计策略的影响更为严重(Gentle and Maraseni,2012),不利的自然条件和不稳定的收入来源被看作是农户非农生计决策的重要动因(Van den Berg,2010;Ulrich,2012;Yiping Fang,2014)。因此,本书按照上文两步聚类分析所得出的结论,将生计策略分为农业主导型生计策略和非农主导型生计策略,进一步探讨精准脱贫户非农主导型生计策略是否对家庭可持续生计具有显著的正向作用。

6.4.1　计量方法选择与说明

基于理性经济人假设,只有当精准脱贫户选择非农主导型生计策略的预期收益大于选择农业主导型生计策略的预期收益时,精准脱贫户才会选择从事非农生计活动。为了便于分析非农主导型生计策略对贫困地区精准脱贫户可持续生计的影响,本章将实证分析的基准模型定义为以下方程:

$$Y = \alpha + \beta D + \theta X + \gamma R + \varepsilon \tag{6-23}$$

式(6-23)中,Y 反映了精准脱贫户的生计状态,D 为精准脱贫户是否选择非农主导型生计策略,通过 β 系数的显著性及方向可判定非农主导型生计策略对精准脱贫户家庭生计的作用方向,X 为控制变量向量,R 为不同贫困片区的虚拟变量,通过控制不同贫困片区的固定效应,能够消除区域层面的影响,ε 为随机误差项。

若精准脱贫户的生计决策是随机进行的,即精准脱贫户被随机分配到非农主导型生计策略与农业主导型生计策略组,那么系数 β 便可准确地估计出精准脱贫户非农主导型生计策略对其生计可持续性的影响。然而在现实经济体中,精准脱贫户家庭的非农生计决策(D)是家庭成员基于自身因素以及外部风险的"自选择"结果,而这些因素往往与精准脱贫户的可持续生计(Y)相关,若简单采用最小二乘法进行估计,无法解决自选择性所导致的偏误。为了有效地解决样本"自选择"问题,罗森巴姆和鲁宾(Rosenbaum and Rubin,1983)提出了倾向得分匹配(PSM)。由于 PSM 方法不需要提前假定函数的形式、参数的约束条件以及误差项的分布等,因此比工具变量法、Heckman 两步法等更具优势。具体而言,罗森巴姆和鲁宾通过构建反事实框架以新的研究思路定义了实验组的平均处理效应(ATT):

$$\text{ATT} = E(Y_1 \mid D = 1) - E(Y_0 \mid D = 1) \qquad (6\text{-}24)$$

其中,Y_1 表示非农生计决策的精准脱贫户家庭的生计状态,Y_0 表示未选择非农主导型生计策略的精准脱贫户家庭生计状态。同时,在计算平均处理效应(ATT)时,为避免其余因素的干扰,将研究样本限定在非农生计决策家庭($D=1$)从而比较精准脱贫户在选择非农就业和不选择非农就业状态下的家庭生计综合水平差异。然而,在式(6-24)中,我们只可能观测到 $E(Y_1 \mid D=1)$ 的结果,对于 $E(Y_0 \mid D=1)$(即反事实结果)无法观测,因此,本书将运用倾向得分匹配法(PSM)构造反事实结果。

1. 倾向得分匹配法(PSM)

在本研究中,为避免"自选择"造成的偏误,选择倾向得分匹配法(PSM)代替 OLS 方法。具体而言,PSM 方法主要通过两个阶段的步骤来实现:

首先,选择恰当的协变量。应尽可能包含影响 D 与 Y 的变量,从而满足倾向得分匹配法的可忽略性假设。

其次,计算倾向得分。构建每个精准脱贫户家庭的生计决策方程,采用 Logit 或 Probit 模型,以二元决策变量作为被解释变量进行回归,进而以各协变量 x 的回归系数作为权重,拟合出每个样本的倾向得分值,该得分值体现了该样本参与决策的概率即倾向得分,可表示为

$$\text{PS}(X_i) = \text{pro}(D = 1 \mid X) = \frac{\exp(\beta X_i)}{1 + \exp(\beta X_i)} \qquad (6\text{-}25)$$

再次,进行倾向得分匹配。若倾向得分结果科学合理,处理组协变量的均值接近于控制组,可达到数据平衡。但在现实情况中,由于协变量覆盖范围广泛,计量单位不统一,因而难以直接考察,需对协变量的每个分量进行标准化处理:

$$\frac{|\bar{x}_{\text{treat}} - \bar{x}_{\text{control}}|}{\sqrt{(s^2_{x,\text{treat}} + s^2_{x,\text{control}})/2}} \quad\quad (6\text{-}26)$$

式(6-26)中,$s^2_{x,\text{treat}}$为处理组协变量样本方差,$s^2_{x,\text{control}}$为控制组样本方差。若匹配后,协变量在实验组与对照组之间的标准化偏差小于 20%,则表明匹配成功(Rosenbaum,1983)。

在对样本组进行匹配时,有多种方法可供选择,包括最近邻匹配法、卡尺内匹配、半径匹配法、核匹配法,上述方法对匹配质量和数量侧重点不同,但没有优劣之分(Becker,2002)。

(1) 最近邻匹配法(K- nearest neighbor matching)。其基本思想是假设 P_i、P_j 分别为干预组和对照组的倾向值,若 i 和 j 在两组可能的倾向值匹配当中距离最小,则将 j 作为 i 的配对值,该方法可进行 1 对 1 或 1 对 N 匹配。可表示为:$C(p_i) = \min \| P_i - P_j \|, j \in I_0$。

(2) 半径匹配法(radius matching)。该方法强调 P_i、P_j 的距离必须小于规定的半径才算匹配成功,在已有研究中,半径值一般采用罗森巴姆(Rosebaum,1985)提出的样本估计值的 1/4 标准差。可表示为:$\| P_i - P_j \| < \varepsilon, j \in I_0 (\varepsilon < 0.25\sigma)$。

(3) 卡尺内匹配法(nearest-neighbor matching within caliper)。该方法主要建立在"半径匹配法"的基础之上,即在给定的卡尺范围内寻找最近邻匹配。

(4) 核匹配法(kernel matching)。不同于上述三类方法,核匹配方法是由曲线修匀的非参数回归方法演变而来(Smith,2005),该方法根据个体距离差异进行赋权,并对不同组的全部个体进行加权平均,随着距离渐远,权重趋于 0。权重表达式为 $w(i,j) = \dfrac{K[(x_j - x_i)/h]}{\sum\limits_{K:DK} K[(x_k - x_i)/h]}$。

最后,根据匹配之后的样本可得出参与决策者的平均处理效应(ATT),估计的表达式为

$$\text{ATT} = \frac{1}{N} \sum_{i:D_i=1} (y_i - \hat{y}_{0i}) \quad\quad (6\text{-}27)$$

2. 广义倾向得分匹配法(GPS)

由于倾向匹配方法只能针对二元选择变量,估计结果仅是参与决策的平均效

应,难以考察决策强度差异对产出的动态变化影响。为此,平野和因本斯(Hirano and Imbens,2004)提出了广义倾向得分匹配法(GPS),将其应用范围拓展到连续型变量。通过这一方法,不仅能够有效解决内生性问题,而且不需要对连续型变量进行离散化处理,从而能够更为充分地利用样本信息(Kluve,2012)。

假设连续处理变量 M 在某个区间取值 $\overline{M}=[m_0,m_1]$,结果变量记为 Y,将二元决策变量的条件独立性假设拓展到连续型处理变量中:

$$Y(m) \perp M \mid X \tag{6-28}$$

当控制了协变量所包含的一系列影响因素之后,处理变量 M 与结果变量 Y 之间是相互独立的。进一步地,令处理变量的条件密度函数为

$$r(m,x)=f_{M|X}(m \mid x) \tag{6-29}$$

进而广义倾向得分,即控制协变量后处理变量 M 取值 $m \in \overline{M}$ 的概率可表示为 $R=r(M,X)$,结合式(6-28)可得

$$f_M(m \mid r(m,X),Y(m))=f_M(m \mid r(m,X)) \tag{6-30}$$

在式(6-30)中,由于控制了广义倾向得分,处理变量 m 与其所对应的 $Y(m)$ 相互独立,因而可避免相关偏误。

广义倾向得分匹配法的实现主要通过以下三个步骤实现:

首先,在控制协变量 X 影响的基础上运用极大似然估计,得到连续型处理变量的条件分布,从而获得样本的广义倾向得分 D_i:

$$E(M_i \mid X_i)=\alpha_0+\alpha_1 X_i \tag{6-31}$$

其次,建立结果变量与广义倾向得分以及连续型处理变量之间的函数关系式,并以最小二乘法方法进行估计:

$$E(Y_i \mid M_i,D_i)=\beta_0+\beta_1 M_i+\beta_2 M_i^2+\beta_3 D_i+\beta_4 D_i^2+\beta_5 M_i D_i+\beta_6 M_i D_i^2 \tag{6-32}$$

最后,通过式(6-32)估计式(6-33)即为连续型处理变量 M 对结果变量 Y 的影响效应:

$$E[Y(m)]=\frac{1}{N}\sum_i \left[\hat{\beta}_0+\hat{\beta}_1 m+\hat{\beta}_2 m^2+\hat{\beta}_3 \hat{D}(m,X_i)+\right.$$
$$\left.\hat{\beta}_4 \hat{D}(m,X_i)^2+\hat{\beta}_5 \hat{D}(m,X_i)m\right] \tag{6-33}$$

6.4.2　指标说明与描述性分析

本章设计的主要变量包括由第 5 章得到的精准脱贫户可持续生计指数,家庭生计是否为非农主导型生计策略,家庭劳动力从事非农就业规模以及其他控制变量,具体变量选取及说明如表 6-7 所示。

表 6-7　变量选取及说明

变　量	定　义	符　号	说明及赋值
可持续生计	可持续生计得分	SJ	可持续生计得分指数
非农主导型生计策略	非农生计活动	FN	是否为非农主导型生计策略(1＝是,0＝否)
	非农就业规模	FNS	非农就业占家庭总人口比重(%)
家庭特征	户主性别	gender	1＝男,0＝女
	年龄	age	户主年龄
	家庭疾病负担	disease	疾病或残疾人数占比(%)
	最亲密的亲友受教育程度	edu	1＝不识字,2＝小学,3＝初中,4＝高中,5＝大专及以上
教育健康	上学就医是否不便	service	1＝便利,2＝较便利,3＝一般,4＝较不便利,5＝非常不便
发展环境	当地产业发展情况	industry	1＝差,2＝较差,3＝一般,4＝好,5＝非常好
风险防范	可借债金额	loan	遭遇生计风险时可获得的借款金额(万元),以对数化处理
资源获取	有效社会资本	relatives	必要时能够给予帮助的政府官员、事业单位亲友数

本书对上述变量进行描述性统计分析,结果如表 6-8 所示。调研区非农主导型生计策略脱贫户家庭共计 1 665 户,占调查对象总额的 62.6%,可持续生计平均得分 4.406,农业主导型生计策略家庭为 995 户,所占比重为 37.4%,可持续生计平均得分为 3.703,由此可推测,选择非农主导型生计策略的精准脱贫户家庭生计可持续性更好。此外,对于非农主导型生计策略与农业主导型生计策略的家庭样本,除了户主年龄之外,其余各项异质性特征均在统计上呈现显著差异。具体来看,家庭特征方面,户主为男性的精准脱贫户家庭更倾向于选择非农主导型生计策略,这

可能与当地就业性别差异化对待以及女性劳动力因其自身条件和家庭因素限制，在非农就业竞争中处于劣势有关。农业主导型生计策略家庭的成员疾病或残疾比重高于非农主导型生计策略家庭，表明农业主导型家庭的生计负担更重。联合国发展报告（2000）将"与户主关系最紧密亲友的受教育程度"作为预估个体家庭未来可持续发展能力的重要指标，由表 6-8 可知，非农活动家庭当中与户主关系最紧密亲友的受教育程度显著高于农业主导型生计策略家庭，体现出农业主导型生计策略家庭自我发展具有一定的局限性。教育与健康方面，非农活动家庭上学就医较农业活动家庭更为便利，体现出区位的地理优势和公共服务的发展水平能够促使精准脱贫户选择非农活动。发展环境方面，非农主导型生计策略家庭其发展环境明显优于农业主导型生计策略家庭，反映出当地产业发展水平对于精准脱贫户非农生计策略的选择具有积极影响。风险防范和资源获取方面，当遭遇外部风险冲击时，非农生计活动家庭所能获得的援助资金和可寻求帮助的政府官员、事业单位亲友数量均显著高于农业生计活动家庭，表明非农主导型生计策略家庭在遭遇外部风险冲击时能够获取更多的援助，生计脆弱性更低。

表 6-8　贫困地区不同生计策略精准脱贫户家庭资本特征比较

维　度	变　量	非农主导型生计策略		农业主导型生计策略		显著性差异检验
		个案数	平均值	个案数	平均值	
可持续生计	SJ	1 665	4.406	995	3.703	20.920***
家庭特征	gender	1665	0.842	995	0.798	2.710***
	age	1 665	48.931	995	49.066	−0.265
	disease	1 665	0.304	995	0.405	−7.137***
	edu	1 665	2.907	995	1.710	11.594***
教育健康	service	1 665	3.337	995	4.367	−7.787***
发展环境	industry	1 665	2.464	995	2.008	13.253***
风险防范	loan	1 665	9.357	995	8.293	32.261***
资源获取	relatives	1 665	1.838	995	1.551	6.482***

注：***表示在1%显著性水平下显著。

6.4.3　决策方程估计

本书采用 Logit 模型估计贫困地区精准脱贫户非农主导型生计策略,Logit 回归的解释变量包含家庭特征(gender、age、disease、edu)、教育健康(service)、发展环境(industry)、风险防范(loan)、资源获取(relatives)五个维度,表 6-9 给出了根据 Logit 模型进行回归的结果,除户主性别之外,贫困地区精准脱贫户家庭特征、教育健康、发展环境、风险防范、资源获取均会显著影响其家庭生计决策,因此在后续研究中将选取上述变量进行倾向得分匹配。具体来看,家庭特征方面,户主年龄和最亲密的亲友受教育程度对于其家庭非农生计策略的选择具有显著的积极影响,而家庭疾病人口占比对于家庭非农主导型生计策略具有显著的负向作用,这可能是贫困地区农村社会保障乏力,家庭患病成员成为精准脱贫户家庭发展的制约。教育健康方面,当地上学就医的不便程度越高,精准脱贫户家庭对于非农生计策略的选择倾向性越低,反映出当地公共服务建设对于精准脱贫户家庭非农活动的积极作用,较完备的基础设施和公共服务设施能够保障精准脱贫户生计安全和稳定,提高其人力资本和社会资本存量,从而促进精准脱贫户非农主导型生计策略的选择。发展环境方面,当地产业发展环境的改善会推动家庭非农生计选择倾向提升。遭遇外部风险冲击时家庭可借款金额体现了精准脱贫户家庭的风险防范能力,风险防范能力的提高有利于增加其家庭劳动力非农生计活动的选择概率。资源获取方面,虽然非农主导型生计策略家庭的有效社会资本存量高于农业主导型生计策略家庭,但有效社会资本的增加会对精准脱贫户的非农就业产生抑制作用,这可能是社会资本的"资源俘获效应"造成的。

表 6-9　Logit 回归结果

变　量	定　义	符号	系数	标准差	P 值
家庭特征	户主性别	gender	0.065	0.121	0.595
	年龄	age	0.009**	0.004	0.031
	家庭疾病负担	disease	-0.380^{**}	0.148	0.010
	最亲密的亲友受教育程度	edu	0.048**	0.019	0.013
教育健康	上学就医不便程度	service	-0.112^{***}	0.017	0.000

续表

变　量	定　　义	符号	系数	标准差	P 值
发展环境	当地产业发展情况	industry	0.253***	0.064	0.000
风险防范	人均可借债金额	loan	1.596***	0.078	0.000
资源获取	必要时能够给予帮助的政府官员、城市亲友数	relatives	−0.207***	0.047	0.000
_cons	—	—	−14.887***	0.724	0.000
LR chi2(8)	971.82				
Prob > chi2	0.000				
Pseudo R2	0.273 0				

注：***、**、*分别表示在 1%、5%、10%显著性水平下显著。

6.4.4　匹配效果检验

本书将分别采用最近邻匹配法、卡尺内匹配法、半径匹配法、核匹配法进行匹配平均处理效应的分析，以便更好地保证结果的准确性。而匹配之后的结果是否有效的前提是需要利用共同支撑假设和平衡性假设来进行检验。由图 6-4 所示，匹配后非农生计组与农业生计组重叠区域有所扩大，可反映共同支撑域良好。匹配后协变量 X 在实验组与对照组之间的平衡性检验结果如表 6-10 所示，标准化偏

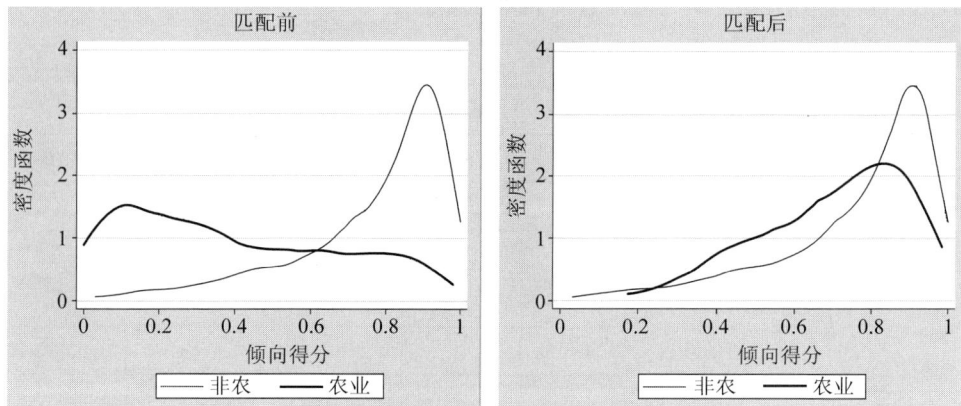

图 6-4　匹配前后核密度

差小于 20%,在完成匹配之后,共计损失样本数为 24,表明样本的匹配效果较为理想,能够有效地估计平均处理效应。

表 6-10 非农主导型生计策略与农业主导型生计策略样本组平衡性检验结果

变 量	样本	实验组均值	对照组均值	标准化偏差/%	标准化偏差降低率/%	t 值	$p>t$
gender	U	0.842	0.798	10.5	41.6	2.56	0.011
	M	0.842	0.868	−6.1		−1.68	0.102
age	U	48.931	49.066	−1.0	−8.1	−0.26	0.797
	M	48.931	48.784	1.1		0.28	0.777
disease	U	0.304	0.405	−27.5	94.3	−7.16	0.000
	M	0.304	0.310	−1.6		−0.39	0.699
edu	U	2.907	1.710	46.9	82.9	12.04	0.000
	M	2.907	3.112	−8.0		−1.61	0.107
service	U	3.337	4.367	−29.7	96.1	−7.18	0.000
	M	3.337	3.378	−1.2		−0.34	0.733
industry	U	2.464	2.008	52.8	91.6	13.33	0.000
	M	2.464	2.502	−4.5		−0.99	0.324
loan	U	9.357	8.293	122.7	99.6	29.65	0.000
	M	9.357	9.352	0.5		0.15	0.880
relatives	U	1.838	1.551	25.5	92.6	6.35	0.000
	M	1.838	1.860	−1.9		−0.47	0.638

注:U 代表匹配前变量,M 代表匹配后变量。

6.4.5 生计策略对实现可持续生计的影响

本书采用了多种匹配方法以检验测算结果的稳健性,非农主导型生计策略对贫困地区精准脱贫户可持续生计影响如表 6-11 所示。研究发现,非农主导型生计策略对于家庭整体生计的稳定性具有十分明显的促进作用,家庭劳动力选择非农就业能够使得生计稳定性提升约 29.3%,且在 1% 的显著性水平下显著,证实了本章研究假设 3 的推论,这可能是由于贫困地区自然条件恶劣,自然灾害频发,地理位置偏远,经济发展落后,基础设施和公共服务建设滞后,生产要素积累严重不足,农业生产条件落后,小农式的生产仅能实现自给自足,无法得到长足发展。在这一现实背景下,贫困地区精准脱贫户的非农生计决策是其提高家庭收入稳定,改善家庭福利的重要渠道。为了进一步揭示非农主导型生计策略对于可持续生计的内在作用机理,本书按照第 5 章所设计的可持续生计指标体系,探讨了非农主导型生计策略对于五类生计资本以及后代教育的作用差异。由下表可知,非农主导型生计策略能够显著提高精准脱贫户家庭的物质资本和金融资本存量,对家庭经济层面的改善尤为明显。家庭有限劳动力选择非农就业后,必然导致对耕地利用率降低,投入产出减少,因而非农主导型生计策略对于自然资本的积累作用增量不明显。人力资本方面,非农主导型生计策略的积累效应并不显著,这可能与精准脱贫户自身能力、从事的职业类型以及所处的社会地位有关。此外,越来越多的研究表明,相较于城市,农村地区地缘、亲缘思想浓厚,各种社会关系更易凝聚,社会网络得以顺利铺开延展,社会资本作为"穷人的资本",具有更强的获得性、积累性和增殖性,这与距离衰减规则在一定程度上是一致的,即随着流动性距离的扩大,农民的家庭成员和亲属交往频次往往会减少。因此,非农就业不一定能够对精准脱贫户家庭的社会资本产生明显积累效应。最后,非农主导型生计策略对于后代教育的作用并不显著,可理解为虽然非农主导型生计策略所带来的家庭经济状况的改善或有助于子女教育投资的增加,但农村社会保障体系的不健全可能会引致留守儿童的教育缺失问题加剧。

表 6-11   非农主导型生计策略对精准脱贫户可持续生计影响测算结果

匹配方法	可持续生计	物质资本	自然资本	人力资本	社会资本	金融资本	后代教育
最近邻匹配	0.304***	0.042**	−0.0311	0.034	−0.0006	0.334***	−0.003
	(4.36)	(2.13)	(−1.15)	(1.14)	(−0.45)	(19.6)	(−0.35)
卡尺内匹配	0.304***	0.042**	−0.0311	0.034	−0.0006	0.334***	−0.003
	(4.36)	(2.13)	(−1.15)	(1.14)	(−0.45)	(19.6)	(−0.35)
半径匹配	0.283***	0.036**	−0.0282	0.032	−0.0012	0.329***	−0.007
	(4.12)	(2.04)	(−1.19)	(1.07)	(−0.97)	(20.63)	(−0.72)
核匹配	0.281***	0.035**	−0.0280	0.030	−0.0012	0.328***	−0.007
	(4.07)	(1.96)	(−1.18)	(1.02)	(−0.99)	(20.45)	(−0.70)
平均值	0.293	0.038 8	−0.029 6	0.032 5	−0.000 9	0.331 3	−0.005

注:卡尺内匹配、半径匹配以及核匹配的窗宽均为 0.05,括号内为 t 值,***、**、*分别表示在 1%、5%、10%显著性水平下显著。

6.4.6 家庭生计策略规模对实现可持续生计的影响

上文已证实非农主导型生计策略能够提高家庭整体生计水平,而非农就业规模是不是越大越好是我们进一步关心的问题。由于倾向得分匹配方法只适用于所关心的处理变量是二值变量的情况(Wooldridge,2002),无法反映出精准脱贫户家庭非农就业规模(非农就业占家庭总人口比重)差异的影响,基于此,平野和因本斯(Hirano and Imbens,2004)提出了广义倾向得分匹配法(GPS),将其应用范围拓展到连续型变量。通过这一方法,不仅能够有效解决内生性问题,而且不需要对连续型变量进行离散化处理,从而能够更为充分地利用样本信息。鉴于此,本书将运用广义倾向得分匹配法分析不同非农就业规模下,精准脱贫户家庭可持续生计的变化。

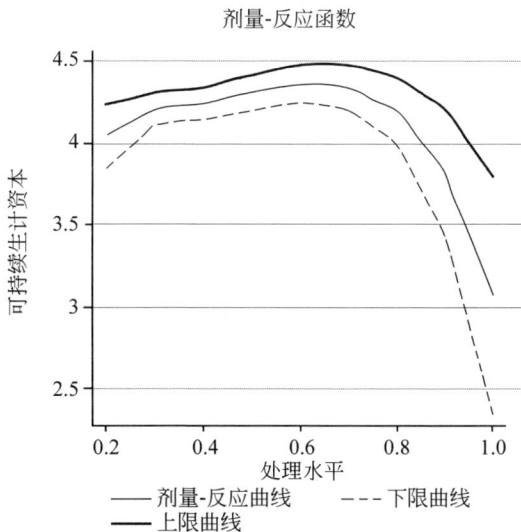

剂量-反应函数

图 6-5　非农就业规模对家庭可持续生计的影响

通过广义倾向得分匹配法,本书得出贫困地区精准脱贫户家庭非农就业规模与家庭可持续生计之间的剂量-反应函数。由图 6-5 可知,贫困地区精准脱贫户家庭劳动力非农就业规模与家庭可持续生计之间并非呈现简单的线性关系(图中上下两条线为这一函数关系的 95% 置信区间上下限)。具体而言,精准脱贫户非农就业规模与可持续生计之间所呈现的是"倒 U 形"关系,即当精准脱贫户家庭非农就业规模低于拐点值(0.6)时,随着非农就业规模的扩大,家庭生计可持续性逐步提高;然而,当非农就业规模高于拐点值时,精准脱贫户家庭整体生计可持续性随着规模的递增而减弱。这说明了精准脱贫户的非农主导型生计策略能够在一定程度上提高家庭生计可持续性,但存在"最优非农就业规模",即并非家庭非农就业规模越高,就越有益于精准脱贫户整体生计可持续。究其根源,本书认为这主要是由于两方面原因所致。一方面,非农就业对家庭物质和经济层面提高作用显著,而对于人力资本、社会资本、后代教育等非物质层面的积累作用不明显,而由前文分析可知,人力资本对其他形式的资本具有支配和推动作用,物质资本、金融资本等价值量的实现和创造必须通过人力资本的运作。具体而言,首先,物质资本自身具有折旧性和边际报酬递减的特点,其保值与增殖需要依靠于以人力资本为核心的其他资本相互作用。物质资本对劳动技能存在依赖性,即"资本-技能互补关系",在经济增长中人力资本能克服物质资本的边际报酬递减,从而实现人力资本与物质资本的共同积累。其次,纵然金融资本是实现可持续生计的根本,也是衡量农户生计的最重要指标,但金融资本的支配自主性决定了该资本可由拥有者任意支配使用,若精准脱贫户人力资本、社会资本储量不足,缺乏投资渠道和投资能力,则无法合理利用有限的金融资本实现生计资本的增殖,因此生计水平仍难以得到实质性提高。另一方面,非农就业对于后代教育的促进作用并不显著,因此,在贫困地区公共服务和社会保障落后的现实背景下,过高的非农就业规模所带来的"留守儿童"教育缺失问题可能导致其后代发展受限,不利于精准脱贫户家庭长远生计的稳定和可持续。

6.5 扩展:生计策略的中介效应检验

在上文中,生计策略对生计资本变化的敏感性以及对生计结果的影响已被证实,根据今井(Imai,2010)对于中介变量的界定,由于中介变量位于处理和结果的因果路径之中,因而必定是在发生之后,在结果实现之前。因此,生计策略可看作生计资本对生计结果影响机制的一个中介变量。在本节中,我们将首先检验生计资本是否会显著影响生计结果,再将生计策略引入回归方程,考察生计资本通过生计策略这一渠道影响生计结果,最后将检验生计资本与生计策略之间的因果关系,结合三方面实证分析,验证生计策略的中介作用是否成立。

6.5.1　检验方法说明

中介变量指的是若自变量 X 通过变量 M 对因变量 Y 产生影响,则称 M 为自变量 X 和因变量 Y 的中介变量,在连续变量的中介模型中,其关系可描述为

$$Y = cX + e_1 \tag{6-34}$$

$$M = aX + e_2 \tag{6-35}$$

$$Y = c'X + bM + e_3 \tag{6-36}$$

其中,系数 c 为自变量 X 对 Y 的总效应,系数 a 为自变量 X 对中介变量 M 的效应,系数 b 是控制了自变量 X 的影响后中介变量 M 对因变量 Y 的效应,系数 c' 是控制了中介变量 M 的影响后,自变量 X 对因变量 Y 的直接效应,e_1,e_2,e_3 为方程(6-34)—方程(6-36)对应的回归残差,其关系图如图 6-6 所示。

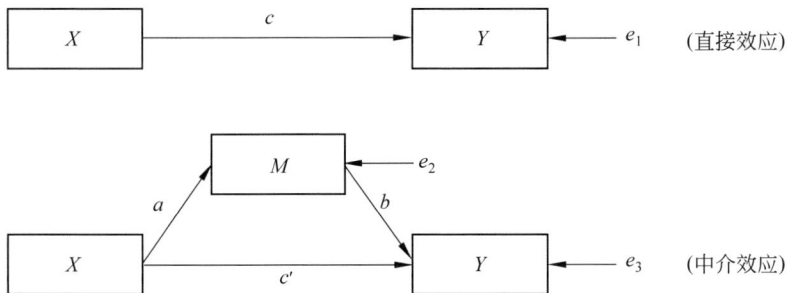

图 6-6　中介效应关系

巴隆和肯尼(Baron and Kenny,1986)提出的逐步法是检验中介效应时最常用的方法,其步骤为:首先,检验 X 对 Y 的总效应,即方程(6-34)中系数 c($H_0:c=0$);随后通过依次检验方程(6-35)和方程(6-36)的系数 a,b,检验系数乘积的显著性($H_0:ab=0$);最后,若 a、b 均显著,则检验 c' 是否显著,以区分完全中介和部分中介(温忠麟,2014)。评价中介效应大小一般分为两种方法:一是回归系数差异法(difference of coefficient),即通过计算 $c-c'$ 来得到中介效应的大小,并采用弗里德曼和舍茨基(Freedman and Schatzkin,1992)所提出的方法进行假设检验;二

是系数乘积法（product of coefficient），把中介效应看作是回归系数 a 和偏回归系数 b 的乘积，并采用 Sobel 检验（Sobel，1982）、Aroian 检验（Aroian，1947）、Goodman 检验（Goodman，1960）等方法进行假设检验（刘红云，2013）。虽然中介效应模型已在线性结构方程模型（LSEM）中得到广泛运用，但基于传统线性模型的中介分析局限于自变量、中介变量、因变量均为连续变量的情景，而无法适用于非连续型变量的情况。当自变量 X 为分类变量时，可先将其转换为虚拟变量（dummy variable），而当中介变量或因变量为分类数据时，一般采用 Logistic 回归取代一般线性回归（MacKinnon，2015；Markus，2017），回归系数转换为 Log 或 Logistic 量尺。

以因变量为二分类变量，自变量 X 和中介变量 M 为连续变量为例，当因变量 Y 为二分类变量时，建立 Logistic 回归方程：

$$Y' = i_1 + cX + e_1 \tag{6-37}$$

$$Y'' = i_2 + c'X + bM + e_Y \tag{6-38}$$

$$M = i_3 + aX + e_M \tag{6-39}$$

$$Y' = \text{Logit} P(Y=1 \,|\, X) = \ln \frac{P(Y=1 \,|\, X)}{P(Y=0 \,|\, X)} \tag{6-40}$$

$$Y'' = \text{Logit} P(Y=1 \,|\, M, X) = \ln \frac{P(Y=1 \,|\, M, X)}{P(Y=0 \,|\, M, X)} \tag{6-41}$$

在连续型变量中，中介效应大小等于 $c - c'$ 或 ab，但在 Logistic 中介模型中系数 a、b 分别位于不同尺度因而不具有可比性，直接计算会产生错误的结果（MacKinnon and Dwyer，1993）。麦金农（MacKinnon，2008）提出了一种标准化方法，通过该方法使得不同回归模型估计的系数等量尺化：

$$\text{Var}(Y') = c^2 \text{var}(X) + \frac{\pi^2}{3} \tag{6-42}$$

$$\text{Var}(Y'') = c'^2 \text{var}(X) + b^2 \text{var}(M) + 2c'b \text{cov}(X, M) + \frac{\pi^2}{3} \tag{6-43}$$

其中，$\frac{\pi^2}{3}$ 为标准 Logistic 分布方差，将方程（6-42）、方程（6-43）代入方程（6-44）～方程（6-46）可得到标准化系数：

$$b^{\text{Std}} = b \cdot \frac{SD(M)}{SD(Y'')} \tag{6-44}$$

$$c^{\text{Std}} = c \cdot \frac{SD(X)}{SD(Y')} \tag{6-45}$$

$$c'^{\text{Std}} = c' \cdot \frac{\text{SD}(X)}{\text{SD}(Y'')} \qquad (6\text{-}46)$$

标准化系数对应的标准误为

$$\text{SE}(b^{\text{Std}}) = \text{SE}(b) \cdot \frac{\text{SD}(M)}{\text{SD}(Y'')} \qquad (6\text{-}47)$$

$$\text{SE}(c^{\text{Std}}) = \text{SE}(c) \cdot \frac{\text{SD}(X)}{\text{SD}(Y')} \qquad (6\text{-}48)$$

$$\text{SE}(c'^{\text{Std}}) = \text{SE}(c') \cdot \frac{\text{SD}(X)}{\text{SD}(Y'')} \qquad (6\text{-}49)$$

对于系数差异法,可通过评估标准化后的回归系数的差异 $c^{\text{Std}} - c'^{\text{Std}}$ 得到中介效应大小,并采用弗里德曼和舍茨基提出的方法计算得到中介效应标准误 $\text{SE}(c^{\text{Std}} - c'^{\text{Std}}) = \sqrt{(\text{SE}(c^{\text{Std}}))^2 + (\text{SE}(c'^{\text{Std}}))^2 - 2\text{SE}(c'^{\text{Std}})\sqrt{1 - r_{\text{XM}}^2}}$,统计量 $t_{n-2} = \dfrac{c^{\text{Std}} - c'^{\text{Std}}}{\text{SE}(c^{\text{Std}} - c'^{\text{Std}})}$,在正态性假设下置信区间为 $(c^{\text{Std}} - c'^{\text{Std}} - t_{\alpha/2}\text{SE}(c^{\text{Std}} - c'^{\text{Std}}), c^{\text{Std}} - c'^{\text{Std}} + t_{\alpha/2}\text{SE}(c^{\text{Std}} - c'^{\text{Std}}))$。对于系数乘积法,中介效应估计值应为 ab^{Std},相应的标准误为 $\text{SE}(ab^{\text{Std}}) = \sqrt{(a^{\text{Std}})^2 (\text{SE}(b^{\text{Std}}))^2 + \sqrt{(b^{\text{Std}})^2 (\text{SE}(a^{\text{Std}}))^2}}$,对其进行 $Sobel$ 检验可证实中介效应是否显著,检验统计量 $z = \dfrac{ab}{\text{SE}(ab^{\text{Std}})}$,在正态分布假设下,中介效应的置信区间为 $(ab^{\text{Std}} - z_{\alpha/2}\text{SE}(ab^{\text{Std}}), ab^{\text{Std}} + z_{\alpha/2}\text{SE}(ab^{\text{Std}}))$。

6.5.2　实证结果与分析

在本节中,自变量为由熵值法计算得到的生计资本存量(Capital),中介变量为生计策略(Job),其中,非农主导型生计策略＝1,农业主导型生计策略＝0。基于"收入贫困"定义,可持续生计的最直观表现为个人或家庭的总收入能够维持基本的生存活动需求。作为家庭生计来源的最主要体现,收入对于维持家庭生计稳定意义重大(Chengchao Wang,2016)。因此,收入指标能够较合理反映出低收入家庭整体生计状况(宁泽逵,2016)。本书选用连续型变量"家庭年收入"的自然对数(Income)作为反映生计结果的因变量,采用 STATA 14.0 软件,对精准脱贫户生计策略的中介效应进行分析。

表 6-12 显示了三个模型对应的回归结果,所有解释变量均具有统计显著性,

随后应进行 Sobel 检验和 Goodman 检验,以查看生计策略是否在生计资本和生计结果之间产生中介作用。然而,根据上文理论分析可知,Logistic 回归估计和线性回归估计的系数位于不同的尺度,因此不具有可比性,无法直接进行计算。因此,需对其系数和标准差进行标准化。在本书中,中介变量为二分类变量,因而只需标准化该逻辑回归系数,即路径系数 a。表 6-13 即为标准化后的回归系数和标准差。标准化后,Logistic 回归路径系数 a 由估计值 1.160 等量尺化为 0.201 进而可进行中介效应检验。如表 6-14 所示,Sobel 检验和 Goodman 检验均具有统计显著性,表明存在中介效应,且生计策略占生计资本促进生计可持续总效果的 26.7%,此外,间接效应与直接效应比表明,中介效应是生计资本对生计结果直接作用的 36.4%。因此可得出,生计策略是生计资本和生计结果的不完全中介,生计资本对生计结果的影响有 26.7% 是通过生计策略产生的。

表 6-12 回 归 结 果

Logistic 回归结果(自变量 Capital 与中介变量 Job)				
变 量	系 数	Std Err	z	$P>\lvert z\rvert$
Job	1.160***	0.062	18.67	0.000
_cons	−4.172***	0.250	−16.67	0.000
Prob > chi2	0.000 0			
Pseudo R2	0.129 0			

线性回归结果(自变量 Capital 与因变量 Income)				
变 量	系 数	Std Err	z	$P>\lvert z\rvert$
Capital	4.631***	0.109	42.67	0.000
_cons	0.575	0.460	1.25	0.212
Prob > F	0.000 0			
R-squared	0.406 4			

线性回归(自变量(Capital)、中介变量(Job)与因变量(Income))				
变 量	系 数	Std Err	z	$P>\lvert z\rvert$
Capital	3.398***	0.098	34.61	0.000
Job	6.150***	0.184	33.48	0.000

线性回归（自变量（Capital）、中介变量（Job）与因变量（Income））			
_cons	1.838***	0.388	4.74	0.000
Prob > F	0.000 0			
R-squared	0.583 0			

注：***、**、*分别表示在 1%、5%、10%显著性水平下显著。

表 6-13　标准化系数

a	sa	Std a	Std sa	b	sb	c	sc
1.160	0.062	0.201	0.010	6.150	0.184	4.631	0.109

表 6-14　中介效应检验结果

Test	Coef	Std Err	Z	$P > |Z|$
Sobel	1.236	0.069 7	17.74	0
Goodman-1（Aroian）	1.236	0.069 7	17.74	0
Goodman-2	1.236	0.069 7	17.75	0
Indirect effect	1.236	0.069 7	17.741	0
Direct effect	3.398	0.098 2	34.609	0
Total effect	4.634	0.108 5	42.724	0
Proportion of total effect that is mediated			0.267	
Ratio of indirect to direct effect			0.364	

6.6　本 章 小 结

　　本章基于可持续生计框架内部"生计资本—生计策略—可持续生计"三个核心环节的逻辑关联，综合采用熵值法、二元 Logit 回归、倾向得分匹配法、广义倾向得分匹配法以及中介模型分析了贫困地区精准脱贫户实现可持续生计的传导路径，研究发现：

（1）精准脱贫战略对贫困人口生计资本积累具有正向推动作用，脱贫退出后精准脱贫户的五类生计资本均有不同程度的提升，反映出精准脱贫战略实施的有效性和退出标准制定的合理性。从生计资本增量上看，人力资本积累是脱贫战略实施的着力点和落脚点，这体现出"造血式"扶贫的精准性，金融资本和自然资本增量对于精准脱贫战略的实施反馈次之，物质资本和社会资本增幅相对较小。从生计资本存量上看，当前贫困地区精准脱贫户社会资本存量相对充足，而金融资本积累量明显偏低，生计五边形整体呈现不平衡态势，不利于生计资本层面的稳定。

（2）精准脱贫户的生计资本改善对于其生计策略的选择有积极影响，而不同生计策略对各类生计资本的敏感程度有所差异。自然资本对贫困地区农业主导型生计策略的选择普遍具有积极影响，而金融资本和人力资本存量的增加会使得精准脱贫户进行非农主导型生计决策的倾向性显著提升。此外，社会资本和物质资本对于生计策略的作用在不同地区体现出较大的差异性。

（3）精准脱贫户非农主导型生计策略对其可持续生计具有十分显著的积极影响。非农就业对精准脱贫户家庭物质层面积累作用明显，而对于人力资本、社会资本、后代教育等非物质层面积累效应不显著。非农就业规模与家庭整体生计水平呈现"倒U形"关系，即非农生计策略对精准脱贫户家庭可持续生计的作用是把"双刃剑"，当非农就业规模低于拐点值(0.6)时对家庭可持续生计具有积极影响，而高于拐点值后表现为对家庭生计稳定的破坏作用。

（4）生计策略是生计资本和生计结果的不完全中介，生计资本对生计结果的影响有26.7%是通过生计策略产生的。

第7章

精准脱贫户实现可持续生计的影响因素分析

精准脱贫户的可持续生计是一项复杂的系统工程,单一生计资本的积极能动作用在一定程度上有助于生计状态的改善,但不足以持续地全面推动生计水平的提高和稳定,因此需要人力资本、社会资本、物质资本、金融资本、自然资本五类生计资本协同作用,并有赖于宏观经济社会发展环境、制度环境等给予的充分保障。在前文研究的基础上,本章实证研究基于贫困地区精准脱贫户家庭异质性,从可持续性和脆弱性的双重视角对影响其可持续生计的内部因素和外部因素进行系统分析,介于教育对于我国"造血式"脱贫战略以及保障生计活力的重要意义,本章进一步从拓展生计来源和降低生计风险两方面探讨了教育水平对于实现精准脱贫户可持续生计的货币效应和非货币效应。

7.1 问题提出

可持续生计的实现不仅有赖于稳定的生计来源,更需要提高自我保护生计的能力(何仁伟,2014),减少生计脆弱性,以抵御各种生计风险冲击。脆弱性是贫困的重要特征之一,也是返贫的重要原因之一(韩峥,2004),贫困的风险脆弱性主要体现在两个方面：其一，缺乏避免遭受风险冲击以及抵御风险冲击的能力；其二，缺乏从不良冲击影响中恢复的能力（世界银行，2000）。当前国内外可持续生计影响研究主要基于家庭或户主的单一微观视角且一般采用定性分析、线性回归分析、分组总结等方法筛选影响因素，很少有研究将生计框架与脆弱性视角相结合，且忽视了当地经济社会发展对生计稳定的影响效应。

值得注意的是，农村居民点是一个与农户生计息息相关的多功能复合单元（信桂新，2012），农户生计资产的配置结构及其空间分布特征决定着农户生计发展的资源优势和空间可能性。虽然地理环境决定论的观点有失偏颇，但地理资源匮乏的区域与贫困空间分布的高度耦合，深刻揭示了地理环境条件与贫困之间的密切联系。我国贫困地区主要集中于中部地区、西部山区及西南、东北地区，自然环境恶劣、资源要素缺乏、基础设施薄弱、社会服务水平过低是贫困地区的普遍表象（国家统计局住户调查办公室，2019），区域因素所导致的生计脆弱性或已成为制约我国贫困地区精准脱贫户生计稳定的重要瓶颈。而当前国内外生计研究集中于测量生计可持续性及相关影响因素（McCulloch and Calandrino，2003；Ligon and Schechter，2004；Zhang and Wan，2009）：在宏观层面影响因素分析中，现有研究关注了环境变化，政策改革，市场波动和社会保障的影响（Dercon，2006；Gan et al.，2007）；在微观层面，主要集中于家庭规模和结构，家庭特征，家庭成员职业，生活条件和家庭资产结构等因素（Chaudhuri，2003；Kühl，2003；Kurosaki，2006；Abuka et al.，2007；Hossain，2007）。此外，还有学者从自然灾害、气候变化和生态退化研究视角探讨了生计影响因素（Hahn et al.，2009；Zhang and Zhuang，2011）。上述关于生计影响因素的研究集中在宏观层面的社会环境或微观层面的家庭因素，而忽视了直接作用于贫困户生计的中观层面的村级因素，如自然条件、基础设施、公共服务建设以及产业发展水平等。与此同时，在研究生计影响因素时，大多数学者采用了定性分析、一般线性回归分析、分组总结和方差分析，上述方法无法同时关注家庭层面和村级层面影响力，也无法确定两个层级的效应联系（Gumedze and Dunne，2011；Mercado and Páez，2009；Pan，2013）。因此，本章节将基于第 3 章理论分析，采用跨层线性模型剖析影响贫困地区精准脱贫户家庭可持续生计的关键因素。

7.2　指标选取

基于"收入贫困"定义,可持续生计的最直观表现为个人或家庭的总收入能够维持基本的生存活动需求。由前文可知,收入在维持精准脱贫户可持续生计的过程中占据着十分重要的地位。收入水平在抵制消费平滑效应和防范消费风险方面发挥了积极作用,家庭收入多样化也有利于降低生计脆弱性(Christiaensen and Subbarao,2011)。因此,作为家庭重要的生计来源,收入对于精准脱贫户家庭整体生计的稳定性具有十分重要的意义(Mengtian Cao,2016;宁泽逵,2017),本书以包括农业收入、非农收入、转移性收入、财产性收入四个部分的家庭总收入的自然对数作为因变量。通过参考相关文献并结合贫困地区实际情况,本书选取了以下家庭层面变量和村级层面变量。

7.2.1　家庭层面生计资本变量及假设

通常,生计资产禀赋(数量、结构和质量)越强,农户生计越稳定,抵御自然和市场风险的能力越强,因此,这些家庭不太可能陷入贫困,并且更有可能在未来增加他们的收入水平(DFID,1999)。根据可持续生计框架,本书从人力、社会、自然、物质和金融资本选取相应指标。

人力资本方面,本书采用家庭劳动力平均受教育程度、劳动力接受技能培训情况、家庭劳动力数量占家庭总人口比重三项指标来衡量人力资本存量的影响。相关研究指出,随着家庭劳动力文化程度和技能水平的提高,人力资本和社会资本存量日益积累,抵御风险的生计策略会随之增强,遭受损失概率和脆弱程度会相应降低。此外,当家庭劳动力规模扩大,意味着家庭抚养比降低,人均收入水平将得到有效提升,有助于家庭生计水平的整体性改善(Nunan,2010)。

自然资本方面,自然资本是农村地区最传统的生计来源和最根本的生活保障。在我国,土地是精准脱贫户最主要的自然资本。通常情况下,耕地面积大小直接影响农业收入水平,拥有较大规模土地的农民在获取金融服务、引入现代农机、吸引政府投入等方面更具优势,因此本研究采用人均耕地面积作为自然资本指标。

物质资本方面,物质资本不仅是精准脱贫户取得收入的重要来源,也是其创业或谋生的必要物质基础,物质资本的积累对于打破贫困恶性循环,跳出低水平均衡陷阱,提高生活质量和生计满意度具有十分显著的推动力,因此物质资本存量对于实现可持续生计意义重大。在本研究中,采用自有住宅价值和耐用消费品价值衡量基本生产资料条件,假设房屋价值和生活耐用消费品价值越高,家庭生计水平越高,脆弱性水平越低。

社会资本方面,本书以就业和需要帮助情况下可联系的亲友数量来衡量精准脱贫户的有效社会资本。当精准脱贫户遭遇外部生计风险冲击时,能求助的亲友数越多,获得的帮助越大,可在一定程度上限制经济损失。此外,有效的社会资本能够提供与维持生计相关的信息,从而加快生计资本存量积累和生计资本间的流动转化效率,减缓收入波动,维护生计稳定。

金融资本指可支配资本储备和通过正式和非正式渠道获得的各种形式的资本。在不利的生计风险冲击下,精准脱贫户通常会采取降低消费水平和借款等途径来吸收风险。一般认为,精准脱贫户存款(或贷款)有限,在遭遇生计风险时往往会通过向亲友借债等途径来应对风险,假设过去三年有较大金额借债的家庭脆弱程度较高。

7.2.2　家庭层面的风险变量和假设

风险会影响个人生产、消费、交换和投资行为,最终影响收入和财富分配(Lybbert and Barrett,2007),可持续生计框架强调在脆弱性背景下考量个体的生计资本运作情况。我国贫困地区生态环境脆弱,自然条件恶劣,农户传统生活习惯、思维方式陈旧落后,农户脆弱性程度较高(李小云,2007),抵御风险能力较弱。其中,自然灾害风险(干旱、洪涝、病虫害等)所造成的经济损失是导致贫困地区农户收入波动和资产积累量缩水的主要因素之一,直接影响当地精准脱贫户生计的稳定。相比自然灾害风险,疾病风险是导致生计动荡的另一个关键因素。近年来,我国"因病致贫、因病返贫"的比例逐年攀升,由 2013 年的占比 42.2% 提高至 2015年的 44.1%,近 2 000 万人口因病返贫,疾病风险已成为我国农村地区致贫返贫的首要因素(王培安,2017)。在当前因病致贫、因病返贫的 1 200 多万家庭中,患大病、重病的约有 330 万人,患长期慢性病的约有 400 万人,其中 15~59 岁劳动年龄段的患者占 41%。上述家庭中,33% 是由于疾病影响劳动力导致贫困,12% 是由于"灾难性医疗支出"或大额医疗费所导致了贫困。由此可见,当前与我国农村低收入人口关系最紧密的风险是自然灾害和疾病,虽然市场波动等也对农民收入构成影响,但是由于贫困人口参与市场的程度较低,前两种风险对其直接威胁最大(韩峥,2004)。因此,本书将医疗支出和自然灾害损失列为影响生计可持续的主要风险变量,假设由于自然灾害和疾病而造成较大经济损失的家庭处于较高程度的生计脆弱性之中。

7.2.3　村级变量及假设

第 3 章理论分析指出,经济社会发展环境为精准脱贫户生计稳定提供了持续动力,精准脱贫户的生计既受到家庭内在因素的影响,同时也受到外部发展环境的作用。本书用公共服务、基础设施、自然条件、产业发展四类正向指标来综合衡量精准脱贫户所在行政村对于其实现可持续生计的推动作用。假设基础设施和公共服务建设水平较高的地区,其脱贫家庭生计稳定性更强。产业发展情况的改善有助于精准脱贫户收入的提高。自然条件参考了该村至中心城镇的便捷程度,研究认为若村庄位置偏僻,离中心城镇较远,交通不便,则农产品销售风险较高,运输成本和风险增加,不利于当地社会经济发展,对当地群众的生产生活发展有阻碍作用,具体指标设置及说明见表 7-1。

表 7-1　可持续生计动力机制指标选取及说明

类　别	变量名称	符　号	定　义
Level-1 家庭层面			
人力资本	劳动力平均受教育程度	HE	1=不识字;2=小学;3=初中;4=高中;5=大专及以上
	劳动力规模	LS	18~65 岁劳动力人数/居住时间超过 6 个月的家庭成员数量
	技能培训情况	PX	是否参加技能培训(1=是,0=否)
自然资本	耕地面积	CL	家庭人均耕地面积(亩)
物质资本	房屋价值	HV	家庭房屋当前市场价值(万元)
	生活耐用品	DV	生活耐用品价值(万元)

类　别	变量名称	符号	定　义
社会资本	有效亲友数	RF	紧急情况下可求助的亲友数量
金融资本	储蓄	CX	家庭储蓄金额(万元)
	借债	BM	过去三年家庭向亲朋好友借钱金额(万元)
风险脆弱性	疾病支出	DC	家庭成员疾病年均支出(万元)
	灾难损失	DL	年均自然灾害损失(万元)
Level-2 村级层面			
经济社会发展	公共服务	GGFW	是否具备标准化的卫生机构和义务教育机构(1=是,0=否)
	基础设施	JCSS	是否实现水、电、气、网、路全覆盖(1=是,0=否)
	自然条件	ZRTJ	所在村至中心城镇便捷程度(1=非常差,2=较差,3=一般,4=较好,5=非常好)
	产业发展	CYFZ	是否有规模化的特色产业(1=是,0=否)

7.3　研究方法与模型构建

　　基于上述变量设计方法,本书采用家庭和村庄变量的两层线性模型,该模型是基于家庭层面统计的普通最小二乘法(OLS)的回归估计以及村级统计的加权最小二乘法(WLS)的收缩估计,通过此手段能有效解决相关性和面板数据不足的问题,从而形成更加准确的结果(Zhang et al.,2005)。具体步骤如下:利用 HLM6软件,建立贫困地区精准脱贫户家庭层面的变量模型(模型 1)。模型 1 对第二层中没有变量的第一层变量进行回归,以确定第一层和第二层的截距和斜率比的差异。模型 1 的基本形式如下:

$$\text{Level-1 Model:} \ln Y_{ij} = \beta_{0j} + \beta_{1j} X_{ij} + \varepsilon_{ij} \tag{7-1}$$

$$\text{Level-2 Model:} \quad \beta_{0j} = \gamma_{00} + \mu_{0j} \tag{7-2}$$

$$\beta_{1j} = \gamma_{10} + \mu_{1j} \tag{7-3}$$

模型 2 结合了两层的变量,并解释了因变量如何受第一层和第二层的影响。模型 2 的基本形式如下:

$$\text{Level-1 Model:} \quad \ln Y_{ij} = \beta_{0j} + \beta_{1j} X_{ij} + \varepsilon_{ij} \tag{7-4}$$

$$\text{Level-2 Model:} \quad \beta_{0j} = \gamma_{00} + \gamma_{01} W_{1j} + \mu_{0j} \tag{7-5}$$

$$\beta_{1j} = \gamma_{10} + \gamma_{11} W_{1j} + \mu_{1j} \tag{7-6}$$

i 代表农民;j 代表村庄;X 是家庭层变量;在 Y_{ij} 是人均收入的对数特征;β_{0j} 和 β_{1j} 分别是第一层中单元 j(第二层单元)的截距和斜率;γ_{00} 和 γ_{10} 分别是 β_{0j} 和 β_{1j} 的平均值及其固定成分;γ_{01} 和 γ_{11} 是回归系数;W_{1j} 是村级的第一个预测变量;μ_{0j} 和 μ_{1j} 分别是 β_{0j} 和 β_{1j} 的随机元素,代表村庄之间的差异。

在分析前应进行零模型(the null model)检验,即方差成分分析,以证实个体层因变量在群体层存在差异:

Level-1:

$$Y_{ij} = \beta_0 + r \tag{7-7}$$

$$\text{Var}(r_i) = \sigma^2 \tag{7-8}$$

Level-2:

$$\beta_{0j} = \gamma_{00} + \mu_{0j} \tag{7-9}$$

$$\text{Var}(\mu_{0j}) = \tau_{00} \tag{7-10}$$

$$\text{ICC} = \frac{\tau_{00}}{\tau_{00} + \sigma^2} \tag{7-11}$$

检验结果表明,组内相关系数 ICC 为 0.337,适合进行跨层线性模型分析。

7.4　实证结果与分析

本书使用 SPSS 24.0 和 HLM 6 软件对家庭层面变量进行回归分析。首先建立随机回归模型中未包含第二层自变量,由表 7-2 可知,T 检验结果表明,除生活耐用品外,其余预测变量都与因变量显著相关。对于以家庭总收入为代表的可持续生计因变量而言,劳动力平均受教育程度(0.227)[1]、劳动力规模(0.281)、劳动力技能培训(0.208)、耕地面积(0.340)、房屋价值(0.220)、储蓄(0.206)、有效亲友数量(0.179)为显著的正向因子,借债(−0.097)、疾病风险(−0.276)和灾害风险(−0.255)[1]则体现出显著的负向效应,反映出在人力资本方面,贫困地区精准脱贫户劳动力受教育程度和就业培训对家庭总收入具有明显的促进作用,家庭劳动力数量的提升有助于生计来源多样化,二者合力有助于生计水平的提高。自然资本方面,耕地面积对于家庭整体收入的影响程度较高,反映出农业生产仍是该地区农民的主要收入来源之一。物质资本方面,房屋是贫困地区精准脱贫户最重要的物质资本,有形的物质资本可提高生计满意度,并可通过使用、出售、租赁等形式直接转化为金融资本,在生计动荡时可用以吸收和抵抗风险冲击。因此,物质资本对于生计的作用是积极的。社会资本方面,在遭遇不利的外部风险冲击和关键生计决策时,有效的亲友资源能够提供及时的援助和关键信息,避免或减缓收入波动,以维护生计稳定。脆弱性方面,债务、疾病、自然灾害对可持续生计有不同程度的破坏作用,导致生活负担加重,生计难以为继。其中,债务对于生计的破坏作用较小,而健康风险和灾害风险是造成精准脱贫家庭收入损失、生计动荡的重要因素,面对不利的外部风险,生计能力较弱的家庭有可能"因病返贫""因灾返贫"。

表 7-2　家庭层面变量回归结果

变　量	回归系数和显著性检验			方差成分和显著性检验	
	回归系数	标准误	T 检验	方差成分	X^2 检验
HE	0.227	0.029	7.815**	0.056	156.34**
LS	0.281	0.011	6.162**	0.035	136.59*
PX	0.208	0.026	8.000**	0.033	82.64**
CL	0.340	0.037	6.580**	0.031	193.49**
HV	0.220	0.029	5.854**	0.051	153.12**
DV	0.189	0.026	1.921	0.046	164.07
RF	0.179	0.027	6.558**	0.043	172.83**
CX	0.206	0.026	6.517**	0.032	54.22**
BM	−0.097	0.039	−3.494**	0.070	84.17**

---

① 括号内为回归系数。

变 量	回归系数和显著性检验			方差成分和显著性检验	
	回归系数	标准误	T 检验	方差成分	X^2 检验
DC	−0.276	0.042	−6.647**	0.081	59.08**
DL	−0.255	0.041	−6.391**	0.032	152.54**

注：*表示 $P<0.05$，**表示 $P<0.01$。

随后，建立村级层面的回归方程以解释村级之间的差异，相关结果如表 7-3 所示。

表 7-3　完整的跨层线性模型变量回归结果

变　量	回归系数	标准误	T 检验	变　量	回归系数	标准误	T 检验
HE-$\ln Y_{ij}$ 斜率	0.227			LS-$\ln Y_{ij}$ 斜率	0.281		
GGFW	0.102	0.031	3.285***	GGFW	0.055	0.036	2.307**
JCSS	0.096	0.036	2.851***	JCSS	0.042	0.033	2.914***
ZRTJ	0.020	0.028	1.712*	ZRTJ	0.018	0.025	1.201
CYFZ	0.098	0.033	2.977***	CYFZ	0.067	0.032	2.286**
PX-$\ln Y_{ij}$ 斜率	0.208			CL-$\ln Y_{ij}$ 斜率	0.340		
GGFW	0.108	0.038	1.667*	GGFW	0.167	0.064	2.166**
JCSS	0.073	0.029	2.485**	JCSS	0.163	0.072	2.255**
ZRTJ	0.044	0.034	1.212	ZRTJ	0.030	0.058	2.117**
CYFZ	0.021	0.032	2.344**	CYFZ	0.196	0.068	2.838***
HV-$\ln Y_{ij}$ 斜率	0.220			RF-$\ln Y_{ij}$ 斜率	0.197		
GGFW	0.169	0.038	4.471***	GGFW	0.110	0.051	2.167**
JCSS	0.114	0.040	2.819***	JCSS	0.042	0.053	2.266**
ZRTJ	0.043	0.042	2.009**	ZRTJ	0.031	0.052	2.109**
CYFZ	0.048	0.041	2.040**	CYFZ	0.035	0.037	0.956
CX-$\ln Y_{ij}$ 斜率	0.206			BM-$\ln Y_{ij}$ 斜率	−0.097		
GGFW	0.147	0.035	2.738***	GGFW	−0.062	0.044	−1.724*
JCSS	0.085	0.042	2.575**	JCSS	−0.032	0.054	−1.892*
ZRTJ	0.063	0.037	2.331**	ZRTJ	−0.031	0.057	−1.845*
CYFZ	0.101	0.044	2.762***	CYFZ	−0.066	0.042	−1.749*

续表

变　　量	回归系数	标准误	T 检验	变　　量	回归系数	标准误	T 检验
DC-lnY$_{ij}$ 斜率	-0.276			DL-lnY$_{ij}$ 斜率	-0.255		
GGFW	-0.103	0.062	-2.223**	GGFW	-0.083	0.023	-3.650***
JCSS	-0.079	0.063	-2.256**	JCSS	-0.046	0.024	-1.856*
ZRTJ	-0.068	0.061	-1.723*	ZRTJ	-0.019	0.028	-2.472**
CYFZ	-0.065	0.052	-1.044	CYFZ	-0.065	0.023	-2.897***

注：*表示 $P<0.1$，**表示 $P<0.05$，***表示 <0.01。

　　HE-lnY$_{ij}$方面，当地公共服务、基础设施建设、产业发展水平和自然条件对于精准脱贫户家庭劳动力受教育程度对可持续生计的影响（斜率）均具有正向的促进作用，其中，公共服务水平的提高促进了人力资本的增殖和市场竞争力的提升，其每提高 1 单位会促进劳动力受教育程度对于其生计稳定的影响程度提高0.102；基础设施的优化有助于当地群众获取优质资源和受教育机会，基础设施每提高 1 单位，精准脱贫户家庭劳动力平均受教育程度对可持续生计的影响会相应提高0.096；自然条件是区域经济社会发展的重要先决条件，自然条件每提高 1 单位，会促进人力资本对生计可持续的影响作用提高 0.02；产业发展水平的提高带动了就业环境的改善和就业渠道的增加，产业发展水平每提高 1 单位，会使得劳动力受教育程度对于其生计稳定的影响提高 0.098。

　　LS-lnY$_{ij}$方面，家庭劳动力规模对于增收的影响受村级层面公共服务、基础设施、产业发展的作用明显，基础设施和产业发展有助于改善当地生产生活条件，提供多元化的就业渠道，公共服务有助于扩充家庭成员的人力资本存量，从而获得稳定就业机会，提高家庭收入。公共服务、基础设施、产业发展每提高 1 单位，家庭劳动力规模对于增收的影响会随之提升 0.055、0.042、0.067。

　　PX-lnY$_{ij}$方面，对于精准脱贫户家庭而言，其劳动力培训对于家庭整体生计水平的改善程度受到当地公共服务、基础设施、产业发展的积极影响，公共服务、基础设施、产业发展的优化升级有助于就业培训的多元化、系统化、规范化、专业化和对口化，提高劳动力参与培训的可获得性，提升家庭成员人力资本、社会资本存量，以获取较好的就业机会，提高家庭生计来源，从而维护家庭生计的稳定。具体而言，公共服务、基础设施、产业发展每提高 1 单位，家庭规模对于家庭整体生计水平的影响相应增加 0.108、0.073、0.021。

CL-lnY_{ij} 方面，自然资本存量与当地资源禀赋情况高度相关，且自然资本利用率受到农民农业技能、该区域自然资本的质量、农户经营管理水平、产业偏好等多重因素的共同影响。良好的自然条件有助于基础设施改造升级和产业发展优化集群，基础设施、公共服务和产业发展水平的提高能够引进先进技术，降低农业生产运输成本，提高农地利用率，并有助于抵御分摊自然风险、价格风险，从而巩固家庭生计。公共服务、基础设施、自然条件、产业发展每提高 1 单位将会促进耕地对生计的可持续正向作用分别提高 0.167、0.163、0.03、0.196。

HV-lnY_{ij} 方面，相较于地理位置闭塞，自然灾害频发，产业发展受限的村庄，至中心城镇便捷程度较高的村庄基础设施和产业基础较好，教育医疗等公共服务体系较完备，就业渠道和信息来源更广，该区域房屋价值相对较高，有助于优化生产生活环境，提高生活质量。具体而言，公共服务、基础设施、自然条件、产业发展每提升 1 单位，房屋对于可持续生计的保障作用会相应增加 0.169、0.114、0.043、0.048。

RF-lnY_{ij} 方面，有效的社会资本可形成降低生计风险的社会网络，自然条件较好地区，公共服务较完备，基础设施建设水平较高，与外界的联系更加密切，信息流通更为顺畅，有利的区位条件所带来的社会资源和人力资源优势有助于生计风险的防范和缓冲。公共服务、基础设施、自然条件每提高 1 单位，亲友对精准脱贫户家庭的生计推动力会相应提高 0.11、0.042、0.031。

CX-lnY_{ij} 方面，自然条件、基础设施的优势带动了产业集聚和就业机会增加，而产业优势和公共服务完善又增进了人力资本存量，有助于金融资本合理流动和优化投资，二者合力提升了储蓄对于精准脱贫户家庭可持续生计的正向作用。公共服务、基础设施、自然条件、产业发展每提升 1 单位，储蓄对于精准脱贫户家庭可持续生计的积极作用将提高分别 0.147、0.085、0.063、0.101。

BM-lnY_{ij} 方面，区位条件较好地区各类生计资本相对易得且生计资本转换较快，可以吸收或缓解生计风险冲击，避免由风险造成的生计动荡，公共服务、基础设施、自然条件、产业发展对于借债而引发的生计动荡有显著的缓解作用，其每提高 1 单位，会使得收入波动对于生计的负面影响分别减少 0.062、0.032、0.031、0.066。

DC-lnY_{ij} 方面，疾病风险一方面减少了生计资本流入，一方面增加了生计成本，地理位置较好的地区医疗保障条件相对较好，公共服务和基础设施较完善，个体健康意识和健康管理水平较高，能及时有效处理疾病风险，公共服务、基础设施、自然条件每提高 1 单位,由于疾病风险造成的收入波动会相应减轻 0.103、0.079、0.068,有效防止"因病返贫"。

DL-lnY$_{ij}$方面,在地理位置较好地区,基础设施建设和公共服务保障水平较高,信息流通顺畅,教育水平较高,精准脱贫户风险意识较强,应对措施较合理,能够有效减少自然灾害所带来的经济损失。此外,自然条件和产业发展水平的提高能够有效分摊或减少灾害风险,为精准脱贫户提供多元化的生计决策,进而保障生计可持续。公共服务、基础设施、自然条件、产业发展每提高 1 单位,自然灾害对于生计的负面影响将分别减少 0.083、0.046、0.019、0.065。

7.5　扩展:教育水平与可持续生计

治贫先治愚,扶贫先扶志,教育作为我国精准脱贫政策的有机组成,是造血式扶贫开发的核心任务,也是阻断贫困代际传递的重要途径,其基础性和生产性作用已得到国内外学者的广泛论证(Schultz,1961;Becker,1966;Sen,1983,Romer,1986;Lucas,1988;Oaxaca and Michael,1994;王海港,2009;王弟海,2012;程名望,2016;薛二勇,2017;Jian Zhuang,2018)。这些研究已证实教育对于精准脱贫户可持续生计的重要意义,教育既是脱贫的成果,也是脱贫的手段,随着我国教育脱贫投入力度的持续加大,我们不禁要问教育水平对精准脱贫户可持续生计影响程度差异如何,在何阶段加大教育投资力度才可使得教育脱贫产出最大化,从而切实提高精准脱贫户生计的可持续性和稳定性。基于以上问题,本书将进一步探讨各类型教育对于提高精准脱贫户生计水平以及降低其生计风险的货币回报和非货币回报,以期优化稀缺公共资源,为各级政府后扶贫时期帮扶政策制定提供参考。

7.5.1　文献回顾

低水平的人力资本存量是导致贫困人口脱贫能力较弱、生计无法持续的最重要因素(蔡昉和都阳,2000;Tao Yang,2004;姚先国和张海峰,2008)。通过教育方式增加贫困人口知识、技能、经验和信息,被认为是人力资本形成和积累的最主要途径（张苏，2011），有助于提高劳动力综合素质，激发内生潜力，增加收入（Mengtian Cao，2016），从而有效消除贫困（Schultz，1964；Sen，1999）。教育对于可持续生计的保障作用体现在以下几方面：首先，教育可直接提高个体知识存量，从而提升自身职场竞争力和发展潜力，获取较好的就业机会，为自身带来更高的报酬回报，是增加家庭储蓄的直接办法（Parman，2012；骆永民和樊丽明，2014）。其次，教育所积累的人力资本有助于树立信心，减少社会排斥，提高社会融入和适应能力，缓解弱势群众所遭受的政治、经济、社会、文化、福利等多重不利境遇，阻断贫困代际传递和恶性循环（唐丽霞等，2010）。再次，教育所带来的劳动技能的提升可与物质资本形成"资本—技能互补性"（Benos and Nikos，2018；人力资本结构研究课题组，2012；许岩和曾国平，2017），能够克服物质资本的边际报酬递减，从而实现人力资本与物质资本的共同积累（郑洪超和杨姝琴，2009）。此外，受教育程度的个体差异能够显著影响自然资本利用率（邵晓梅，2004），人力资本存量较高的农民具有较强的科技意识和学习能力，易于接受新事物，能够掌握现代化生产工具的操作技术，及时捕捉市场信息，有利于土地利用效率的提高（杜伟，2014）。最后，人力资本的初始差异可通过代际作用实现复制甚至加强（Treiman，1997；Carneiro and Heckman，2002），文化程度较高的父母通常具有更好的抚育方式和经济基础，能够为子女提供更好的生活环境、营养支持并争取更多的优质教育资源，最终促使后代拥有更高的文化程度和更好的发展机会，因此父母受教育水平与子代受教育程度之间存在显著正相关性（Guryan，2008；Haan and Plug，2009）。上述国内外文献表明，现有研究已认识到教育对于增收减贫和可持续生计的重要作用，为本研究的进一步深入奠定了坚实的理论基础。

7.5.2　理论分析框架构建

1. 教育对于可持续生计的货币效应

基于"收入贫困"定义，可持续生计的最直观表现为个人或家庭的总收入能够维持基本的生存活动需求。因此，作为家庭重要的生计来源，收入对于精准脱贫户家庭整体生计的稳定性具有十分重要的意义（宁泽逵，2017）。教育对于可持续生计的货币效应表现为收入的增加，其促进作用可通过直接和间接两种方式进行。直接增殖即通过教育提升个体综合素质和知识技能，从而推动人力资本存量的自主积累,提升劳动生产率,拓宽稳定就业渠道,发挥自身主体价值,激发其内在造血潜力,有效促进收入增加,进而改善生计条件,生计条件的改善会进一步加大人力资本的投资,带动人力资本的更新和优化,形成收入增长良性循环。间接增殖即通过人力资本对其他生计资本进行优化配置,以实现家庭整体收入的增加。人力资本对其他形式的资本具有支配和推动作用,高人力资本者更容易获取到新的社会资源,提高社会交往的深度与广度,深化所拥有的社会关系网络(童宏保,2003),增加社会资本积累量。社会资本拥有保障支持功能,其"资源俘获效应"有助于人力资本和物质资本的创造、积累与提升,调高人力资本的回报收益率,而人力资本是改善生计脆弱性、促进减贫增收、提高生计资本转换率的重要催化剂,二者合力促使资本之间的组合不断优化,使潜在的经济资源转变为现实的生产力,实现资本转化和资本增值,从而影响精准脱贫户经济地位以及家庭收入(叶静怡,2012)。

2.教育对于可持续生计的非货币效应

可持续生计的实现不仅有赖于稳定的生计来源,更需要提高自我保护生计的能力(何仁伟,2014),减少生计脆弱性,避免或缓冲各类外部生计风险。贫困地区经济社会发展滞后,公共服务和基础设施建设起步较晚,农村地区由于居住环境、生活习惯等方面的特性而形成的独特文化观念和生活方式,促进了低收入人群之间的互动和与社会的隔离,由此会逐渐形成一种脱离社会主流文化的亚文化,体现为生活习惯、思想意识、健康观念陈旧落后,健康资本缺失,生计脆弱程度较高,抵御风险能力较弱,"因病致贫、因病返贫"的比例逐年攀升。教育是获得生计满足和品质生活的必要基础,并引导人们从事健康活动,而健康体魄是提高生产力的先决条件(Auster,2010;Friedman,2012;Leigh,2013),投入产出的双重作用使得教育和健康成为可持续发展的核心(Fuchs,2011)。因此,本书认为教育对于可持续生计的保障作用不仅反映在收入的增加,也体现为个体思想观念的转变,培养健康的生活方式和卫生环境,购买健康保险,进行健康投资和疾病预防,从而减少疾病风险和大病支出(黄承伟等,2010)。进行健康人力资本投资的直接收益是获得健康,而健康是其他各种资本获取的重要前提和基础保障,健康劳动力是维持并提高家庭生计的重要支柱,"疾病"时间的减少和生命的延长能提供更多的工作时间,更健康的身体和旺盛的精力使得单位工时的产出增长,增加了向其他形式资本投资的经济刺激,从而使人力资本积累产生正向的外部效应。

7.5.3　方法选择与模型构建

1. 货币模型构建

一般来说,在常规的线性回归模型中,着重考察的只是自变量 x 对因变量 y 条件期望的边际影响 $E(y|x)$,但其分解得出的结果只能描述平均的概念,若条件分布 $y|x$ 分布不对称,则条件期望 $E(y|x)$ 无法准确反映条件分布全貌。此外,传统的均值回归由于最小化的目标函数为残差平方和 $\sum_{i=1}^{n} e_i^2$,因而极易受到极端值的影响。在现实情况下,决策者更关心的是政策的"分配影响",即自变量 x 对整个条件分布 $y|x$ 的影响,而平均估算可能会掩盖其中关键的异质性(David Powell,2017)。为此,科恩克和巴塞特(Koenker and Bassett,1978)提出分位数回归方法(quantile regression),使用残差绝对值的加权平均 $\sum_{i=1}^{n} |e_i^2|$ 作为最小化目标函数。该方法基于因变量的条件分布拟合自变量的线性函数,当分位数取值 $0 \sim 1$ 时可得到所有因变量在自变量上的条件分布轨迹,是在对一个数据集合中分布在不同位置数据点进行研究时的良好选择。综上,本书采取分位数回归方法研究教育对于可持续生计的影响。

教育回报可以反映出不同教育程度人群的相对稀缺程度,基于经典的明瑟收入决定函数(Mincer,1974),本书货币模型扩展了与个人家庭特征有关的其他因素。由于教育所带来的收益并不仅仅体现在劳动收入上,因此本书选用家庭整体收入来体现家庭生计状况。本研究采取的半对数货币模型为

$$\ln Y_i = f(S_i, X_i, Z_i) + u_i \tag{7-12}$$

其中,$\ln Y$ 是家庭人均总收入的对数,S 为户主受教育年数,X 是户主 i 的特征向量,Z_i 是家庭特征向量,u 是随机误差项。方程(7-12)可从户主受教育年限整体水平[如方程(7-13)所示]和分项教育(小学、初中、高中、大专及以上、职业教育、就业培训)回报率[如方程(7-14)所示]两方面估算教育对生计(家庭收入)的影响,为了克服精准脱贫户的异质性影响,设置户主特征变量为(万广华,2006):

$$\ln \text{THAI}_i = \beta_0 + \beta_1 \text{School}_i + \beta_2 \text{Age}_i + \beta_3 \text{Age}_i^2 + \beta_4 \text{Female}_i + \beta_5 \text{Children}_i +$$
$$\beta_6 \text{Rural}_i + u_{1i}$$

$$\tag{7-13}$$

$$\ln\text{THAI}_i = \alpha_0 + \alpha_1\text{PRIM}_i + \alpha_2\text{JHS} + \alpha_3\text{JHS} + \alpha_4\text{TER} + \alpha_5\text{CEDU} + \alpha_6\text{TRA} +$$
$$\alpha_7\text{Age}_i + \alpha_8\text{Age}_i^2 + \alpha_9\text{Female}_i + \alpha_{10}\text{Children} + \alpha_{11}\text{Rural}_i + u_{2i}$$

$$(7\text{-}14)$$

其中,$\ln\text{THAI}$ 是家庭年人均收入的对数,School 是户主受教育年数,Age 是户主的年龄,Age^2 为户主年龄平方,Female 代表户主为女性,Children 即家庭拥有的 15 岁以下儿童数量,Rural 为到中心城镇便捷程度较低家庭,PRIM 为具有小学教育的户主,JHS 为拥有初中教育水平,SHS 为高中教育,TER 为高等教育(大专及以上),CEDU 为高等职业教育,TRA 为就业指导和培训,u 为随机误差项,$i=1$,$2,\cdots,N$。

为了避免潜在的偏误,方程(7-13)和方程(7-14)中因变量 $\ln\text{THAI}$ 是精准脱贫户家庭整体收入,而不是明瑟收入方程(Mincer income equation)中的个人收入。此外,受教育程度对收入的影响还可能受到家庭背景、个人能力等因素作用,父母教育及职业会对子女社会获得产生显著影响(Blau and Duncan,1967),低收入家庭的资源匮乏会使得子女无法获得足以跳出贫困陷阱的人力资本,贫困的代际传递由此形成。除了家庭、社区特征外,还要考虑适当的变量来识别未观察到因素的影响,以免测量误差。除能力问题外,个体所选择的受教育年限可能与其预期的收入有关。较高收入者为了提高自身的竞争力往往更倾向于教育投资,教育投资所积累的人力资本又进一步提高了个体人力资本存量和薪资待遇,这种双向因果关系与普通最小二乘法的要求相违背,在此情况下,普通的最小二乘法(OLS)教育系数将是真实收益的向下偏差估计(Card,1999)。为此,本书将采用工具变量法(IV),工具变量法的核心思想是在回归方程中加入一个与因变量、随机误差项无关而和自变量有关的变量来解决内生性问题,一般通过两阶段最小二乘法(2SLS)来实现(陈强,2014),该模型可以表示为

$$x_{es} = \omega\alpha_s + x_{us}, \quad s=1,\cdots,S \tag{7-15}$$

$$\hat{x}_{es} = r_s(\omega\hat{\alpha}), \quad s=1,\cdots,S \tag{7-16}$$

$$y = \hat{x}_e\beta_e + x_0\beta + x_u\beta_u + e^{2\text{SLS}} \tag{7-17}$$

其中,x_e,x_0,x_u 分别为内生变量、外生变量和不可观测变量,e 为随机误差项,$\omega = [x_0,\cdots,\omega^+]$,$\omega^+ = [\omega_1^+,\cdots,\omega_s^+]$ 为工具变量。

考虑到户主年幼时父母受教育程度和其身心不足对教育的影响,本书将户主年幼时父母最高受教育程度(YP)(Zuluaga,2007)、残疾变量(Disable)(Rukmani

Gounder,2012)作为工具变量。首先,户主年幼时父母最高受教育程度(YP)可反映家庭因素对受教育程度的作用。人力资本存量偏低的家庭由于教育支付能力不足会导致女子教育机会少,综合素质不高,缺乏足够的就业竞争力,造成收入偏低和生计动荡,形成贫困恶性循环和代际传递。其次,残疾变量(Disable)可用以捕捉由于其自身能力不足对户主受教育程度的影响。相比正常群体,残疾人更缺乏就业和教育机会,从而更有可能处于反复贫困状态:

$$\text{School}_i = \delta_0 + \delta_1 \text{YP} + \delta_2 \text{Disable}_i + \delta_3 \text{Age}_i + \delta_4 \text{Age}_i^2 + \delta_5 \text{Female}_i +$$
$$\delta_6 \text{Children}_i + \delta_7 \text{Rural}_i + e_i \tag{7-18}$$

2. 非货币模型构建

教育对精准脱贫户生计的影响超出了货币性范畴,它增加了保障可持续生计所需的基本需求的可能性(如健康、住房、饮用水、卫生及服务)(Sen,1999),随着教育水平的提高,精准脱贫户的行为决策也发生了改变,从而降低了精准脱贫户再度贫困的可能性。本章节通过构建两类非货币模型,分析教育通过非货币渠道对生计稳定的影响。第一个假设检验教育是否对人们从事预防保健决策有积极的影响。第二个假设检验是否拥有高等教育的户主为家庭提供了更好的卫生条件(如冲水马桶等)。

$$P_{ij} = f(E_i, y_i, X_i) \quad i = 1, 2, \cdots, N \tag{7-19}$$

其中,P 是家庭 i 达到基本需求 j 的概率,E 是家庭 i 的教育变量矢量,y 是家庭 i 的人均收入,X 是户主 i 的特征向量。

基于不同教育水平对于户主提高生活条件的可能性,方程(7-20)—方程(7-22)包括疾病预防(HlthPVT$_i$)和卫生设施(Sanitation)的因变量。本书采用 Logistic 回归进行估计。

$$\text{HithPVT}_i = b_0 + b_1 \text{School}l_i + b_2 \ln \text{THAI}_i + b_3 \text{Age}_i + b_4 \text{Female}_i + b_5 \text{Rural}_i + v_{1i}$$
$$\tag{7-20}$$

$$\text{Samitation}_i = c_0 + c_1 \text{School}l_i + c_2 \ln \text{THAI}_i + c_3 \text{Age}_i + c_4 \text{Female}_i + c_5 \text{Rural}_i + v_{2i}$$
$$\tag{7-21}$$

$$\text{Samitation}_i = d_0 + d_1 \text{PRIM}_i + d_2 \text{JHS}_i + d_3 \text{SHS}_i + d_4 \text{TER}_i + d_5 \text{CEDU}_i + d_6 \text{TRA}_i +$$
$$d_7 \ln \text{THAI}_i + d_8 \text{Age}_i + d_9 \text{Female}_i + d_{10} \text{Rural}_i + v_{3i}$$
$$\tag{7-22}$$

其中，HlthHPVT 代表家庭是否从事疾病预防活动，即购买商业医疗保险，Sanitation 捕捉家庭是否选择更好的卫生设施（拥有冲水马桶）。lnTHAI 是家庭人均年收入的对数，School 是户主受教育年限，Age 是户主的年龄，Female 是代表女性户主的虚拟变量，Children 即家庭拥有的 15 岁以下儿童数量，Rural 为到中心城镇便捷程度较低家庭，PRIM 为具有初等教育的户主，JHS 为初中教育户主，SHS 为高中教育户主，TER 为具有高等教育户主，CEDU 为高等职业教育户主，TRA 为接受了就业指导与培训户主，V_{1i}、V_{2i}、V_{3i} 为随机误差项，i 为户主，$i=1,2,3,\cdots,N$。

健康预防和卫生设施因变量估算如下：

$$L^{\text{HlthPVT}}=\ln\left[\frac{P_i^{\text{HlthPVT}}}{1-P_i^{\text{HlthPVT}}}\right]=Z_i^{\text{HlthPVT}}, \quad L^{\text{Sanitation}}=\ln\left[\frac{P_i^{\text{Sanitation}}}{1-P_i^{\text{Sanitation}}}\right] \quad (7\text{-}23)$$

其中，L^{HlthPVT} 是参与疾病预防的可能性，$L^{\text{Sanitation}}$ 代表家庭使用卫生设施的可能性；$P/(1-P)$ 为比值比；$\ln[P/(1-P]$ 是 $P/(1-P)$ 的自然对数，P 值介于 0 到 1 之间，$Z\in(-\infty,+\infty)$，$\text{Logit}L\in(-\infty,+\infty)$。

7.5.4 统计性描述

本书所采用的数据来源于全国社科基金规划重点项目课题组以及中央高校基金项目于 2016—2018 年间分三次进行的大规模微观农户入户调查。研究选择了包括六盘山区、秦巴山区、武陵山区、乌蒙山区、滇桂黔石漠化区、滇西边境山区、燕山—太行山区、四川藏区、罗霄山区在内的中国九大连片特困地区，甘肃、四川、重庆、贵州、湖南、云南、山西、江西等 8 个省（直辖市）27 个贫困区县 134 个行政村作为研究样本。共随机抽取了 3 147 个农户家庭，最终收回有效问卷 2 660 份，问卷的有效率为 84.5%，贫困户基本构成以及变量描述如表 7-4 和表 7-5 所示。

表 7-4 贫困地区精准脱贫户基本构成

样本特征	样本特征值
性别	男（77.6%）；女（22.4%）
年龄	≤30（1.9%）；31~40（4.2%）；41~50（39.2%）；51~60（24.0%）；61~70（21.0%）；≥71（9.7%）

表 7-5　变量描述及定义

变量	指标	指标定义及取值	obs	Mean	Std.Dev.	Min	Max
因变量	lnTHAI	家庭人均总收入自然对数	2 660	8.296	0.319	7.313	9.741
	School	户主受教育年数	2 660	5.670	3.362	0	15
	HlthPVT	家庭成员是否均购买商业医疗保险(是＝1,否＝0)	2 660	0.240	0.425	0	1
	Sanitation	家庭是否拥有卫生设施(是＝1,否＝0)	2 660	0.480	0.500	0	1
自变量	Age	户主年龄	2 660	54.81	11.619	21	89
	Age^2	户主年龄的平方	2 660	3 138.95	1 332.802	441	7 921
	Female	户主是否为女性(是＝1,否＝0)	2 660	0.224	0.412	0	1
	Children	15 岁以下儿童数	2 660	0.610	0.814	0	4
	Rural	家庭所在地距离中心城镇是否偏远(是＝1,否＝0)	2 660	0.290	0.456	0	1
	PRIM	户主是否为小学教育程度(是＝1,否＝0)	2 660	0.392	0.496	0	1
	JHS	户主是否为初中教育程度(是＝1,否＝0)	2 660	0.310	0.465	0	1
	SHS	户主是否为高中教育程度(是＝1,否＝0)	2 660	0.075	0.255	0	1
	TER	户主是否为高等教育程度(是＝1,否＝0)	2 660	0.010	0.113	0	1
	CEDU	户主是否为高等职业教育水平(是＝1,否＝0)	2 660	0.060	0.241	0	1
	TRA	户主是否接受就业指导及培训(是＝1,否＝0)	2 660	0.460	0.499	0	1
	PY	年幼时父母最高受教育程度(1＝小学,2＝初中,3＝高中,4＝高职,5＝大专及以上)	2 660	2.604	0.815	1	5
	Disable	户主是否残疾(是＝1,否＝0)	2 660	0.28	0.452	0	1

7.5.5 实证结果与分析

1. 教育对精准脱贫户可持续生计的货币效应

在使用工具变量前需对工具变量的有效性进行检验，为此使用 Stata14.0 软件进行过度识别检验，由于 Score Chi2(1)=0.013 78 小于 $P(P=0.970\ 4)$，故接受原假设，认为(YP,Disable)外生，与扰动项不相关。进而考察工具变量与内生变量的相关性，在内生假设下，根据"弱工具变量"的判定规则，若第一阶段 F 统计量 $>$ 10，则不必担心若工具变量问题(Staiger and Stock，1997)。如表 7-6 所示，本书 F 统计量为 24.837 9(超过 10)，且 F 统计量 P 值为 0.000 0[①]。虽然 2SLS 是一致的，但是有偏的，故使用 2SLS 会带来"显著性水平扭曲"(size distortion)，且该扭曲会随着弱工具变量而增大。若在结构方程中对内生解释变量的显著性进行"名义显著水平"(nominal size)为 5% 的 Wald 检验，假设可以接受"真实显著性水平"(true size)不超过 15%，则可以拒绝"弱工具变量"的原假设，因为最小特征值统计量为 34.877 3，大于对应的临界值 11.59。综上，我们有理由相信不存在弱工具变量，这在一定程度上反映了精准脱贫的有效性和针对性。

表 7-6 弱工具变量检验

First-stage regression summary statistics

Variable	R-sq.	Adjusted R-sq.	Partial R-sq.	Robust F	Prob$>F$
School	0.325 1	0.309 4	0.188 1	24.837 9	0.000 0

Shea's partial R-squared

Variable	Shea's Partial R-sq.	Shea's Adj. Partial R-sq.
School	0.188 1	0.172 0

Minimum eigenvalue statistic = 34.877 3

Critical Values	# of endogenous regressors：	1
Ho：Instruments are weak	# of excluded instruments：	2

---

① 此检验的原假设为工具变量(YP,Disable)在第一阶段回归中系数均为 0。

Minimum eigenvalue statistic ＝ 34.877 3				
2SLS relative bias	5%	10%	20%	30%\
	(not available)			
	10%	15%	20%	25%
2SLS Size of nominal 5% Wald test	19.93	11.59	8.75	7.25
LIML Size of nominal 5% Wald test	8.68	5.33	4.42	3.92

使用工具变量法的前提是存在内生解释变量,为此需进行 Hausman 检验,检验结果显示 Prob＞Chi2＝0.049 8,在 5% 的显著性水平上拒绝"所有解释变量均为外生"原假设,即认为 school 为内生变量。由于传统的 Hausman 检验在异方差情形下不成立,故进行异方差稳健的 DWH 检验,检验结果 P 值为 0.048 9(小于 0.05),故可认为 School 为内生解释变量。最后进行稳健的内生性检验,$\chi^2(1)$统计量为 3.412,P 值为 0.051 7,接近于 Wu-Hausman F 检验结果,故可认为通过稳健性检验。

估计的 2SLS 货币模型结果显示了精准脱贫户收入与其教育之间的关系,如表 7-7 所示,精准脱贫户户主的受教育年限(School)每增加 1 年,就可增加 3.51% 左右的家庭收入。年龄(Age)的增长对家庭收入提高具有显著的积极影响,而年龄平方(Age^2)则表现为抑制作用,反映出年龄对于家庭收入影响的"倒 U 形"作用曲线,即在早期随着户主年龄增长,生计资本加速积累,有助于家庭收入的提高和生计的改善,而后期年龄增长所引致的健康人力资本加速折旧,学习能力和对新事物的接受能力逐步减弱,体现为就业竞争力的下降和思维观念陈旧,从而导致家庭整体收入的缩减。与男性户主相比,女性户主(Female)自身客观条件和家庭原因导致在就业选择等方面存在一定的劣势,不利于家庭整体收入的提高,该结果支持了第 4 章定性分析相关结论;考虑到 15 岁以下的未成年人(Children)并不具备劳动能力,其数量的增加会导致家庭抚养负担的加重和教育开销的增加,儿童数量每增加 1 个单位会使得家庭人均收入降低 1.1 百分点。外部环境对于家庭生计影响显著,偏远地区(Rural)基础性保障缺失,产业发展滞后,不利的就业环境和发展条件对家庭收入的增加具有明显的抑制作用,这与本章前部分实证研究结论一致。方程(7-18)表明两个工具变量在常规水平上具有统计显著性。年幼时的父母受教育程度(YP)和自身残疾(Disable)是精准脱贫户受教育年限的重要影响因素,其中父母受教育水平与子女受教育状况具有高度正相关关系,父母受教育程度每提高1个单位会使得子女教育年限提高5.513 7个单位,反映出父母受教育水平对其子女人力资本的优化积累能够产生直接推动作用,这在一定程度上证实了人力资本的代际传递。此外,由于先天原因导致的自身能力缺陷(Disable)会使得这部分群体无法拥有正常的学习机会,在就业选择时也面临较大的局限性,从而更有可能陷入反复贫困状态。

表 7-7　教育对收入的货币效应

变 量	IV(方程(7.13))		OLS(方程(7.18))	
	2SLS	标准差	OLS	标准差
School	0.035 1***	0.031 4		
Age	0.032 9**	0.000 3	0.032 2**	0.032 8
Age^2	−0.000 3**	0.000 1	−0.001 8**	0.000 8
Female	−0.226 4***	0.043 4	−1.286 7***	0.217 9
Children	−0.011 0***	0.057 6	−2.125 7*	0.171 2
Rural	−0.388 4***	0.029 5	−1.146 0**	0.163 5
YP			5.513 7***	0.338 8
Disable			−2.141 8***	0.168 9
Constant	8.148 8***	0.443 6	15.357 4***	0.823 4
R-Square	0.447 2		0.369 4	
F-Statistic	133.88***		95.45***	
Observation	2 660		2 660	

注:***、**、*分别表示在1%、5%、10%水平下显著。

表 7-8 进一步使用综合教育水平的分位数回归来反映教育对于收入的影响。本书主要选择 5 个具有代表性的分位数,分别是 0.10、0.25、0.50、0.75、0.90,分别对应精准脱贫家庭的最低收入组、中低收入组、中等收入组、中高收入组和最高收入组,旨在揭示教育对于精准脱贫户收入增长的影响效应。由表 7-8 可知,受教育程度(School)的系数在所有收入分组都显著为正,这说明所有收入层级的精准脱贫户都受益于通过教育而获得的人力资本,受教育程度的提高可提升精准脱贫户的收入水平,从而增强其生计可持续性。具体而言,增加一年的教育可以使收入在第 10 个分位点增加 3.4%,在第 25 个分位点增加 3.47%,在第 50 个分位点增加

3.55%,在第 75 个分位点增加 3.48%,在第 90 个分位点增加 3.44%。年龄(Age)在所有收入层级显著为正,而年龄的平方(Age²)在五个收入组均具有负向作用,且影响程度依次递减,反映出年龄对于所有精准脱贫户家庭的收入的影响系数服从较明显的"倒 U 形"分布,但高收入组的生计资本优势可部分抵消由于老龄化引起的负面效应。女性户主(Female)对于家庭收入在所有收入分位点均体现为消极影响,即女性户主收入普遍低于男性户主,且该收入差距在低收入组家庭更为明显,可理解为由于贫困地区女性受教育程度普遍低于男性,在就业竞争中往往处于劣势,这与调研区实际情况相符。15 岁以下儿童数量(Children)对于家庭人均收入在所有收入层级均具有消极影响,说明未成年儿童数量的上升会显著拉低精准脱贫户家庭人均收入,相比于其他组别,儿童数量提高对于高收入组家庭的收入冲击最小,反映出生计资本存量较低家庭对由儿童数量增长引致的负面作用更为敏感。对所有收入层级的精准脱贫户而言,偏远地区(Rural)对收入水平的影响都是显著为负的,反映出偏远农村地区滞后的经济发展水平和较高的贫困发生率对于精准脱贫户收入的提高具有阻碍作用,且相比高收入组,偏远地区对于低收入家庭的负面影响更大。

表 7-8　收入分位数回归

变　量	q10	q25	q50	q75	q90
School	0.034 0**	0.034 7**	0.035 5**	0.034 8**	0.034 4**
	(0.003 5)	(0.002 4)	(0.002 8)	(0.002 2)	(0.003 2)
Age	0.049 4*	0.056 3**	0.033 7**	0.032 8**	0.024 0*
	(0.008 6)	(0.006 3)	(0.004 9)	(0.006 1)	(0.008 3)
Age²	−0.000 4**	−0.000 3**	−0.000 2*	−0.000 2*	−0.000 1*
	(0.000 2)	(0.000 1)	(0.000 1)	(0.000 1)	(0.000 1)
Female	−0.331 7**	−0.267 7**	−0.212 5**	0.109 3**	0.177 3**
	(0.061 6)	(0.045 0)	(0.041 0)	(0.036 2)	(0.045 7)
Children	−0.120 4**	−0.099 0**	−0.134 3**	−0.113 8**	−0.010 0**
	(0.034 6)	(0.024 9)	(0.030 0)	(0.029 7)	(0.037 0)
Rural	−0.398 3**	−0.381 1**	−0.361 2**	−0.389 5**	−0.378 2**
	(0.035 3)	(0.023 4)	(0.030 0)	(0.028 1)	(0.038 3)
Constant	7.083 6**	7.649 1**	8.120 7**	8.559 2**	9.201 1**
	(0.205 4)	(0.146 0)	(0.134 6)	(0.152 0)	(0.192 1)

注:***、**、*分别表示在 1%、5%、10%水平下显著。

表 7-9 采用教育水平的分位数回归来进一步探究差异化教育对于不同生计水

平精准脱贫户收入的作用。由表 7-9 可知,小学教育(PRIM)仅对于最低收入组具有促进作用,这可能与劳动力市场竞争日益激烈有关。对于处在较低收入状态(q10,q25),生计资本积累不足的精准脱贫户而言,初中教育(JHS)能够有效提高提升其就业竞争力,从而有助于提高收入水平,并改善该部分群体生计状况。而高中教育(SHS)和高等职业教育(CEDU)在第 10 分位点、第 25 分位点、第 50 分位点显著为正,且对于收入增长贡献率分别为 30.29%、22.65%、20.68% 和 34.67%、13.63%、14.49%,反映出高中教育和高职教育对于中等收入及以下的精准脱贫户家庭的增收作用明显。高等教育(TER)的系数在各分位点处均显著为正,高等教育所带动的人力资本快速积累,对于所有收入层级精准脱贫户的收入增长均具有十分重要的推动作用,在第 10、25、50、75、90 分位点收入的影响程度分别为48.69%、42.12%、40.27%、46.94%、45.01%。就业指导和培训(TRA)有益于所有家庭的收入增长,针对不同收入组而言,就业培训的增收效应表现为低收入组明显高于高收入组,究其原因,对于长期处于相对低收入状态、自身发展能力不足的精准脱贫户而言,对口的就业培训可以在较短时间增进人力资本并获得就业机会,从而更快地提高收入,而对于高收入组家庭而言,其生计资本的流动性约束较小,在进行生计决策时拥有更广的选择面,因而其增收效应相对较低。

表 7-9 教育水平的收入分位数回归

变　　量	q10	q25	q50	q75	q90
PRIM	0.160 3*	0.035 7	−0.049 2	−0.030 1	−0.046 5
	(0.087 2)	(0.058 3)	(0.056 4)	(0.053 7)	(0.076 0)
JHS	0.246 5**	0.141 2**	0.047 6	0.057 3	0.055 0
	(0.085 7)	(0.057 9)	(0.051 6)	(0.051 2)	(0.084 0)
SHS	0.302 9**	0.226 5**	0.206 8**	0.189 4	0.156 9
	(0.086 6)	(0.055 2)	(0.054 7)	(0.050 2)	(0.073 3)
TER	0.486 9**	0.421 2**	0.402 7**	0.469 4**	0.450 1**
	(0.080 0)	(0.056 0)	(0.055 4)	(0.486)	(0.073 5)
CEDU	0.346 7**	0.136 3**	0.144 9**	0.166 1	0.166 9
	(0.086 2)	(0.056 2)	(0.052 2)	(0.054 1)	(0.072 5)
TRA	0.391 9**	0.320 7**	0.234 5**	0.268 3**	0.271 0**
	(0.081 6)	(0.054 7)	(0.056 6)	(0.050 5)	(0.071 4)
Age	0.050 0**	0.042 6**	0.041 6**	0.045 8**	0.037 5**
	(0.008 8)	(0.007 3)	(0.004 8)	(0.005 9)	(0.009 4)

变 量	q10	q25	q50	q75	q90
Age^2	−0.000 5**	−0.000 4**	−0.000 3**	−0.000 3**	−0.000 1**
	(0.000 2)	(0.000 1)	(0.000 1)	(0.000 1)	(0.000 1)
Female	−0.303 8**	−0.270 2**	−0.0223 6**	−0.150 4**	−0.218 8**
	(0.071 6)	(0.044 1)	(0.037 0)	(0.041 2)	(0.050 3)
Children	−0.125 8**	−0.106 7**	−0.157 5**	−0.100 5**	−0.074 1**
	(0.036 6)	(0.035 4)	(0.028 1)	(0.025 3)	(0.035 3)
Rural	−0.385 0**	−0.338 7**	−0.324 5**	−0.327 2**	−0.357 9**
	(0.033 1)	(0.024 8)	(0.026 0)	(0.148 2)	(0.035 1)
Constant	7.118 2**	7.661 5**	8.162 3**	8.385 9**	8.941 2**
	(0.221 8)	(0.182 0)	(0.128 6)	(0.148 2)	(0.216 7)

注：***、**、*分别表示在 1%、5%、10%水平下显著。

2.教育对可持续生计的非货币效应

可持续生计不仅依赖于收入的持续增长,更体现在生计风险的防控。购买商业医疗保险等风险防范活动可以显著降低生计脆弱性,从而有助于增强生计可持续性。表 7-10 反映了精准脱贫户家庭购买商业医疗保险(HlthPVT)的影响因素,其中,户主受教育程度对于购买医疗保险具有显著的积极影响,边际效应表明,教育使得精准脱贫户家庭健康预防活动的可能性提升 3.87%。其次,购买医疗保险行为与家庭整体收入(lnTHAI)显著相关,收入对于进行健康预防活动的贡献为13.12%,收入的提高使得精准脱贫户从事风险预防活动的倾向性显著增加。10.42%的消极边际效应表明,相比地理位置较好家庭,偏远地区精准脱贫户从事疾病防控倾向性更低,反映出贫困地区的精准脱贫户生计脆弱性更高,一旦遭遇疾病风险冲击,很有可能再度陷入贫困陷阱。此外,由于女性户主对家庭成员的健康状况更为关注和敏感,并甚少沾染社会恶习(赌博、吸毒、酗酒等),女性(Female)对于家庭健康预防活动具有积极作用,有助于家庭生计的稳定。一般而言,随着年龄的增长,疾病风险逐年增加,人们对于健康和保险意识逐渐增强,因此年龄(Age)对于购买商业医疗保险的影响也具有一定的积极影响,其贡献率为 0.1%。

表 7-10　教育与疾病预防的回归结果

变　量	Coefficient	Standard error	Marginal effect
School	0.030 2***	0.000 8	0.038 7
lnTHAI	1.013 6***	0.058 4	0.131 2
Age	0.008 1***	0.003 3	0.001 0
Female	0.101 8*	0.122 3	0.012 7
Rural	−0.780 8***	0.081 4	−0.104 2
Constant	−8.520 8***	0.620 5	
No.of obs	2 660		
LR x^2(5)	657.81***		
Log likelihood	−2 138.545 5		
McFadden R^2	0.137 3		

注：***、**、*分别表示在1％、5％、10％水平下显著。

　　卫生设施所代表的基本生活方式在一定程度上决定了个体健康人力资本的存量。表 7-11 表明了拥有较好卫生设施(Sanitation)的影响因素。所有阶段教育均能显著提高精准脱贫户卫生设施的偏好程度,受过高等教育的精准脱贫户的边际效应对于使用卫生设施的贡献最大,为 12.1％,就业培训(TRA)和高等职业教育(CEDU)次之,其边际效应为 6.32％和 6.17％,中等教育和初等教育对于家庭卫生设施的贡献率依次递减,分别为高中教育(5.81％)、初中教育(5.12％)、小学教育(3.73％)。由此可见,中高等教育和继续教育是使得精准脱贫户选择更好的卫生设施的重要决定因素,反映出教育水平对于改变精准脱贫户健康行为和决策的重要意义。此外,家庭整体收入(lnTHAI)能够显著增加精准脱贫户选择卫生设施的可能性,其边际效应为 6.52％。随着人力资本和社会资本的积累,年龄较大的户主更倾向于健康的生活方式以规避潜在的疾病风险,年龄(Age)对于选择更好卫生设施的影响是积极的,其贡献率为 0.01％。2.11％的边际效应表明,与男性户主相比,女性户主(Female)更有可能选择较好的卫生设施,营造健康的生活环境,以降低潜在的生计风险。由于农村偏远地区住房条件和基础设施简陋,公共服务建设发展滞后,不利的外部环境对精准脱贫户家庭在卫生设施选择具有十分显著的抑制作用,33.16％的消极边际效应表明偏远地区精准脱贫户家庭卫生设施水平较低,这在一定程度上加速了健康人力资本折旧。

表 7-11　教育与拥有卫生设施的回归结果

变　量	方程(7-21)			方程(7-22)		
	Coefficient	Standard error	Marginal effect	Coefficient	Standard error	Marginal effect
PRIM				0.485 8**	0.194 4	0.037 3
JHS				0.662 6***	0.189 2	0.051 2
SHS				0.703 8***	0.193 7	0.058 1
TER				1.405 4***	0.191 6	0.121 0
CEDU				0.749 9**	0.187 8	0.061 7
TRA				0.782 0***	0.190 5	0.063 2
School	0.075 5***	0.000 8	0.006 2	—	—	—
lnTHAI	0.761 3***	0.068 7	0.064 6	0.760 7***	0.063 0	0.065 2
Age	0.010 6***	0.003 3	0.000 9	0.012 5***	0.002 9	0.001 0
Female	0.265 6*	0.127 9	0.021 3	0.252 2*	0.131 5	0.021 1
Rural	−3.035 1	0.118 9	−0.339 1	−2.977 2***	0.118 6	−0.331 6
Constant	−5.510 3***	0.653 7		−5.659 8***	0.667 2	
No.of obs	2 660			2 660		
LR x^2(5)	1 814.7***			1 827.4***		
Log likelihood	−1 695.762			−1 681.948		
McFaddenR^2	0.364 6			0.370 8		

注:***、**、*分别表示在 1%、5%、10%水平下显著。

7.6　本章小结

　　本章综合运用跨层线性回归、两阶段最小二乘法、分位数回归和逻辑回归实证研究了精准脱贫户实现可持续生计的影响因素,进一步证实了第 3 章理论分析中

提出的观点,并得出了如下结论:

（1）生计资本方面,精准脱贫户家庭整体生计受到人力资本、自然资本、物质资本、金融资本、社会资本的正向激励作用。

（2）脆弱性方面,债务、疾病、自然灾害对家庭可持续生计有不同程度的破坏作用,可能造成家庭收入波动,不利于生计活动的开展和脱贫效果的持续。其中,债务对于生计的破坏作用较小,而健康风险和灾害风险是造成精准脱贫家庭生计动荡的重要因素,面对不利的外部风险,生计能力较弱的家庭有可能"因病返贫""因灾返贫"。

（3）精准脱贫户家庭可持续生计有赖于当地公共服务、基础设施、自然条件和产业发展水平。其中,完备的公共服务体系和规模化的产业发展对于当地精准脱贫户的生计促进作用尤为显著,有利于精准脱贫户家庭脱贫效果的持久性。相比于城镇地区,偏远地区教育医疗卫生发展滞后,会对精准脱贫户家庭的可持续生计产生消极影响,这在一定程度上解释了当前贫困地区贫困发生率和返贫率畸高的现状。

（4）精准脱贫家庭女性户主、家庭未成年成员人数均会对家庭整体收入水平产生负面影响,而户主年龄对于家庭生计的作用呈现倒"U"形,老龄化所引致的负面影响会随着收入的提高而改善。

（5）教育对于所有收入层级精准脱贫户家庭增收具有十分积极的作用,高等教育和就业指导培训对于所有收入水平的精准脱贫户家庭的收入增长均展现出强劲的推动力,而小学教育、初中教育、高中教育和职业教育则更有助于较低收入水平的精准脱贫户家庭的增收。

（6）受教育程度、家庭收入、女性户主以及年龄增加均可使得精准脱贫户从事风险预防活动和使用卫生设施的倾向性显著增加,从而有利于改善家庭成员健康状况,提高抵御疾病风险冲击能力,减少生计脆弱性,以保障生计持续稳定。

第 8 章
精准脱贫户实现可持续生计的风险分析

第 7 章从内在与外在、持续性与脆弱性的双重视角着重探讨了精准脱贫户可持续生计的动力机制,而对于生计尚欠稳定的精准脱贫户而言,可持续生计的实现是一个长期性动态化的生计结果,如何基于时间维度把握其可持续生计发展脉络,剖析生计风险动态变化,保障精准脱贫户后续生计的平稳可持续,是后扶贫时期的焦点问题,也是本节将要讨论的重点内容。

8.1 精准脱贫户可持续生计的动态风险剖析

随着精准扶贫工作的不断深入,全国数千万的贫困人口脱贫摘帽,退出贫困户行列。与此同时,由于时间紧任务重,贫困户一旦脱贫退出后,上级政府在扶贫上的注意力可能转移,社会对扶贫的支持力度也可能会大幅度缩减甚至停止,有限的资源必将流向更有需要的群体。在政策脱钩后,脱贫户能否依靠自身能力和现有的条件走上小康之路直接决定了精准脱贫的最终成效,若盲目追求脱贫短期效益,赶超脱贫时间节点,实施政策、资金和人员投入"一刀切"帮扶模式,而忽视低收入群体的现实需求,导致脱贫基础松散,可持续生计能力不强,一旦遭遇外部风险冲击则极易再度陷入贫困。近年来,我国农村地区返贫现象呈现出严重性、反复性、高发性态势,各地返贫率通常在 20% 以上,据统计,目前中国农村还极有可能返贫的农村低收入人口为 5 825 万人(王延中等,2016)。鉴于贫困户自身生计的脆弱性和波动性特征以及精准脱贫战略实施效果的现实反馈,一些学者们开始注意到"扶上马还需送一程"的重要意义,指出应尽快建立退出后的帮扶保障制度,健全精准脱贫长效机制(戴秀英,2018)。对于欠稳定的脱贫户群体,相关政府部门应在一定时期内做好跟踪支持和保障服务工作,注重提高精准脱贫户的造血机能,提升社会参与度和积极性,不断增强群众自我发展的能力(汪三贵,2015),尽早察觉潜在致贫因素,将生计波动群体及时纳入帮扶范围(李裕瑞,2016)。针对退出精准帮扶项目后精准脱贫户的脱贫考核评估不仅要看一时,更要有一定的时间连续性,留出脱贫缓冲期(晓剑,2016),从而阻隔反复扶贫和阶段性扶贫,保证脱贫成果经得起时间检验。然而,现有精准脱贫研究仍集中于对贫困群体的精准帮扶,对于后续保障的相关研究甚少且仅停留在理论层面,各地在实际帮扶过程中对于后续保障措施的实施也并没有统一的标准。随着精准脱贫的纵向深入,面对数量庞大的精准脱贫群体,我们不禁要问,贫困户在脱贫退出后生计将发生怎样变化?在何阶段生计风险概率较高?如何科学设定脱贫缓冲期?如何减低精准脱贫户的生计动荡风险、延长生计稳定时间?对于该问题的回答,有助于解答"扶上马,送一程"中"如何送""送多久"的问题,有助于相关部门及时给予生计欠稳定精准脱贫户有针对性的帮扶措施,规避反复扶贫,实现扶贫效果与资源利用最大化。

8.1.1　方法选择与说明

生计的动态变化旨在从时间维度研究个体或家庭在不同时期之间的生计情况转换。由于我国对于贫困人口脱贫退出设有明确的考察标准,因而可将退出时精准脱贫户家庭假设均处于生计稳定状态,其生计转化在退出时间 t 至调查时间 $t+1$ 之间存在两种类型,即生计稳定→生计稳定、生计稳定→生计动荡。本书通过评估精准脱贫户可持续生计指数,根据巴雷特(Barrett,2006)观点将低于 2.8 的生计状态定义为生计动荡,标记为 1,将生计稳定标记为 0。在 t 时期生计稳定而 $t+1$ 时期生计动荡的家庭概率可记为 P_{01},相应地在 t 时期和 $t+1$ 时期生计均处于稳定状态的家庭概率可记为 P_{00},则有

$$P_{01} + P_{00} = 1 \qquad (8\text{-}1)$$

在精准脱贫户可持续生计研究中,我们更关注生计从稳定到动荡的转变,即从"脱贫成功"至"脱贫失败"的过程,且在考虑生计状态变化的同时,还应该考查生计稳定状态的持续性,以及持续时间对生计转换的影响。因此,所研究内容为结果变量在某一关注事件发生前所持续的时间(如图 8-1 所示)。综上,考虑采用广泛应用于生物学、医学领域的生存分析方法(survival analysis)。

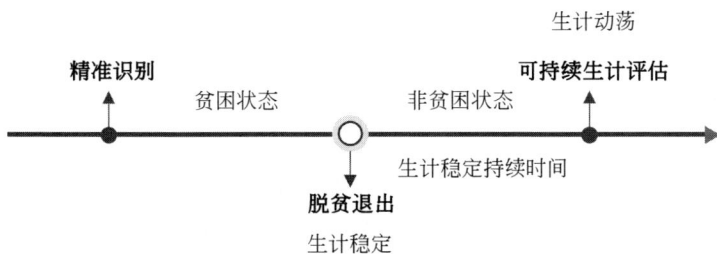

图 8-1　生存分析研究设计

生存分析是将事件的结果和出现此结果所经历的时间相结合的现代统计分析方法,也称为风险模型或持续模型。与传统分析方法相比,其优势在于:其一,生存分析不需要假定数据服从明确的参数分布。其二,生存分析能够应对观测数据的截取(truncated data)和删失(censored data)问题。在实际调研中,只能对精准脱贫户当前生计情况进行评估,无法对其生计状态进行长期多阶段的跟踪和记录。当观测到某一精准脱贫户家庭生计动荡时,这种状态或许已持续一段时间,即数据的左截取问题;相应地,调查结束时该生计状态可能仍将持续,即数据的右截取问题。除此之外,样本的流失问题、区间删失问题在生存分析中都得到妥善处理。生存分析采用生存函数或风险函数来描述生存时间的分布特征,通常包括非参数方法、半参数方法和参数方法。非参数方法即为不引入任何的外生变量,仅和持续时间有关;半参数分析方法则考虑既与持续时间,也与外生变量相关,但不依赖于特定的分布假设;参数分析方法则依赖于特定分布的假设。

1. Kaplan-Meier 生存函数

本书将使用非参数的 Kaplan-Meier 生存函数报告幸存率。设 T 为生计动荡发生的时间,可以取随机离散变量 t_i,且概率密度函数为 $p(t_i) = Pr(T = t_i)$,$i = 1, 2, \cdots, n$,则随机变量 t 的生存函数可表达为

$$S(t) = \Pr(T > t) = \sum_{t_i > t} p(t_i) \qquad (8\text{-}2)$$

2. Kaplan-Meier 风险函数

Kaplan-Meier 生存函数计算了精准脱贫户在某一时刻后仍然维持原先生计稳定状态的概率,而风险函数则侧重于考察生计动荡的概率,可表达为

$$h(t_i) = \Pr(T = t_i \mid T \geqslant t_i) = \frac{p(t_i)}{S(t_{i-1})} \qquad (8\text{-}3)$$

其中,$S(t_0) = 1$ 生存函数与风险函数关系可表达为

$$S(t) = \prod_{t_i < t} [1 - h(t_i)] \qquad (8\text{-}4)$$

Kaplan-Meier 非参数估计能够利用右删失和非删失数据的全部信息且对右删失具有稳定性,假设 n 个独立观测值为 (t_i, c_i),其中,t_i 为生存时间,c_i 为观测值 i 的删失变量。若 $t_{(1)} < t_{(2)} < \cdots < t_{(m)}$ 表示记录的失败(生计动荡)时间 $(m \leqslant n)$,n_i 代表 $t_{(i)}$ 时处于失败风险的数量,d_i 表示观察到的失败的数量,则生存函数估计值为

$$\bar{S}(t) = \prod_{t(i) \leqslant t} \frac{n_i - d_i}{n_i} \qquad (8\text{-}5)$$

若 $t < t_{(1)}$,$\bar{S}(t) = 1$,风险函数为失败的数量与处于风险的数量之比,即

$$\bar{h}(t) = \frac{d_i}{n_i} \qquad (8\text{-}6)$$

3. Cox 比例风险模型

上述非参数分析法仅从时间维度捕捉了生计动荡的风险,但在现实情况下,影响生计稳定的因素众多,因此还需要考虑其他变量对生计的影响。Cox 比例风险模型通过建立生存时间随风险因素变化的回归模型确定对生存时间具有影响的预后因素,根据风险因素在模型中的影响对生存率进行预测。Cox 模型以生存结局和生存时间为因变量,通过在风险函数与研究因子之间建立类似广义线性模型的关联,从而考察研究因子对风险函数的影响作用,可同时考察多元连续或分类自变量的影响,其基本形式为

$$h(t, X) = h_0(t) \exp(\beta_1 X_1 + \beta_2 X_2 + \cdots + \beta_m X_m) \qquad (8\text{-}7)$$

其中,$h_0(t)$ 是当向量 X 为 0 时 $h(t, X)$ 的基准风险,$\beta_1, \beta_2, \cdots, \beta_m$ 为自变量的偏回归系数,其系数符号反映了变量影响风险的方向,进而 e^{β_i} 被定义为风险比率

(Hazard Ratio),若变量的风险比率小于1,说明该变量有利于延长生计稳定时间,反之则会加速生计的动荡。式(8-7)可等价表达为

$$\ln[h(t,X)] = \ln[h_0(t,X)] + \beta_1 X_1 + \beta_2 X_2 + \cdots + \beta_m X_m \qquad (8\text{-}8)$$

由于 Cox 回归模型对 $h_0(t)$ 未作任何假定,因此 Cox 回归模型在处理问题时具有较大的灵活性,即使在 $h_0(t)$ 未知的情况下,仍可取得 β 参数的最大似然估计。本书选择 Cox 比例风险模型,用以考察精准脱贫户生计资本以及家庭内部异质性对生计转变的影响。

8.1.2　实证结果与分析

按照调研区实际情况,本书将精准脱贫户退出贫困项目前的致贫原因归结为生理致贫、心理致贫、能力致贫、环境致贫和教育致贫(分别由 1、2、3、4、5 表示)。其中,生理致贫包括由于家庭成员身体原因而造成的贫困,例如疾病、残疾等;心理致贫涵盖了由于个体心理因素而导致的贫困,如惰性思维、缺乏自信等;能力致贫则反映了由于个体人力资本存量偏低、教育程度较低、就业技能不足而导致的收入水平过低;环境致贫主要源自于当地经济社会发展滞后、基础设施薄弱、地区自我造血能力不足、资源匮乏、自然环境恶劣等因素;教育致贫即未成年子女较多、家庭抚养负担过重而造成的贫困。在本书中,由于观测对象的脱贫年限限制,因而只能观测到近 4 年情况。Log Rank (Mantel-Cox)检验 P 值为 0.000,反映出精准脱贫户的致贫原因对于其生计稳定的生存时间具有显著的影响。由表 8-1 可知,因能力、教育、环境致贫的精准脱贫户在脱贫后生计稳定性较好,生计可持续时间较长,分别为 3.423、2.750、2.642。而心理致贫型精准脱贫户可持续生计的生存时间较短,为 2.151,究其原因,可以理解为相比其他客观条件因素,心理致贫更易因外界压力或风险冲击而产生反复和波动。相比之下,由于生理因素致贫的精准脱贫户生计稳定的生存时间最短,仅为 1.876,反映出该部分群体脱贫后生计能力仍较弱。图 8-2 为不同致贫原因下的生存函数和风险函数,体现出生理致贫和心理致贫的精准脱贫户生计稳定的生存时间较其他致贫因素更短,同时风险率更高。从整体上看,在脱贫退出后的 2 年内精准脱贫户生计变动频繁,其中,生理原因致贫的精准脱贫户其累计生存比例从 0.3 年的 99.3% 降低至 2 年的 39.8%,下降 59.5 百分点,心理原因致贫的精准脱贫户其累计生存比例从 0.5 年的 84.2% 降低至 2 年的59.1%,累计下降 25.1%,而因能力、环境、教育致贫的精准脱贫户其累计生存比例

分别由 0.5 年的 98.7％、97.5％、94.7％下降至 2 年的 82.5％、82.7％、88.8％。相关部门应在脱贫退出后的 2 年内对精准脱贫户,尤其是生理致贫和心理致贫的脱贫群体进行信息追踪和后续帮扶。

表 8-1 生存分析时间的平均值

主要致贫原因	样本数	估　算	标准误差	95％置信区间	
				下　限	上　限
1. 生理致贫	916	1.876	0.101	1.678	2.075
2. 心理致贫	194	2.151	0.276	1.610	2.692
3. 能力致贫	765	3.423	0.170	3.089	3.757
4. 环境致贫	403	2.642	0.144	2.360	2.924
5. 教育致贫	382	2.750	0.118	2.518	2.982

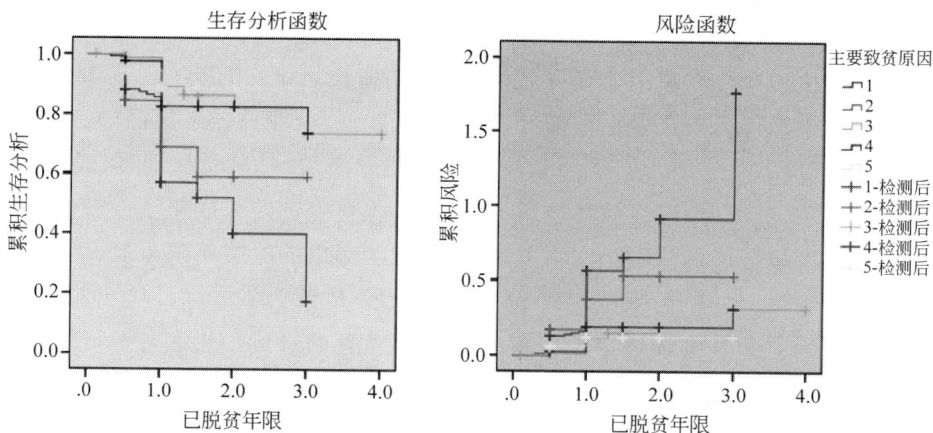

图 8-2 致贫原因差异视角下的 Kaplan-Meier 生存曲线与风险曲线

扫码查看图 8-2 彩图

从性别角度看,Log Rank (Mantel-Cox)检验 P 值为 0.001,反映出精准脱贫家庭户主性别对于其生计稳定的生存时间具有显著的影响。由表 8-2 和图 8-3 可知,女性户主生计稳定的持续时间(1.841)明显低于男性户主(2.936),虽然二者在脱贫后1年内无明显分化,但随着脱贫时间的延长,男性户主对于家庭生计的维持效果明显优于女性,女性户主家庭生计动荡风险更高。这可能与贫困地区男性受教育程度明显高于女性,且女性由于其自身客观条件和家庭因素限制在增收、就业等方面均处于劣势有关。由第4章分析可知,截至2016年,女性不识字及小学文化程度人数是男性的1.6倍,且81.6%的女性将农业活动作为生计策略,男性从事第二、第三产业的人数是女性劳动力的1.5倍。而非农生计策略在维持生计稳定方面作用显著,能够带动家庭物质、金融资本存量的提升。因此,在后续保障中,应加强女性受教育程度并进一步扩展女性劳动力的生计选择渠道。

表 8-2　生存分析时间的平均值

户主性别	样本数	估　算	标准误差	95%置信区间	
				下　限	上　限
0 女性	596	1.841	0.174	1.678	2.075
1 男性	2 064	2.936	0.110	1.610	2.692
总体	2 660	2.792	0.103	2.590	2.993

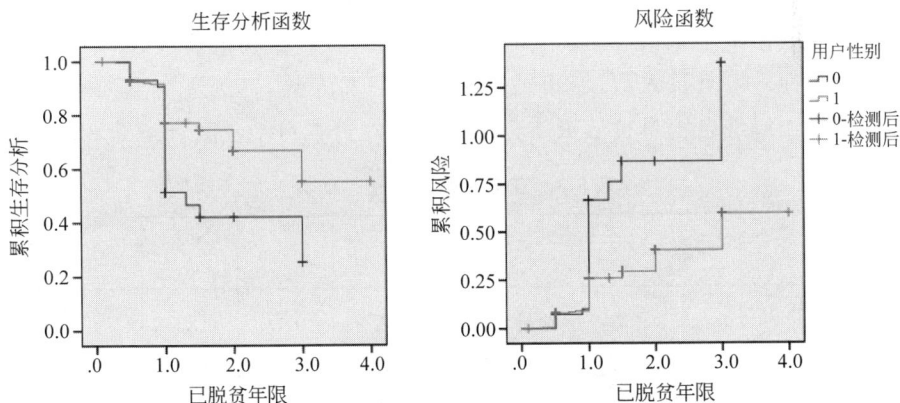

图 8-3　性别差异视角下的 Kaplan-Meier 生存曲线与风险曲线

扫码查看图 8-3 彩图

8.2 生计资本对降低生计动荡风险的作用分析

8.2.1 变量选取及统计性描述

为了进一步探究精准脱贫户生计稳定持续时间的影响因素,本书将利用半参数 Cox 比例风险模型,从生计资本和家庭构成角度,考察各变量对于生计动荡的作用,变量选取及说明如表 8-3 所示。家庭特征方面,选取户主政治面貌、户主年龄、家庭抚养负担和精准扶贫年限四类指标;人力资本方面,选择了家庭整体劳动能力、参加技能培训比重、家庭成员平均健康状态、家庭成员平均受教育程度四类指标。一般认为,家庭劳动能力越强、受教育程度和健康水平越高,则意味着家庭整体人力资本积累量越丰富;物质资本方面,选取生活耐用品价值和房屋价值两类指标;金融资本方面,选择人均年收入、储蓄、可获得最大借款金额三类指标以反映精准脱贫户家庭经济基础;社会资本方面,选择了街坊邻里关信任度、亲朋好友担任村干部或其他政府官员人数、城市或县城亲朋好友人数;自然资本方面,耕地面积和耕地质量用以综合衡量自然资本存量以及自然资本对于金融资本的转换情况。

表 8-3 变量选取及描述性统计

变量类别	变 量	符号	说 明	Mean	Std. Dev.	Min	Max
家庭特征	户主政治面貌	party	是否为党员(1＝是;0＝否)	0.13	0.334	0	1
	户主年龄	age	年龄(单位:岁)	54.81	11.619	21	89
	家庭抚养负担	fy	15 岁以下儿童、65 岁以上老人、残疾人和病人所占比例	0.362	0.298	0	1
	帮扶年限	year	从精准识别至精准退出时间(单位:年)	2.984	1.371	1	8
	家庭规模	scale	家庭成员数量	3.641	1.539	1	9

续表

变量类别	变量	符号	说　明	Mean	Std. Dev.	Min	Max
人力资本	家庭劳动能力	labor	所有家庭成员劳动能力之和（每个成员的劳动能力：非劳动＝0，半劳动力＝0.5，全劳力＝1）	1.354	0.105	0	4.5
	是否参加过技能培训	px	1＝是；0＝否	0.460	0.499	0	1
	家庭成员平均健康状态	health	1＝差；2＝较差；3＝一般；4＝较好；5＝非常好	2.878	1.032	1	5
	家庭成员平均受教育程度	edu	所有成员教育水平的平均值为平均值（1＝不识字；2＝小学；3＝初中；4＝高中；5＝大专及以上）	2.154	1.016	1	5
物质资本	生活耐用品价值	dv	生活耐用品价值（万元）的自然对数	7.693	2.854	2.163	11.608
	房屋价值	house	房屋价值的自然对数	9.756	1.321	6.102	13.445
金融资本	人均年收入	income	家庭人均年收入自然对数	8.296	0.319	7.313	9.741
	储蓄	deposit	单位：万元，以对数化处理	8.580	1.597	0	12.429
	可获得信贷金额	loan	单位：万元，以对数化处理	9.305	0.129	0	11.513
社会资本	街坊邻里关系	relation	1＝差；2＝较差；3＝一般；4＝较好；5＝非常好	3.171	0.309	1	5
	官员亲友	gov	亲朋好友担任村干部或其他政府官员人数	0.358	0.861	0	7
	城市亲友	city	城市或县城亲朋好友人数	2.971	3.839	0	25
自然资本	耕地面积	land	单位：亩	5.190	8.933	0	85.90
	耕地质量	quality	1＝差；2＝较差；3＝一般；4＝较好；5＝非常好	2.84	0.725	1	5

对该模型进行 Omnibus 检验，原假设为"所有影响因素的偏回归系数均为0"，由表 8-4 可知，$P=0.000<0.05$ 拒绝原假设，因而可判定存在偏回归系数不为零的因素，值得进一步分析。

表 8-4 模型系数的 Omnibus 检验

−2 对数似然	总体（得分）			从上一步进行更改			从上一块进行更改		
	卡方	自由度	显著性	卡方	自由度	显著性	卡方	自由度	显著性
768.077	153.682	19	0.000	173.570	19	0.000	173.570	19	0.000

8.2.2 Cox 比例风险回归分析

表 8-5 显示了生计稳定的精准脱贫户生计动荡的比例风险模型估计结果。对于精准脱贫户的家庭内部特征而言,家庭抚养比和家庭规模的扩大皆有助于加速家庭生计动荡。其中,抚养比每提高 1 单位会使得生计动荡概率提高 1.567,家庭规模每增加 1 单位,会使得生计发生动荡概率增加 1.083。户主是否为党员、户主年龄与帮扶年限与生计动荡的关系不显著。年龄的不显著可以被尝试理解为随着年龄的增长,健康人力资本加速折旧,就业竞争力趋于下降,生计风险率提升,但与此同时知识技能等人力资本与社会资本随着时间增长而不断积淀,有助于生计能力的提高,因而从整体上看年龄对生计动荡的影响并不显著。人力资本方面,精准脱贫户家庭整体劳动能力、接受培训、家庭成员健康状态、家庭成员平均受教育水平与生计动荡的概率均呈现负相关关系,体现出了人力资本对于可持续生计的重要作用。其中,家庭劳动能力每提升 1 单位,会使得生计动荡概率降低 77.1%,参与就业培训的精准脱贫户的生计动荡概率比不参加就业培训的精准脱贫户低 79.1%,家庭成员健康水平每提高 1 单位,其家庭生计动荡概率会随之降低 81.9%,家庭成员平均受教育程度每提升 1 单位,生计稳定的概率将增加 84.3%。物质资本方面,精准脱贫户家庭所拥有的生活耐用品和房屋是其生活质量和生计水平的部分体现,二者皆有助于降低精准脱贫户的生计动荡概率,生活耐用品和房屋价值每提高 1 单位,会使得生计动荡概率分别降低 68.4% 和 79.7%。金融资本方面,家庭人均收入、储蓄和可以获得的信贷金额均有助于提高家庭生计持续能力,延长家庭生计稳定时间,其中,家庭人均收入、储蓄和可以获得的信贷金额每提高 1 单位,其生计动荡的概率会分别随之减少 90.4%、80.6%、77.3%,反映出金融资本对维持精准脱贫户家庭生计稳定的基础性作用。社会资本方面,邻里关系、官员亲友数量以及城镇地区亲友数量与生计动荡的概率呈现负相关关系,其每提高 1 单位,有助于分别降低 37.2%、56.6% 和 39.7% 的生计风险概率。自然资本方面,土地作为农户

最根本的生计保障,对于防止生计动荡具有十分积极的正向作用,耕地面积每增加1单位,会使得精准脱贫户陷入生计动荡的概率降低74.7%,而耕地质量的改善所带来的产出比的增加也显著减少精准脱贫户生计动荡概率,延长生计稳定时间。

表8-5　Cox 比例风险模型估计结果

类　别	变　量	B	SE	自由度	显著性	Exp(B)
家庭特征	party	0.311	4.078	1	0.939	1.365
	age	0.004	0.013	1	0.769	1.004
	fy	0.449***	0.107	1	0.000	1.567
	year	0.004	0.013	1	0.769	1.004
	scale	0.080***	0.031	1	0.009	1.083
人力资本	labor	−0.260***	0.036	1	0.000	0.771
	px	−0.234***	0.049	1	0.000	0.791
	health	−0.200***	0.038	1	0.000	0.819
	edu	−0.171***	0.032	1	0.000	0.843
物质资本	dv	−0.165***	0.026	1	0.000	0.684
	house	−0.227***	0.012	1	0.000	0.797
金融资本	income	−0.101**	0.042	1	0.017	0.904
	deposit	−0.215***	0.047	1	0.000	0.806
	loan	−0.258***	0.056	1	0.000	0.773
社会资本	relation	−0.99***	0.162	1	0.000	0.372
	gov	−0.134**	0.040	1	0.005	0.566
	city	−0.127**	0.037	1	0.032	0.397
自然资本	land	−0.291***	0.101	1	0.004	0.747
	quality	−0.409***	0.129	1	0.002	0.665

注:***、**、*分别表示在1%、5%、10%显著性水平下显著。

　　图8-4为按照协变量平均值进行估算的精准脱贫户生存函数和风险函数,从整体上看,在脱贫退出后的两年内精准脱贫户更易发生生计动荡情况,因此,考虑

到贫困地区致贫原因复杂,返贫率畸高的现实情况,贫困户脱贫退出后的两年应成为脱贫保障的重点"观察期",相关部门应在脱贫退出后的 2 年内重点从人力资本和金融资本积累视角对生计尚欠稳定的精准脱贫户实施扶持政策不减、工作力度不减的后帮扶工作和追踪支持,帮助精准脱贫户稳步实现可持续生计,避免返贫扶贫和阶段性扶贫,让脱贫成效经得起时间的检验。

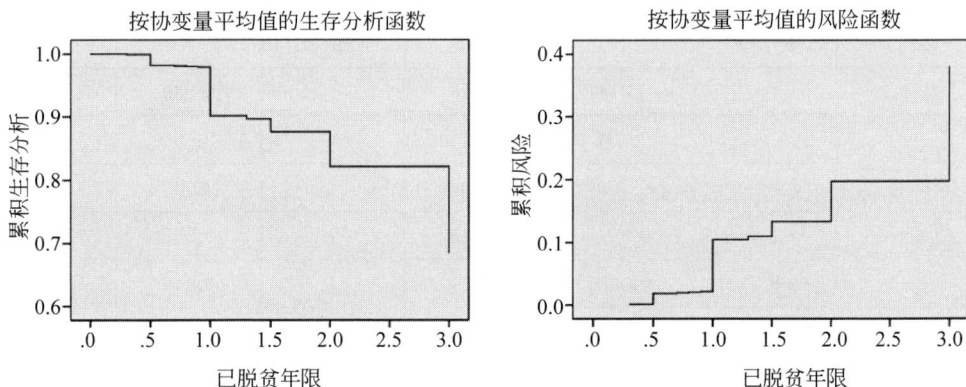

图 8-4　按协变量平均值的风险函数和生存函数

8.3　拓展：降低风险的多元生计选择

8.3.1　生计多样化与生计风险降解的文献回顾

纵然农业生计策略在贫困农村地区仍然占据着主导地位,但由于农业活动存在较多不可控的潜在风险,无法满足家庭生计基本需求,大多数农村家庭选择依靠农业和非农业活动的某种组合来谋生(Chianu et al.,2008),因此,农村家庭往往拥有多种收入来源(Ellis,1998;Lanjouw,2001),包括农业生产性收入、农业工资性收入、非农工资性收入、自营收入等。这种为了生计,农村家庭构建多样化的活动和资产组合的过程被艾利斯(Ellis,2000)定义为"生计多样化"。一些学者将生计策略多样化视为农村活动从农业活动向非农活动的结构性转变(Start,2001),是家庭建立各种生计活动和资产的动态过程(Mandal,2014)。Alobo Loison(2015)将生计多样化定义为一种收入策略,通过这种策略,家庭可以增加任意类型经济活动数量,如在从事传统农业活动的同时从事第二或第三产业活动(Hernandez Cruz,2005)。塞昆马德和奥松达雷(Sekunmade and Osundare,2014)将生计多样化作为个人和家庭的努力和寻求增加收入的额外手段,以保持生计活力,减少各种形式的风险并改善他们的福祉。这些生计活动、收入来源和资产组合被认为是影响农村家庭经济的核心因素(Cinner and Bodin,2010;Liao,2014)。因此,生计多样化是一个动态过程,通过该途径,家庭可以增加多种类型的经济活动,以保障生计的稳定和改善。

生计多样化对于农村减贫和农户生计可持续具有十分显著的保障作用(Sarach,2016),生计多样化作为普遍存在于当代农村贫困地区农户生计战略中的重要内容(Ellis,2000),能够有效分散生计风险,以减少对洪水、干旱、疾病、失业等不可预测危机的生计脆弱性以及自然资源的季节性波动(Brugère et al.,2008;Freeman and Ellis,2005;Smith,2005;Rigg,2006;Lohmann and Liefner,2009)。阎建忠等(2009)、黄建伟(2011)、蒙吉军(2013)、田素妍(2014)运用数理分析方法也得出多元化的生计策略选择将提高农户的资本禀赋及抗风险能力,并降低贫困脆弱性和对自然环境的依赖性。因此,对于贫困和低收入群体而言,多元化作为应对冲击和随之而来大量资本损失的生存策略,是保障其生计稳定可持续的关键。洛依德·琼斯和拉科迪(Lloyd Jones and Rakodi,2014)进一步指出,发展中国家城市地区和农村地区最有效的减贫方法之一是鼓励穷人实现生计策略的多样化。事实上,近年来各类政策环境中关于减贫和粮食安全战略的问题和讨论都集中于生计多样化(Oni,2014)。

介于生计多样化对于农村反贫困的重要意义,大量研究围绕农村家庭生计多样化影响因素展开,已有研究证实家庭生计资本的积累水平和区域背景是影响生机多样化的主要因素(Chambers and Conway,1992;Bebbington,1999,Adato et al.,2006;Giesbert and Schindler,2012;World Bank,2008)。然而,大多数研究都将农村生计多样化整合为农业活动和非农活动的组合,将非农就业作为一个整体进行分析,而没有区分高回报和低回报的非农业活动,无法从收入角度考察非农活动的异质性。因此,本章将非农生计策略进一步划分为高回报生计活动和低回报生计活动,进而分析精准脱贫户农业和非农业活动多元化组合的决定因素,以期在一定程度上弥补当前研究的空白。

8.3.2　生计多样化的理论模型构建

本节将通过构建一个理论框架,探讨生计策略的组合方式。精准脱贫户家庭有限劳动力可以分配给农业生产活动和不同类型的非农活动,本书将重点分析影响专业从事农业、非农就业和活动多样化的决策因素。假设土地市场缺失,只有劳动力才能用于生产。我们将分配给农业生产的劳动力定义为 L_f,分配给非农活动的劳动力定义为 L_n,相应地农业生产和非农业活动的回报分别用 R_f 和 R_n 表示。假设当 $R_n \geqslant R_f$ 时,劳动力倾向从事非农生计策略。家庭效用函数可表示为

$$U = R_n L_n + R_f L_f - (S \mid L_n > 0) \tag{8-9}$$

其中 S 表示精准脱贫户家庭在活动多样化战略选择时可能遇到的非农生计策略的进入门槛或约束条件(Dil Bahadur Rahut,2012)。通常情况下,由于精准脱贫户家庭劳动力人力资本的匮乏,知识技能水平偏低,社会排斥明显,就业渠道不畅,地理位置受限,且缺乏足够的金融资本支持和资源获取渠道,因而难以获取较高薪酬的非农就业岗位(Barrett,2006)。为克服进入障碍 S 而付出的成本降低了非农收入和家庭效用的价值。

进一步将家庭的劳动力禀赋规范化为 $L = L_n + L_f$,其中 n 是成年家庭成员的数量,家庭的效用函数可表示为

$$U = R_n L_n + R_f (N - L_n) - (S \mid L_n > 0) \tag{8-10}$$

进一步假设:

$$S = \delta L_n^{\rho} \quad \rho > 1 \tag{8-11}$$

约束条件 S 可根据劳动力确定。为获取高回报的非农岗位,家庭成员可能需花费较多的时间成本和教育支出,以提高自身综合素质和专业化技能。当劳动力被分配用于克服约束时,其家庭也相应地承担了降低家庭效用的成本。由于家庭克服生计策略准入门槛存在异质性,因而 δ 被假定为一个随机变量,其概率分布为 $[\underline{\delta}, \overline{\delta}]$。假设由于克服约束的成本随着分配给该项目劳动力数量的增加而上升,即边际收益随着劳动力的增加而下降,因而家庭越来越难以维持这种类型的劳动力分配(即 $\rho > 1$)。例如,前文已得到,参与更高报酬的一个关键制约因素是教育,当精准脱贫户家庭劳动力决定参与教育投资,则必然会承担教育相关费用和机会成本损失(Tilak,2002)。此外,由于贫困地区公共服务水平滞后,教育发展不均衡,导致精准脱贫家庭在获取高等教育时面临较高的成本(如住宿费、交通费、教育

相关其他费用等）。将方程(8-11)代入方程(8-10)后，得到了家庭的效用：

$$U = R_n L_n + R_f(N - L_n) - \delta L_n^\rho \tag{8-12}$$

假设式(8-12)存在内部最优解，则 L_n 的最优选择为

$$L_n^* = \left(\frac{R_n - R_f}{\rho^\delta}\right)^{\frac{1}{\rho-1}} \tag{8-13}$$

此时若 $R_n - R_f \geqslant 0$，则 $L_n^* \geqslant 0$，精准脱贫户家庭将倾向于从事非农生计活动；若 $R_n = R_f$，$L_n^* = 0$，则家庭不认为从事非农生计活动优于农业生计活动，在该情况下，家庭效用为

$$U_n^* = NR_f \tag{8-14}$$

当且仅当家庭采取生计多样化策略并 L_n 取得内部最优解时：

$$L_n^* = \left(\frac{R_n - R_f}{\rho^\delta}\right)^{\frac{1}{\rho-1}} < N \tag{8-15}$$

$$\delta > \frac{R_n - R_f}{\rho N^{\rho-1}} = \delta^* \tag{8-16}$$

由此可得，当 $\delta > \delta^*$ 时，家庭除了从事农业活动外，会进行非农生计决策，且生计能力较高的家庭更有可能提高生计策略的多样性。将方程(8-15)代入方程(8-12)可得

$$U_d^* = \left(\frac{(R_n - R_f)^\rho}{\rho^\rho \delta}\right)^{\frac{1}{\rho-1}} + NR_f \tag{8-17}$$

在其他条件不变的情况下，预计拥有较高劳动力禀赋的家庭更有可能同时从事农业和非农活动。此外，若 $\delta = \delta^*$，家庭将可能选择专注于单一化非农生计活动，在该情况下，将 $L_n = N$ 代入方程(8-12)可得家庭效用为

$$U_n^* = NR_n - \delta N^\rho \tag{8-18}$$

整合所有生计策略方案并添加随机扰动项可得

$$U_j = U(R_f, R_n, N, \rho, \delta) + \varepsilon_j \quad (j = f, d, n) \tag{8-19}$$

其中，j 为生计策略选择方案，包括 f（农业生计策略）、d（生计多样化策略）、n（非农生计策略）三种，ε_j 可看做 j 替代效用的不可观测部分。若 U_j 大于其他任意效用 U_i，家庭将选择 j 方案，且选择 j 的概率为

$$\Pr[U_j \geqslant U_i] = \frac{\exp(U(R_{fj}, R_{nj}, N_j, \rho_j, \delta_j))}{\sum\limits_{i=f,d,n} \exp(U(R_{fi}, R_{ni}, N_i, \rho_i, \delta_i))} \tag{8-20}$$

8.3.3　指标选取与说明

梅赫迪(Mehta,2009)指出,家庭生计多样化可以从两个角度来看,即就业组合和收入多样化。本书中,我们首先按照家庭所有劳动力的就业类别将生计策略分为农业生计策略和非农生计策略。其次,为了进一步探讨非农生计策略的异质性,本书根据所有非农劳动力收入的平均值,将高于平均值视为高回报非农活动,低于平均值视为低回报非农活动。最后,将 2 660 个样本家庭归结为五组,分别为农业生计策略、农业＋低回报非农生计策略、农业＋高回报非农生计策略、农业＋低回报和高回报混合非农生计策略以及非农生计策略。其中,农业生计策略是指家庭劳动力全部从事农业活动;农业＋低回报非农生计策略被定义为家庭劳动力从事农业活动和低于非农收入平均值的非农活动,可视为初级多样化组合;农业＋高回报非农生计策略指的是家庭劳动力从事农业活动、高于非农收入平均值的非农活动,可视为中级多样化组合;农业＋低回报和高回报混合非农生计策略为家庭劳动力同时从事农业活动和回报率不同的非农活动,包括低于非农收入平均值的非农活动和高于非农收入平均值的非农活动,可视为高级多样化组合;非农生计策略则为家庭劳动力完全从事非农活动。由于本书核心在于探索精准脱贫户家庭多元化生计决策的可能性因素,而非专注于单一生计策略,因此并未探讨单一化生计策略的内部组合情况。由表 8-6 可知,五组生计策略组合家庭的内部构成、外部环境和生计情况均呈现显著差异。其中,生计策略高级多样化家庭的生计可持续最强,平均收入回报最高,其次为中级多样化和非农专业化生计策略,最后为初级多样化组合和农业生计活动,体现出较高层级生计策略多样化对于提高生计可持续的重要作用。

表 8-6　统计性描述

类　别	第一组	第二组	第三组	第四组	第五组	F 统计量
生计策略组合形式	农业生计策略	农业＋低回报非农生计策略	农业＋高回报非农生计策略	农业＋低回报和高回报混合非农生计策略	非农生计策略	—
生计多样化	单一化	初级多样化	中级多样化	高级多样化	单一化	—

类　别	第一组	第二组	第三组	第四组	第五组	F 统计量
一、内部构成						—
劳动力人数	2.15	2.73	2.76	3.80	1.97	188.633***
户主年龄	47.35	49.09	49.94	52.14	48.42	5.566***
文化程度	1.95	2.22	2.28	2.30	2.48	35.236***
政治面貌	1.09	1.11	1.15	1.15	1.21	4.581***
是否加入合作社	0.17	0.16	0.15	0.14	0.14	7.534***
父母生计策略	1.16	1.18	1.20	1.39	1.28	3.489***
二、外部环境						
当地资源情况	2.47	2.61	2.79	2.75	2.71	19.690***
非农产业发展	1.90	2.08	2.12	2.16	2.06	14.269***
农业产业发展	2.88	2.90	2.82	2.95	2.45	67.742***
近三年收成情况	2.86	2.75	2.86	2.83	2.85	2.067*
近三年就业环境	2.59	2.76	2.72	2.70	2.78	3.492***
三、生计情况						
家庭总收入	19 049.94	29 772.32	37 385.61	44 414.65	38 461.10	55.407***
生计可持续性	2.24	2.68	3.34	3.75	3.39	173.436***
有效个案数	868	522	375	121	774	—

注：***表示在 1% 显著性水平下显著。

　　本书解释变量包括家庭特征、劳动力构成、外部环境、产业发展四方面（如表 8-7 所示）。其中，家庭层面考虑了户主性别、年龄、婚姻状况和政治面貌等异质性特征。此外，代际效应可能在生计多样化中发挥了积极作用（Fafchamps and Quisumbing，1999），因此，本书将父母生计策略组合纳入了考量范围，以捕捉父母生计多样化的代际效应。劳动力构成方面,劳动力人数主要包括18~65岁的完全劳动力和半劳动力。一般而言,劳动力人数的增加更有利于生计多样化的实现。前文已证实教育程度的提升有助于收入水平的提高和生计的稳定,本书从性别角度进一步拆分了劳动力受教育程度,以探讨男女教育的边际回报。外部环境方面,本书考察了当地资源禀赋和近三年的收成情况、就业情况以及失业风险和地理位置。收成情况的改善和潜在的失业风险可能促使当地农户从事农业活动,而资源禀赋所带来的产业发展和当地就业环境的改善,可能推动当地农户的对非农生计决策。地理位置指标涵盖了区域特征所引致的差异。产业发展方面,本书主要捕捉农业产业发展、非农产业发展和合作社参与情况对精准脱贫户生计策略选择产生的影响。

表 8-7　指标选取与说明

一级指标	代理指标	符　号	说　　明
家庭特征	户主性别	gender	是否为女性户主(1=是,0=否)
	户主年龄	age	年龄(单位:岁)
	婚姻状况	marriage	1=已婚;2=离婚;3=丧偶;4=未婚;5=其他
	政治面貌	politics	1=群众;2=共青团员;3=中共党员;4=其他
	父母生计策略多样化	parent	父母生计策略组合(1=农业;2=农业+低回报非农;3=农业+高回报非农;4=农业+混合非农;5=非农)
劳动力构成	劳动力人数	labor	完全劳动力赋值为1,半劳动力赋值为0.5
	男性劳动力受教育程度	Edu(men)	所有男性劳动力受教育程度均值
	女性劳动力受教育程度	Edu(women)	所有女性劳动力受教育程度均值
外部环境	当地资源情况	resource	1=非常差;2=较差;3=一般;4=较好;5=很好
	近三年收成情况	harvest	1=非常差;2=较差;3=一般;4=较好;5=很好
	近三年就业环境	job	1=非常差;2=较差;3=一般;4=较好;5=很好
	家庭成员是否有失业风险	unemployment	1=无;2=较小;3=一般;4=较大;5=很大

一级指标	代理指标	符　号	说　　明
外部环境	位置是否偏僻	desolate	1＝完全不偏僻；2＝较不偏僻；3＝一般；4＝较偏僻；5＝非常偏僻
产业发展	非农产业发展	non-agricultural	1＝非常差；2＝较差；3＝一般；4＝较好；5＝很好
	农业产业发展	agricultural	1＝非常差；2＝较差；3＝一般；4＝较好；5＝很好
	是否加入合作社	cooperation	1＝是；0＝否

8.3.4　实证结果与分析

根据上文理论分析框架,本书将采用无序多元 Logistic 模型,从家庭层面探讨实现生计多样化的重要因素。被解释变量为生计策略组合,分为农业生计策略、农业＋低回报非农生计策略、农业＋高回报非农生计策略、农业＋低回报和高回报混合非农生计策略以及非农生计策略五类,依次取值为 1、2、3、4、5,对于任意生计策略组合形式 $j=1,2,\cdots,J$,多元 Logistic 模型可表示为

$$\ln\left[\frac{P(y=j\mid x)}{P(y=J\mid x)}\right]=\alpha_j+\sum_{K=1}^{K}\beta_{jk}x_k \tag{8-21}$$

其中,$P(Y_i=j)$ 表示精准脱贫户对于第 j 种生计策略组合形式的选择概率,x_k 表示第 K 个影响精准脱贫生计策略选择的自变量,β_{jk} 表示自变量回归系数向量。假设以 J 为参照类型,则精准脱贫户选择其他生计策略组合概率与选择 J 类型的概率比值,即 odds 可表示为 $\frac{P(y=j\mid x)}{P(y=J\mid x)}$。本书选择第 1 组(农业生计策略)作为基准组,则精准脱贫户可选择的生计策略组合形式将产生 4 组效用方程:

$$模型\ 1: \ln\left(\frac{P_2}{P_1}\right)=\alpha_2+\beta_1^2 x_1+\cdots+\beta_k^2 x_k \tag{8-22}$$

$$模型\ 2: \ln\left(\frac{P_3}{P_1}\right)=\alpha_3+\beta_1^3 x_1+\cdots+\beta_k^3 x_k \tag{8-23}$$

$$模型\ 3: \ln\left(\frac{P_4}{P_1}\right)=\alpha_4+\beta_1^4 x_1+\cdots+\beta_k^4 x_k \tag{8-24}$$

$$模型\ 4：\ln\left(\frac{P_5}{P_1}\right)=\alpha_5+\beta_1^5 x_1+\cdots+\beta_k^5 x_k \tag{8-25}$$

其中，P_2/P_1 是相对于基准组（农业生计策略），选择农业和低回报非农生计策略的概率；P_3/P_1 为相对于基准组（农业生计策略），选择从事农业活动和高回报非农生计活动的概率；P_4/P_1 为相对于基准组（农业生计策略），选择农业和混合型（低回报和高回报）非农生计策略的概率；P_5/P_1 是相对于基准组（农业生计策略），选择从事非农生计活动的概率。

模型拟合信息显示自变量纳入模型后，-2 对数似然有所降低，其显著性为0.000，模型具有统计学意义。为了准确把握精准脱贫户生计策略多样化选择的影响因素，本书采用最大似然值进行参数估计，Logistic 模型估计结果如表 8-8 所示。首先，家庭特征方面，户主性别对于精准脱贫户生计策略选择具有一定影响，在模型 1 和模型 2 中均通过了 1%统计水平的显著性检验，且系数均为负，表明在其他条件不变的情况下，与农业生计策略相比，女性户主选择初级多样化生计策略和中级多样化生计策略的意愿更弱。这一结论与前文女性从事第一产业比重大于男性的现实情况相符。年龄变量对于精准脱贫户生计策略多样化具有积极作用，在四类模型中系数均为正且在 1%显著性水平上显著，表明随着年龄增大，与农业生计策略相比，精准脱贫户更倾向于从事多样化生计策略或非农生计策略，可尝试解释为随着年龄递增，精准脱贫户家庭所积累的人力资本、社会资本日益丰富，有助于生计多样化的实现。父母生计策略多样化指标在模型 3 中系数为正且在 10%显著性水平上显著，表明与农业生计策略相比，父母生计策略多样化对于子女高级生计多样化的选择会产生积极影响。此外，户主婚姻状况和政治面貌对于其生计策略多样化的作用并不显著。

表 8-8　生计策略多样化选择的 Logistic 模型估计结果

变　　量	模型 1	模型 2	模型 3	模型 4
gender	-0.616^{**} (0.150)	-0.525^{**} (0.171)	-0.373 (0.292)	-0.190 (0.159)
age	0.016^{**} (0.005)	0.023^{**} (0.006)	0.031^{**} (0.009)	0.027^{**} (0.005)
marriage	0.038 (0.060)	-0.015 (0.086)	-0.055 (0.163)	-0.077 (0.074)

续表

变　　量	模型 1	模型 2	模型 3	模型 4
politics	0.031 (0.070)	0.041 (0.074)	−0.060 (0.153)	0.095 (0.065)
parent	−0.025 (0.079)	−0.066 (0.089)	0.299*(0.154)	0.043 (0.077)
labor	0.888** (0.072)	0.939** (0.079)	2.016** (0.129)	−0.210** (0.081)
Edu(men)	0.438** (0.079)	0.464** (0.087)	0.641** (0.137)	0.650** (0.076)
Edu(women)	0.407** (0.104)	0.412** (0.105)	0.434** (0.117)	0.418** (0.102)
resource	0.118 (0.087)	0.418** (0.100)	0.405** (0.166)	0.054 (0.083)
harvest	−0.188** (0.087)	−0.102 (0.097)	−0.089 (0.158)	−0.274** (0.086)
job	0.298** (0.083)	0.184* (0.098)	0.278** (0.112)	0.194** (0.082)
unemployment	−0.184** (0.090)	0.066 (0.100)	0.081 (0.166)	−0.267** (0.088)
desolate	−0.448** (0.138)	−0.555** (0.154)	−0.514* (0.273)	−0.255* (0.137)
non-agricultural	0.311** (0.069)	0.329** (0.072)	0.444** (0.089)	0.209** (0.068)
agricultural	0.082 (0.148)	−0.188 (0.142)	0.461 (0.380)	−0.838** (0.102)
cooperation	−0.039 (0.136)	−0.239 (0.147)	−0.417* (0.236)	−0.630** (0.124)

注：***、**、*分别表示在 1%、5%、10%显著性水平下显著。

其次，劳动力构成方面，劳动力数量对精准脱贫户生计多样化选择具有十分显著的积极影响，在四类模型中均通过 1%统计水平的显著性检验，且在模型 1、2、3 中系数为正，在模型 4 中系数为负，可理解为随着家庭劳动力数量的增加，精准脱贫户从事单一化生计活动（包括农业生计策略和非农生计策略）的意愿减弱，从事多样化生计活动的意愿显著提高,体现出家庭有效劳动力数量是实现家庭生计多样化的重要因素。受教育程度指标在所有模型中均显著为正,反映出男女受教育程度的提高能够有效增加贫困地区精准脱贫户非农劳动参与率,从而对家庭生计多元化决策产生积极影响,这与利姆·爱泼盖特等(Lim Applegate et al.,2012)的研究结论一致。此外,在四个模型当中男性劳动力受教育程度的系数均高于女性的教育系数,表明男性教育的边际回报更高,尤其是在模型 4 中,这可能与劳动力市场的差异化对待有关。

外部环境方面,当地资源指标在模型 2 和模型 3 中显著为正,与完全农业生计策略相比,当地资源禀赋的丰富会促使精准脱贫户对于中级(农业和高回报非农活动)和高级(农业和混合非农活动)生计多样化的选择倾向性增加。收成情况在模型 1 和模型 4 中具有统计学意义,近三年收成情况较好会促使低层次生计多样化家庭和完全非农生计家庭转向农业生产活动。就业情况在 4 个模型中均显著为正,反映出与农业生计策略相比,近三年当地就业情况的改善能够有效提升精准脱贫户家庭非农活动参与意愿,对初级和高级生计多样化决策的影响尤为显著。失业风险指标在模型 1 和模型 4 系数为负且分别在 5% 和 1% 的显著性水平下显著,对于初级生计多样化(农业和低回报非农业活动)的家庭和完全从事非农活动家庭而言,家庭成员失业风险的增加会使得其从事农业生产活动的意愿提高。地理位置偏僻指标在 4 个模型中都显著为负,反映出地理位置的偏僻对当地精准脱贫户生计多样化的实现具有较强的阻碍作用,可以理解为地理位置偏僻的贫困地区基础设施和配套设施薄弱,经济社会发展滞后,通行不便,运输成本高,区位劣势不利于当地产业发展和就业渠道的多元化。

产业发展方面,非农产业指标在 4 个模型中均显著为正,反映了非农产业发展对于非农生计活动的选择和生计多样化具有十分积极的推动作用,而农业产业发展会促使精准脱贫户家庭完全从事非农活动的意愿减弱。参与合作社指标在模型 3 和模型 4 中显著为负,反映出加入合作社可使得精准脱贫户混合型(农业活动、低回报非农活动和高回报非农活动)生计策略和完全非农活动的选择意愿降低,而对于初级生计多样化(农业活动和低回报非农活动)和中级生计多样化(农业活动和高回报非农活动)的选择意愿并没有显著影响。

8.4 本 章 小 结

　　精准脱贫只是将困难群众"扶上马"，要想实现永续脱贫还需将其"送一程"。本章综合采用 Kaplan-Meier 生存函数、Kaplan-Meier 风险函数、Cox 比例风险模型和无序多分类 Logistic 模型对精准脱贫户实现可持续生计的潜在风险进行了系统分析，基于动态视角探讨了"送一程"环节"如何送，送多久"的问题。分析结果表明：

　　（1）精准脱贫户在脱贫后的两年内生计动荡风险较高，因此，考虑到贫困地区致贫原因复杂，返贫率畸高的现实情况，贫困户脱贫退出后的两年应成为脱贫保障的重点"观察期"。

　　（2）在生理致贫、心理致贫、能力致贫、环境致贫和教育致贫的精准脱贫户中，生理致贫型家庭在脱贫后的生计动荡风险显著高于其他致贫类型家庭。

　　（3）从性别角度看，虽然男性户主与女性户主家庭在脱贫后 1 年内其家庭整体生计无明显分化，但随着脱贫时间的延长，男性户主对于家庭生计的维持效果明显优于女性，女性户主家庭生计动荡风险更高。

　　（4）精准脱贫户的家庭抚养比的提高和家庭规模的扩大均可能加速其陷入生计动荡，而人力资本、物质资本、金融资本、社会资本、自然资本的积累皆有助于降低精准脱贫户的生计动荡概率，有效延长生计稳定时间。

　　（5）与农业生计策略相比，女性户主选择初级和中级多样化生计策略的意愿更弱，户主年龄、劳动力数量、男女劳动力受教育程度、父母生计策略多样化均能对精准脱贫户家庭生计多样化决策产生积极影响。当地资源禀赋的丰裕会促使精准脱贫户对于中级和高级生计多样化的选择倾向性增加，近三年收成的提高会促使低层次生计多样化家庭和完全非农生计家庭更多转向农业生产活动，而近三年当地就业情况的改善能够有效提升精准脱贫户家庭非农活动参与意愿。对于初级生计多样化的家庭和完全从事非农活动家庭而言，家庭成员失业风险的增加会使得其从事农业生产活动的意愿提高。地理位置的偏僻对当地精准脱贫户生计多样化的实现具有较强的阻碍作用,非农产业发展对于非农生计活动的选择和生计多样化具有十分积极的推动作用,而农业产业发展会促使精准脱贫户家庭完全从事非农活动的意愿减弱。加入合作社可使得精准脱贫户高级生计策略和完全非农活动的选择意愿降低。

第 9 章
结　语

伴随着脱贫攻坚持续深入,我国贫困人口骤减,达到退出标准而退出帮扶项目的"精准脱贫户"以每年千万数量陡增,这部分群众既处于扶贫项目的退出边缘,又兼具抗风险能力的脆弱性和反复贫困的可能性等特点,其生计可持续性已然成为后扶贫时期我国关注的焦点问题。基于这一现实背景,本书以可持续生计理论、发展经济学等相关理论为逻辑起点,从生计资本视角构建起了贫困地区精准脱贫户可持续生计理论分析框架,并综合采用 BP 神经网络、熵值法、两步聚类法、二元选择模型、倾向得分匹配、广义倾向得分匹配、中介效应模型、跨层线性模型、两阶段最小二乘法、分位数回归、生存分析法、无序多分类逻辑回归等分析工具,全面评估了当前贫困地区精准脱贫户生计状况,并深入剖析了精准脱贫户实现可持续生计的传导路径、影响因素和潜在风险,进而为本书的政策研究奠定扎实的理论基础与现实依据。基于前述理论分析与实证考察,本章将对研究的主要结论做出总结,并提出相应的政策建议。

9.1　研　究　结　论

（1）理论分析表明，生计资本是精准脱贫户抵御生计风险和选择生计策略的基础，也是获得生计输出的必要前提和扶贫工作的切入点，五种生计资本之间存在着互补性，在一定条件下五种资本之间可以相互作用和转换，对于不同的资本，其增殖性的强弱和对生计结果的重要程度也有所差异，其中人力资本的增殖能力和对于生计结果的影响能力均最强，金融资本次之，而物质资本最末。生计资本的相互作用和可得性是农民生计能力的重要体现，生计资本禀赋较高的家庭具有较高的生计适应能力，在面对外部风险冲击时有更多的生计策略选择，从而有助于减少生计脆弱性。然而，精准脱贫户的可持续生计是一项复杂的系统工程，单一生计资本的积极能动作用在一定程度上有助于生计状态的改善，但不足以持续地全面推动生计的提高和稳定，因此需要五类生计资本协同作用，并有赖于宏观宏观经济社会发展环境、制度环境等给予的充分脱贫保障和脱贫主体有依靠自身脱贫的主观能动性、自我发展意识和信心，由此形成目标一致的系统性脱贫综合动力来实现可持续生计的目标。

（2）我国国家减贫治理体系的演进具有显著的逻辑性和发展性特征，在宏观层面，我国精准脱贫的重点正向贫困地区集中；在中观层面，贫困地区经济社会发展与当地群众脱贫致富具有极强的关联性；在微观层面，精准脱贫过程亦是困难群众生计资本积累优化的过程，而由贫困户转为非贫困户的精准脱贫户，其脱贫退出必然伴随着各类生计资本的增进和生计资本存量的良性改变。

（3）不同贫困地区精准脱贫户的生计状态差异较大，其中甘肃、山西两地较好，云南、江西、重庆等地较稳定，四川、湖南两地尚可，而贵州地区脱精准脱贫户生计的可持续程度较弱。同一区域由于心理、能力、环境、教育因素致贫的农户脱贫退出后生计改善明显，由于生理原因（疾病或残疾等）致贫的家庭在脱贫后可持续生计能力仍较弱，风险脆弱性较高。结合当前贫困地区的自然条件和经济社会发展现状，将非农就业作为生计策略更有利于生计的稳定和脱贫效果的持续。

（4）贫困地区各类生计资本耦合程度较弱且群体间差异较小，贫困地区精准脱贫家庭生计资本转化协调能力普遍偏低，各类生计资本无法形成有效的耦合协调机制。从家庭致贫薄弱点看,生理致贫的贫困群体脱贫后生计资本耦合协调度明显低于其他致贫因素群体。从生计策略角度看,非农生计策略更有利于促进各类生计资本的内部转换,缓解资本紧张状态,提高优势资本向生计结果转化的效率,从而有利于可持续生计的实现。贫困地区精准脱贫户家庭平均生计策略多样性指数较高,但收入多样性指数整体偏低且差距较小,生计策略多样性与收入多样性不匹配,精准脱贫户家庭整体收入风险仍较大,不利于脱贫后生计的稳定和持续。

(5) 精准脱贫战略对贫困人口生计资本积累具有正向推动作用,脱贫退出后精准脱贫户的五类生计资本均有不同程度的提升,反映出精准脱贫战略实施的有效性和退出标准制定的合理性。但从生计资本增量和存量上看,当前贫困地区精准脱贫户的生计五边形呈现整体不平衡态势,不利于生计资本层面的稳定。同时,精准脱贫户的生计资本改善对于其生计策略的选择有积极影响,而不同生计策略对各类生计资本的敏感程度有所差异。自然资本对贫困地区农业主导型生计策略的选择普遍具有积极影响,而金融资本和人力资本存量的增加会使得精准脱贫户进行非农主导型生计决策的倾向性显著提升。

(6) 精准脱贫户非农主导型生计策略对其可持续生计具有十分显著的积极影响。非农就业对精准脱贫户家庭物质层面积累作用明显,而对于人力资本、社会资本、后代教育等非物质层面积累效应不显著。非农就业规模与家庭整体生计水平呈现"倒U形"关系,即非农生计策略对精准脱贫户家庭可持续生计的作用是把"双刃剑",当非农就业规模低于拐点值(0.6)时对家庭可持续生计具有积极影响,而高于拐点值后则表现为对家庭生计稳定的破坏作用。同时,生计策略是生计资本和生计结果的不完全中介,生计资本对生计结果的影响26.7%是通过生计策略产生的。

(7) 精准脱贫户在脱贫后的两年内生计动荡风险较高,因此,贫困户脱贫退出后的两年应成为脱贫保障的重点"观察期"。在生理致贫、心理致贫、能力致贫、环境致贫和教育致贫的精准脱贫户中,生理致贫型家庭在脱贫后的生计动荡风险显著高于其他致贫类型家庭。精准脱贫户的家庭抚养比的提高和家庭规模的扩大均可能加速其陷入生计动荡,而人力资本、物质资本、金融资本、社会资本、自然资本的积累皆有助于降低精准脱贫户的生计动荡概率,有效延长生计稳定时间。从性别角度看,随着脱贫时间的延长,男性户主对于家庭生计的维持效果明显优于女性,女性户主家庭生计动荡风险更高。

(8) 在多样化生计策略选择方面,女性户主选择初级和中级多样化生计策略的意愿更弱,当地资源禀赋的丰裕会促使精准脱贫户对于中级和高级生计多样化的选择倾向性增加,近三年收成的提高会促使低层次生计多样化家庭和完全非农生计家庭更多转向农业生产活动,而近三年当地就业情况的改善能够有效提升精准脱贫户家庭非农活动参与意愿。家庭成员失业风险的增加会使得其从事农业生产活动的意愿提高。地理位置的偏僻对当地精准脱贫户生计多样化的实现具有较强的阻碍作用,非农产业发展对于非农生计活动的选择和生计多样化具有十分积极的推动作用,而农业产业发展会促使精准脱贫户家庭完全从事非农活动的意愿减弱。加入合作社可使得精准脱贫户高级生计策略和完全非农活动的选择意愿降低。

9.2 政 策 启 示

生计资本是精准脱贫户内在生计能力和抗风险能力的重要体现,也是精准脱贫成效的指示器。通过对生计资本的测定与研判,能够增强对贫困地区精准脱贫户生计发展趋势、构成变化、层次水平等宏观把控,通过对其可持续生计实现的内在原因和机理分析,可以深入了解和准确把握准实现脱贫户可持续生计的关键因素和内在逻辑,拓展了可持续生计理论对于现实的解释力,对保障精准脱贫户生计稳定具有十分重要的应用价值。从本书研究中可得到如下政策启示:

1. 加大公共服务投入力度,发挥人力资本的基础性作用

可持续发展能力的形成是精准脱贫户生计资本优化增殖的突破点和关键点。应按照科学发展观的要求,重点着眼于以人力资本为主线的生计可持续发展能力培育,以自我发展能力建设巩固扶贫攻坚成果。

(1)完善初等教育体系,提高义务教育质量。贫困地区精准脱贫户自我发展能力和教育支付能力十分有限,寄希望于精准脱贫户通过自主教育投资提高受教育程度进而全面改善自身及子女的生计状态是不现实的。因此,为调节人力资本的代际效应,政府应高度重视低收入精准脱贫户女子的教育问题,教育政策应适当向低收入阶层倾斜,加大中央财政对贫困农村地区薄弱学校的改造力度和义务教育投入比例,坚持教育的公益性和普惠性,提升贫困地区初中教育、高中教育供给能力和普及程度,实施贫困地区教师特殊津贴制度,切实改善偏远贫困地区农村中

小学的办学条件以及教师的工资待遇。针对贫困地区农村骨干教师力量匮乏的现实矛盾,应鼓励优秀的应届毕业生和本地人才下乡支教,为贫困地区师资队伍注入新活力,抓好贫困地区中小学教师队伍建设,加强农村教师的教育培训工作,实施农村教师素质提高工程和"特岗计划",开展以新课程、新知识、新技能、新方法、新理念为重点的继续教育、学历补偿教育和在职培训,构建贫困地区农村教师终身教育体系,提高教师的专业知识、教育教学水平、运用信息技术的能力,逐步缩小城乡学校师资力量的差距,提高贫困地区农村义务教育质量,促进人力资本起点公平,从源头斩断低人力资本代际传递。

(2) 推动职业教育由全覆盖向全精准发展。作为精准脱贫户可获得性最高的民生教育,职业教育赋予了低收入群体谋生的技能和依靠自身实现可持续生计的可能性,能够形成人力资本的快速积累,直接带动收入水平的提升。贫困地区应切实提高职业学校教学质量,改善办学条件,优化职业教育资源配置,开展"技能定向扶贫"模式,深入推进产教融合、校企合作,充分结合区域产业发展和脱贫群众需要,将贫困地区精准脱贫户教育培训与就业、创业紧密结合,落实职业教育帮扶计划,实现精准招生、精准资助、精准培养、精准培训、精准就业,使农村职业教育成为精准脱贫的"造血器",使精准脱贫户逐步形成教育脱贫观念,激发其内生动力。

(3) 提升高等教育群体比重,培育本地优秀人才。一方面,扩大教育入口,畅通就业出口。通过政策引导,积极鼓励高等院校加大对农村地区学生的招生力度,设立面向贫困地区的定向招生专项计划,有针对性地提高贫困地区考生的招生比例,对贫困地区农村学生实行适当的政策倾斜。进一步完善困难学生资助体系,开辟贫困大学生入学"绿色通道",加大对经济困难家庭学生的资助力度,杜绝"因学致贫""因贫弃学"现象的发生。与此同时积极促进校企联合,加大高校毕业生就业工作力度,创造更多的就业岗位,鼓励贫困地区优秀人才回流。另一方面,中西部地区是贫困农村学生集聚的重点区域,应大力实施中西部高等教育振兴计划,积极培育中西部地区优质高等教育资源,全面提升中西部地区高等教育水平,让更多贫困地区农村学生能够就近享受到优质的高等教育,切实提高贫困地区高等教育比重。

(4) 充分发挥就业培训和继续教育对于维持生计稳定的积极作用。随着困难群众由贫困人口向非贫困人口的角色转变,其家庭生计资本存量和实际生计需求已然发生变化,这需要政府做出适时调整,积极引导精准脱贫户实现可持续生计。具体而言,政府应广泛宣传动员,精准掌握精准脱贫户家庭劳动力的就失业状况和培训意愿,全面摸清劳动力现状,精准掌握劳动力信息,针对不同劳动力的差异化需求,开展适应当地产业特色的多元化的就业培训、继续教育和技术指导,扩大农户对于教育内容的选择面以及教育机会的可获得性,充分调动精准脱贫户参加技能培训的积极性。采取理论结合实际、产教结合、工学结合等培训方式,激发培训人员学习兴趣,营造良好培训学习氛围,转变低收入群体思想观念,积极推动精准脱贫户个体知识储备量和技能水平的提高,以提高精准脱贫户人力资本存量,提升自身就业竞争力和发展潜力,从而获取稳定的生计来源,为自身带来更高的报酬回报,降低就业风险,从而获取稳定的生计来源。

(5)重视健康人力资本积累,避免"因病返贫"。健康作为人力资本的有机组成,是实现可持续生计不可或缺的重要因素,疾病已成为引发贫困地区精准脱贫户家庭生计动荡的关键因素之一。各级政府职能部门应加快完善公共服务体系建设,发挥基层医疗卫生机构的作用,推进基本公共服务均等化,保障和改善民生,让贫困地区群众共享发展成果。首先,建立以预防保健为主的农村公共卫生体系,在区级医院的指导下,以乡镇卫生院为主体,村卫生室为基础,建立健全涵盖卫生监管、疾病防控、健康教育、康复保健、基本医疗为一体的三级医疗保健网,改善贫困地区医疗卫生环境,定期与市级医疗卫生机构合作展开保健诊疗和健康教育绿色服务,普及疾病预防和卫生保健知识,倡导科学文明的生活方式,引导农村居民治理脏乱差,破除陋习,提高贫困地区农村居民健康意识。其次,以农村卫生服务改革目标和居民卫生服务需求为原则,通过定向培养、特殊补助、继续教育、与区县医院合作培训、技术指导、岗位轮转等方式培育吸引、培育、留住农村卫生人才,逐步消除由于地理位置和自然环境劣势而形成的医疗服务壁垒,切实提高基层医疗卫生机构的专业水平。此外,加大对医疗卫生事业投入力度,扩大城乡医疗保险覆盖面,提高医疗报销比例,加强对弱势群体的医疗救助和社区服务网络的有效利用,发展以健康保险和疾病救助为核心的脱贫保障机制,积极培育精准脱贫户风险防范意识,帮助脱贫户从日常生活中摆脱贫困"亚文化"影响,防范生计风险冲击,降低生计脆弱性。

2. 强化金融资本积累,夯实精准脱贫户的生计基础

金融资本是家庭财富的重要组成也是家庭福利最直观的体现,它在一定程度上反映了家庭整体购买力水平和生计水平,家庭必须拥有一定量的金融资本,以确保各项生计活动的顺利展开并防范不确定性的风险冲击。

(1)有针对性实施"输血+造血"模式的帮扶策略。纵然现行的脱贫攻坚工作已从"输血式扶贫"过渡到"造血式扶贫",强调通过提高贫困人口自我发展能力,激

发内生动力以实现永续脱贫,但应注意到由于受到贫困地区自然条件、地理环境、产业发展、资源禀赋、长期贫困等多重不利因素影响,精准脱贫户金融资本存量先天不足,导致生计资本配比不均衡和生计资本转化障碍,不利于生计活动的开展和脱贫效果的延续。针对金融资本存量不足的贫困家庭,应分步骤采用"输血＋造血"模式的帮扶策略,充分考虑当地贫困形态和贫困群众的实际情况。针对精准脱贫户的后续保障措施应通过扩展就业渠道、提高收入水平、增强风险防范能力等途径减少生计成本,强化精准脱贫户的金融资本积累,增强农户家庭的风险处理能力和抵御能力。

(2)提高农业保险制度的质量。自然灾害风险是威胁精准脱贫户生计安全的重要因素,健全的农业保险有助于化解农业生产中的不确定风险。首先,加强农业保险的宣传力度,强化农业保险非营利性、政策性、帮扶性特征,调动以农业为主要生计策略的精准脱贫户的参保积极性和主动性,发挥好普惠保险的"减震器"功能,避免精准脱贫户金融资本流失,以保障其生计的稳定性和持续性。其次,建立政府与保险机构政策性农业保险合作经营模式,因地制宜开发农业保险险种,推动扩大农业政策性保险范围,加大对农村保费资金支持和亏损补贴力度,简化补贴资金划拨程序,保证资金及时到位。此外,建立"以农业再保险为主体,农业风险巨灾基金、共保体为辅"的政策性农业保险巨灾风险分摊机制,逐步实现所有贫困县全覆盖,最大限度降低巨灾风险对精准脱贫户生计的冲击。

(3)加大财政支持力度,提高农贷减贫增收效应。发展中国家的贫困问题,究其根本仍为资本短缺所引致的贫困恶性循环,为此应加大财政金融支持力度,促进资本形成,打破反复贫困桎梏。一方面,加快贫困地区信用体系建设进程,优化农村信用环境。建立个人信用长效宣传机制和激励约束机制,完善农村征信体系,开发农村信用信息采集系统,及时更新个人信用信息,定期评估信用等级,降低农户信用风险。另一方面,加大贫困地区财政支持力度,建立政府主导的扶贫信贷机构和普惠金融组织体系,健全扶贫贷款风险分担和补偿机制,加强政策性担保力度,为金融支持扶贫开发提供保障,提高扶贫贷款风险损失准备金计提标准,鼓励金融机构加强扶贫信贷产品与服务创新,调动和保护各类金融机构参与扶贫开发的积极性,为低收入群体定制合适的信贷产品,扩大信贷对低收入农户支持的覆盖面,提高中低收入群体金融需求满足率。

3.引入和调动社会资本,提高生计资本转化率

由于农村地区地缘性、亲缘性社会资本存量丰富且具有"穷人资本"属性,因而

在精准脱贫户生计资本当中占据着相当大比重。社会资本具有解决集体行为问题和增强生产力的能力,其"资源俘获效应"有助于人力资本、物质资本、金融资本的创造、积累与提升,政府部门应充分发挥社会资本的保障支持功能,将提高精准脱贫户社会资本水平作为改善贫困人口自生脱贫能力的重要举措。

(1)考虑到社会资本对精准脱贫户生计决策的重要影响,地方政府应搭建生计信息交流合作平台,引导精准脱贫户自主地确定发展需求和方向并积极参加相适应的社团网络、民间组织、企业培训,通过人际交往、关系扶持、互帮互助等方式加强精准脱贫户与其他群体的相互扶持和信息互通,使其主动获取新的致富技能和发展机会,构建包容性的组织关系网络,拓宽精准脱贫户人际关系渠道,充分挖掘嵌入在关系网络中的生计资源,提升社会资本质量,调高社会资本的回报收益率,使得潜在的经济资源转变为现实的生产力,实现资本转化和资本增值,最终全面提升精准脱贫户家庭的可持续发展能力和市场竞争力。

(2)鉴于以亲缘关系为基础的社会网络是我国传统乡土社会的重要特征,因此在缓解精准脱贫户金融资本匮乏问题时应充分考虑乡土社会的特点,通过利用和挖掘嵌入在农户关系网络中的信息,使得社会网络在金融体系中发挥其应有的作用,降低精准脱贫户与金融机构之间的信息不对称程度和交易成本,解除精准脱贫户生计资本投资所面临的流动性约束,助推农村金融体系的不断完善。

此外,为了避免社会资本的"精英俘获"问题,基层政府机构要提高相关帮扶保障信息的传达效率,保证所有政策对象接收信息的公平性、及时性、一致性,打造区域联动的精准脱贫户信息采集共享集成系统,加强对所辖贫困地区精准脱贫户的信息追踪,并完善资源分配监督机制,降低扶贫开发资源精英俘获的可能性,提高帮扶资源投入的精准性和有效性。

4. 完善基础设施建设,优化物质资本存量

基础设施建设既能够促进地区经济整体发展,其自身也具备"乘数效应",体现为单位基础设施建设投入额能带动相关领域和产业,产生数倍于单位投资额的社会总需求和国民收入。鉴于基础设施建设对于精准脱贫户生计的重要意义,政府部门应不断创新工作思维,聚焦发力,充分发挥基础设施对于当地农户脱贫致富的坚实保障作用,将其作为改善群众生产生活条件的根本途径,全方位优化当地基础设施建设水平。

(1)大力推进交通建设。考虑到交通运输在经济发展中的基础性、先导性作用,应整合扶贫资金,全方位优化当地交通基础设施建设水平,完善区内路网,打通

重要通道的"断头路"和瓶颈路段,尤其要加快连接贫困地区的重大交通项目建设,实施老旧交通服务系统改造升级工程,打造"外通内联、通村畅乡、班车到村、安全便捷"的立体化、现代化交通基础设施网络,加快改善交通发展条件和运输体系的服务水平,进一步提升农村公路通达通畅深度,促进资源优势转化为经济优势,为破解发展困局、激发后发优势奠定基础。

(2)着力推进水利建设。应加强贫困地区水利薄弱环节建设,切实改善生活和生产条件,为贫困地区脱贫致富提供水利支持。首先,建立精准到户的饮水安全保障体系,因户制宜加强供水工程建设与改造,落实农村饮水安全工程建设、水源保护、水质监测"三同时"制度,全面解决贫困地区群众饮水安全问题,逐步实现城乡供水一体化。其次,加强农田水利建设,加快防洪抗旱减灾工程建设,保障贫困地区群众生命财产安全。此外,在保护生态环境和协调上下游用水需求的基础上,推进水资源开发利用和保护工程建设,保护和改善水生态环境。最后,继续开展农村"小水电"建设,进一步扩大"小水电"受益人口和范围,显著改善精准脱贫户生活生产用水条件,为永续脱贫提供精准的水利支撑和保障。

(3)加快"光网"建设力度。考虑到贫困农村地区信息网络、信息内容、信息服务与其他地区之间的较大差距,政府部门应结合当前中央正积极倡导的不断推动农村电商发展的有利契机,将扶贫专项和农村电商发展资金相结合,提升特困地区的信息化水平。首先,通过实施电信普遍服务、三网融合推广等信息工程,扎实推进农村地区高速宽带网络建设,大力提升农村地区宽带网络覆盖率,普及农村信息化技术应用,解决好贫困地区农户"用得上"问题。其次,为进一步推动贫困地区宽带网络和应用高质量发展,应探索完善电信普遍服务补偿机制,继续拓展电信普遍服务补偿范围,引导基础电信企业加大面向贫困地区和低收入群众的优惠力度,鼓励推出扶贫专属资费优惠,减轻该部分群体宽带网络使用负担,解决当地群众"用得起"的问题。最后,建立农村宽带网络服务质量监测系统,全面摸清当地各行政村网络覆盖情况和农户使用情况,更好地优化当地信息通信网络发展环境。与此同时,通过加快智能终端普及、开发推广"互联网＋教育""互联网＋健康医疗""互联网＋产业培育"等脱贫致富移动应用程序,保障网络扶贫落地生根,充分发挥信息通信网络在脱贫致富中的积极作用,在当地群众"用得好"上做文章。

(4)大力改革能源供给。发展农村清洁能源是改善生态环境和降低生产成本的有效途径。应大力实施新一轮农网改造升级工程,推进天然气管网向贫困地区延伸,加快贫困地区农村沼气工程建设,因地制宜发展清洁能源,实现农村能源供应方式多元化,提高能源普遍服务水平,让贫困地区农户享受到清洁能源服务,并通过合理开发利用贫困地区能源资源,带动深度贫困地区经济发展,逐步形成以特高压网架为载体,清洁替代与电能替代为重点,智能电网为基础,信息通信为支撑,市场运营为推手的能源生态系统,间接增加低收入群众收入,改善生计水平。

(5)扎实推进危房改造。房屋是精准脱贫户最重要的物质资本,也是一切生计活动得以顺利展开的根本前提。政府部门应加大专项资金投入力度,提高补助标准,全面实施贫困地区农户危房改造工程,不断改善村容村貌,实现农村人居环境新提升。在确定农村危房改造对象时,严格按照相关要求进行危房等级鉴定,确保农村危房改造项目公平公正,切实将住房困难户全部纳入改造范围。针对差异化帮扶主体,综合运用易地扶贫搬迁、农村危旧(土坯)房改造、棚户区改造、土地增减挂钩、地质灾害避险搬迁等政策,解决好当地无房户、危房户、住房困难户住房问题,切实保障农村低收入群体住房安全,统筹规划搬迁户后续发展,确保搬迁对象搬得出、稳得住、逐步能致富。

(6)着力推进科技文化服务设施建设。将基础设施建设与贫困村的新农村建设相结合,进一步完善村民的居住环境。把基层文化建设纳入新农村建设规划,建设完善科技文化服务设施和平台,推动科技文化服务资源向贫困地区倾斜,壮大科技文化服务队伍,大力开展科技文化宣传服务活动,真正发挥文化在促进农村生产发展、乡风文明、村容整洁、管理民主等方面的作用。同时,充分利用报刊、网络、广播电视等媒体,利用宣传栏、宣传标语、政务公开栏等,加大脱贫政策、支农惠农政策以及科学文化知识宣传力度,努力营造脱贫攻坚的浓厚氛围,坚持正确舆论导向,积极弘扬正能量,充分调动广大精准脱贫户的积极主动性,着力增强低收入群体致富信心,创造全民共进的良好外部环境。

5.推动特色产业集群,重视非农生计策略的增收作用

一方面,优化产业结构,培育特色产业。贫困地区的产业构成中,农业占比普遍较高,而工业和商业占比相对较低。农业作为备受保护的弱质性产业,在创收创汇领域没有先发优势,再加上贫困地区的区位劣势,传统农业发展难度较大。政府部门应进一步认识产业发展对于保障贫困地区精准脱贫户生计可持续性的重要意义,加大对贫困县财政投资力度,加快培育贫困地区第二、第三产业,调整和优化产业结构,增强本地产业对精准脱贫户就业的吸纳能力,努力培育新型农业经营主体,实现农业机械化、规模化、现代化经营,不断挖掘农业效益,维持农业收入的稳

步增长。同时要发挥地区的资源优势,培育新的非农经济增长点,集中力量挖掘贫困地区优势资源,围绕丰富的自然资源、旅游资源和独特的气候特征等,着力打造特色农产品加工、特色地域旅游、特色社会民俗展示等特色产业,集中财政力量,加快对辐射面广、影响力大、带动力强的特色产业的支持和培育,重点挖掘和打造一批能代表当地发展特色和优势的特色产业,拓宽精准脱贫户增收渠道。

另一方面,重视非农生计策略的增收作用。相关部门应充分发挥非农生计策略对于提升当地精准脱贫户的生计稳定性的积极作用,在帮扶过程中应重点加强当地运输、通信、物流等基础设施建设,因地制宜发展规模化、组织化、链条化的特色产业集群,以产业为平台,将自然资源、农户自有资源以及各类扶贫资金资产化,强调产业发展过程中资源利用与低收入群体获利与发展间的关系,为其带来可持续的财产性收入,并提供多样化、实用性的非农技能培训以提高精准脱贫户的参与度,切实保障培训方式的规范性、长期性和培训结果的有效性、收益性,将资产收益扶贫模式与通过就业和参与生产的其他产业扶贫模式相结合,创新探索精准脱贫户与新型经营主体之间利益联结机制,为当地群众提供多元化的非农就业渠道,让精准脱贫户在自我能力提高和内生动力增强的基础上,稳定增加资产性收入,以实现稳定脱贫、可持续脱贫。此外,针对部分精准脱贫户家庭生计资本原始且稀少的现实情况,应加大对生计能力和生计资本积累较差的精准脱贫户家庭的扶持力度,助其进行生计模式和职业选择,设计生计资本投资计划,并在资金融通上通过扶贫政策等予以支持,缓解贫困地区精准脱贫户生计资本积累失衡现象。

6. 构建多层次社会保障体系,降解生计脆弱性

发展是一个降低脆弱性、增强能力的动态过程。当前对于脱贫退出的评估通常以农民人均收入或其他指标为依据,如果达到某一标准,则认为该脱贫主体的帮扶工作取得了预期成效,对该家庭贫困问题的重视和支持会减少甚至停止。然而实证研究表明,在我国贫困地区,达到脱贫标准仅仅是脱贫的第一步,部分精准脱贫户的生计仍处于较脆弱状态,缺乏对各类冲击的抵御能力,若遭遇外部风险冲击极易再度陷入贫困之中。因此,扶贫工作应以提高精准脱贫户生计可持续性,降低生计脆弱性为目标,不应以某一固定的标准为依据,在扶贫工作中不仅要重视增加农民收入,还应充分识别并努力降解精准脱贫户潜在的生计风险和生计脆弱性。

(1)积极推进全民参保计划。有关部门应将精准脱贫户作为新一轮社保扩围的关键发力点,聚焦深度贫困地区和低收入精准脱贫户群体,通过信息比对、入户

调查、数据集中管理、全国联网、动态更新等措施,充分应用互联网、大数据、移动应用等技术手段,构建全国一体化的社会保险公共服务信息平台,打造全面准确的精准脱贫户社会保险参保基础数据库,对各类精准脱贫户群体参加社会保险情况进行记录、核查和规范管理,摸清底数,掌握未参保原因,并采取降低准入门槛等途径积极引导精准脱贫户家庭长期持续参保。

(2)完善城乡居民基本养老保险制度。研究表明,老龄化将抑制生计质量的提升,因此应充分发挥养老保险的政策性作用,促进精准脱贫与城乡基本养老保险制度相衔接,加大对贫困地区的资金倾斜和支持力度,加强政策宣传引导,动员精准脱贫户参加城乡居民基本养老保险,有针对性地开展专项扩面行动,及时安排城乡居民养老保险工作经费困难补助资金,结合贫困地区经济发展和居民收入水平增长实际,适时调整城乡居民基本养老保险基础养老金标准,提高城乡居民养老保险待遇水平。

(3)规范失业工伤保险制度。失业、工伤作为不可预估的外部风险,对于精准脱贫户生计的冲击可能是毁灭性的,因此,应加大精准脱贫户生计策略的精细化管理,重点关注高危职业群体,灵活性高、连续性低的新业态职业群体的生计状况,确保及时提供相应救助。全面推开工伤预防工作,构建起预防、补偿、康复"三位一体"的工伤保险制度体系,建立健全失业保险费率调整与经济社会发展的联动机制,放宽精准脱贫户申领条件,落实稳岗补贴、技能提升补贴政策。对于精准脱贫户家庭失业劳动力,由政府财政兜底实行免费技能培训及就业辅助,解决好贫困地区剩余劳动力再就业问题,解除精准脱贫户生计危机。

(4)统筹城乡社会救助体系,给予"生理致贫"家庭更多的生计保护。完善农村精准脱贫户家庭生状况评估指标体系,因地制宜设计多元化的专项社会救助保障政策,完善农村留守老人、留守儿童、妇女和鳏寡孤独残疾人等特殊困难群体关爱机制和保障机制,加大对特殊困难群众的救助。相比其他致贫因素,生理性致贫的个体其劳动能力和市场竞争力普遍偏弱,先天性和后天性人力资本存量均不足,家庭负担更重,贫困修复期更长,生计改善能力较差,脱贫后生计动荡可能性较大。针对上述群体应建立和优化精准识别的长效机制,整合扶贫资金,建立健全残疾人基本福利制度,完善扶残助残服务体系,实施残疾人生活费补贴、重度残疾人护理补贴和困难残疾人生活补贴制度,同时,要通过实用技术培训等帮助他们逐步恢复劳动能力,拓宽实名制绿色就业渠道,强化就业形式的灵活性和参与社会生活的包容性,在脱贫中坚定意志,充分发挥他们的积极性、主动性和创造性,以巩固生计的稳定性和可持续性。

（5）创新后续保障机制,提高生计稳定性。一方面,考虑到精准脱贫户家庭生计的波动性和脆弱性特征,应在脱贫后给予脱贫户为期两年的"脱贫缓冲期",在此期间继续保持脱贫攻坚政策的连续性,干劲不松、力度不减,坚持脱贫不脱钩、脱贫不脱政策,继续加大产业带动、基础设施建设力度,继续加强人才培养和群众能力培养,并引导精准脱贫户树立致富信心,增强内生动力,巩固可持续生计能力。另一方面,打造脱贫群众生计动态监测平台,准确掌握贫困户脱贫退出后两年内的家庭情况和生计状况,及时捕捉潜在短期或长期生计动荡因素并予以纠正,将生计动荡及贫困边缘脱贫户及时纳入帮扶范围,让精准脱贫群体能够稳步脱贫、避免返贫,让脱贫成果经得起时间的检验。

9.3　研究不足与展望

贫困问题作为一个世界性难题,自20世纪50年代以来一直是人类社会共同关注的焦点,如何有效缓解贫困也是国内外学者不断钻研的重要课题。随着我国扶贫开发事业的纵深推进,绝对贫困人口大幅缩减,如何保障庞大脱贫群体的可持续生计已成为摆在各级部门面前的现实问题,也必将成为后扶贫时期我国精准脱贫战略的重要内容。本书基于可持续生计框架,从生计资本视角评估了精准脱贫户的生计状态并探讨了可持续生计的传导机制和动力机制,是对现有研究的有益补充。虽然论文取得了一定的研究成果,但由于贫困地区精准脱贫户家庭生计影响因素的复杂性、长期性和未知性,以及作者理论知识储备不足,本书尚存在诸多不足,需在今后的研究中进一步探讨和改善:

（1）本书对于精准脱贫户的可持续生计研究仅着眼于生计资本这一环节,但可持续生计还与个体能力、外部环境、后续保障等环节紧密相关,可以认为精准脱贫户可持续生计问题类似于"木桶原理",任何一个环节都可以对其家庭整体生计产生显著影响。所以,在今后的研究中,把研究方向延伸到可持续生计的其他环节是极其重要的。此外,劳动力流动、农民工市民化、农地流转等是当前研究的热点问题,若把精准脱贫户可持续生计与当前社会热点相结合,积极探讨现实情况下精准脱贫户的增收途径与权益保护问题,将是一个极具价值的研究方向。

(2)缺乏对贫困地区精准脱贫户生计策略的进一步探讨。本书采用两步聚类分析法对贫困地区精准脱贫户生计策略进行了初步划分,但未对分类生计策略下的流动路径及雇佣方式进行深入探讨,这虽然能从整体上反映贫困地区精准脱贫户的生计策略选择情况,但难以进一步揭示某一类型生计策略下的选择差异和生计影响。在今后的研究中,可将某一生计策略的选择差异进行进一步细分和探讨,这不仅更加符合新时期我国经济社会的新特征,也拓宽了既有的研究视角,有利于贫困地区脱贫保障政策制定的细化。

(3)对生计脆弱性的研究需要加强。本书基于生计可持续性角度对精准脱贫户生存现状进行了解读,强调主体生计的稳定性和持续性。相应地,生计脆弱性,可理解为下一个时期转化为贫穷的威胁。若从脆弱性的"冲击"视角探讨精准脱贫户未来陷入贫困的可能性,测量精准脱贫户未来的贫困状态,捕捉其福利指标的波动,可弥补收入贫困测量方法的不足,更有效地识别暂时性贫困和潜在性贫困,必将凝练出与以往不同的新观点,进而明确脆弱群体的家庭特征、社区特征、影响因素,适用于我国贫困地区贫困人口和低收入群体的生计分析。

(4)本书研究内容和方法受到数据可及性限制。纵观国内外相关研究,农村生计面板数据的缺失是几乎所有研究的共同问题(Chaudhuri,2002)。在本研究中,可获取的追踪数据的极其有限性使得对于精准脱贫户的生计估计需依靠截面数据展开。可持续生计指标所得出的"生计可持续性指数"是结合各种冲击在未来发生的可能性和家庭应对风险能力,对某一时间点家庭福利水平和今后福利水平变化趋势的前瞻性、综合性判断,虽然具有较强的合理性和参考价值且已被广泛用于生计研究之中,但"静态"的结论无法全面捕捉农户生计的"动态"发展趋势,无法准确预估未知的偶发性风险冲击。即使有学者试图基于两期重复的横截面构建伪面板(Christiaensen and Subbarao,2004),但仍无法对"可持续性"进行充分的解读。因此,对庞大精准脱贫户群体生计情况的长期追踪调查,是后续研究的重难点,面板数据的获取有助于进一步精准勾勒出不同类型、不同脱贫年限精准脱贫户的差异化生计发展趋势和阶段性变化,捕捉政策响应的滞后性,强化精准脱贫户家庭的异质性,找准其中的短板和薄弱点,使得研究结论更具有应用价值。

参考文献

Alain De Janvry, Elisabeth Sadoulet, Nong Zhu.2005.The Role of non-farm incomes in reducing rural poverty and inequality in China [D]. California: University of California, Berkeley, Department of Agricultural and Resource Economics, Working Paper: 1-31.

Alan De Brauw, Scott Rozelle. 2008. Reconciling the returns to education in off-Farm wage employment in rural China[J].Review of Development Economics, 12(1): 57-71.

Alan De Brauw, Scott Rozelle.2008.Reconciling the the returns to education in off-Farm wage employment in rural China[J]. Review of Development Economics, 12(1): 57-71.

Alary V, Messad S, Aboul-Naga A, et al.2014.Livelihood strategies and the role of livestock in the processes of adaptation to drought in the Coastal Zone of Western Desert (Egypt)[J]. Agricultural Systems, (128): 44-54.

Alison Shaw, Patti Kristjanson.2014.A catalyst toward sustainability? Exploring social learning and social differentiation approaches with the agricultural poor [J]. Sustainability, (6): 2685-2717.

Amartya Sen.1993. Capability and well-being[M]. Oxford: Clarendon Press: 30-53.

An Ansoms, Andrew McKay.2010.A quantitative analysis of poverty and livelihood profiles: The case of rural Rwanda[J].Food Policy, 35(6): 584-598.

Andreas Waaben Thulstrup.2015.Livelihood resilience and adaptive capacity: Tracing changes in household access to capital in Central Vietnam[J].World Development, (74): 352-362.

Anna Aizer, Flávio Cunha. 2012. The Production of child human capital: Endowments, investments, and fertility[D]. Cambridge: Brown University.

Annet Abenakyo，Pascal Sanginga，Jemimah Njuki，et al. 2007. Relationship between social capital and livelihood enhancing capitals among smallholder farmers in Uganda[C]. Second International Conference，African Association of Agricultural Economists（AAAE），Accra，Ghana 52191：539-541

Anthony Bebbington.1999.Capitals and capabilities：A framework for analyzing peasant viability，rural livelihoods and poverty[J].World Development，27（12）：2021-2044.

Antonio Yúnez-Naude，J Edward Taylor. 2001. The determinants of nonfarm activities and incomes of rural households in Mexico，With emphasis on education[J].World Development，29（3）：561-572.

Asadullah M N，Rahman S.2009.Farm productivity and efficiency in rural Bangladesh：The role of education revisited[J].Applied Economics，41（1）：17-33.

Bane M J，Ellwood D T.1994.Welfare realities：From rhetoric to reform[M]. Cambridge，MA：Harvard University Press：120-198.

Barrientos Armando，Juan Villa. 2015. Evaluating antipoverty transfer programmes in Latin America and Sub-Saharan Africa：Better policies? Better politics? [J].Journal of Globalization and Development，6（1）：147-179.

Benjamin Davis，Sudhanshu Handa，Marta Ruiz-Arranz，et al.2002.Conditionality and the impact of program design on household welfare：Comparing two diverse cash transfer programs in rural Mexico [R]. Agricultural and Development Economics Division of the Food and Agriculture Organization of the United Nations（FAO-ESA），Washington，D.C：2-10.

Bhandari B S，Grant M. 2007.Analysis of livelihood security：A case study in the Kali-Khola watershed of Nepal[J].Journal of environmental management，85（1）：17-26.

Bin Wu，Jules Pretty. 2004.Social connectedness in marginal rural China：The case of farmer innovation circles in Zhidan，north Shaanxi[J].Agriculture and Human Values，21（1）：81-92.

Blanca Zuluaga. 2007. Different channels of impact of education on poverty：An analysis for Colombia[D]. Discussion Paper No.0702. Leuven University，Department of Economics，Colombia.

Blattman Christopher，Green Eric，Annan Jeannie，et al.2013.Building women's economic and social empowerment through enterprise：An experimental assessment of the women's income generating support（WINGS）program in Uganda[R].The World Bank，Washington，DC.

Blau，Peter M.1967. The American occupational structure[M].New York：Wiley：56-62.

Brenda Seevers，Billye B.Foster.2003.Women in agricultural and extension education：A minority report[J].NACTA Journal，47（1）：32-37.

Brett A. Bryan，Jianjun Huai，Jeff Connor，et al. 2015.What actually confers adaptive capacity?

Insights from agro-climatic vulnerability of Australian Wheat[J].Plos One,(10): 2-22.

Carloni, Alice Stewart.2005.Rapid guide for missions: Analysing local institutions and livelihoods [M].Rome: Food and Agriculture Organization of the United Nations.

Carole Rakodi, Tony Lloyd-Jones.2014.Urban livelihoods: A people-centred approach to reducing poverty[M]. New York: Earthscan.

Carole Rakodi. 1999. A capital asset framework for analysis household livelihood strategies: Implications for policy[J].Development Policy Review,(17): 315-342.

Caroline Donohue, Eloise Biggs. 2015. Monitoring socio-environmental change for sustainable development: Developing a multidimensional livelihoods index (MLI) [J]. Applied Geography, (62): 391-403.

Caroline Moser, David Satterthwaite.2008.Towards pro-poor adaptation to climate change in the urban centers of low and middle income countries[J]. Environment and Urbanization, (21): 262-263.

Carsten Lohmann, Ingo Liefner.2009.Location, non-agricultural employment and vulnerability to poverty in rural Thailand[J].Erdkunde, 63(2): 141-160.

Cecchini Simone, Madariaga Aldo. Madariaga.2011.Conditional cash transfer programmes: The recent experience of Latin America and the Caribbean[M]. New York: United Nations.

Cécile Brugère, Katrien Holvoet, Edward H. Allison.2008.Livelihood diversification in coastal and inland fishing communities: Misconceptions, evidence and implications for fisheries management[R].Working paper, Sustainable Fisheries Livelihoods Programme (SFLP)FAO/DFID, Rome.

Chaudhuri Shubham, Jalan Jyotsna, Suryahadi Asep.2002.Assessing household vulnerability to poverty from cross-sectional data: A methodology and estimates from Indonesia[D].Columbia University, Department of Economics: 1-25.

Chengchao Wang, Yaoqi Zhang, Yusheng Yang, et al. 2016. Assessment of sustainable livelihoods of different farmers in hilly red soil erosion areas of Southern China[J].Ecological Indicators, (64): 123-131.

Chengchao Wang, Yusheng Yang, Yaoqi Zhang.2011.Economic development, rural livelihoods, and ecological restoration, evidence from China[J]. AMBIO,40(1): 78-87.

Chengchao Wang, Yusheng Yang, Yaoqi Zhang. 2012. Rural household livelihood change, fuelwood substitution, and hilly ecosystem restoration, evidence from China[J].Renewable and Sustainable Energy Reviews,16(5): 2475-2482.

Chianu Justina N., Ajani O. I. Y.,2008.Chianu Jonas N. Livelihoods and rural wealth distribution among farm households in western Kenya: Implications for rural development, poverty

Forum，34(3)：175-187.

Haiyun Chen，Ting Zhu，Max Krott，et al. 2013.Measurement and evaluation of livelihood assets in sustainable forest commons governance[J].Land Use Policy，30(1)：908-914.

Hallie Eakin，Amy M. Lerner，Felipe Murtinho.2010. Adaptive capacity in evolving peri-urban spaces：Responses to flood risk in the Upper Lerma River Valley，Mexico[J]. Global Environmental Change，20(1)：14-22.

Hans-Martin Füssel.2007.Vulnerability：A generally applicable conceptual framework for climate change research[J]. Global Environmental Change，17(2)：155-167.

Haroon Sajjad，Iffat Nasreen.2016.Assessing farm-level agricultural sustainability using site-specific indicators and sustainable livelihood security index：Evidence from Vaishali District，India[J].Journal of the Community Development Society，47(5)：602-620.

Heyuan You，Xiaoling Zhang.2017.Sustainable livelihoods and rural sustainability in China：Ecologically secure，economically efficient or socially equitable? [J].Resources，Conservation and Recycling，120(5)：1-13.

Hoddinott John，Quisumbing Agnes.2003.Methods for microeconometric risk and vulnerability assessments[R].Washington,DC：International Food Policy Research Institute：1-53.

Huang Chen，Jinxia Wang，Jikun Huang. 2014.Policy support，social capital，and farmers' adaptation to drought in China[J].Global Environment Change，(24)：193-202.

Huang Tai，Xi Jiangchao,2017. Ge Quansheng. Livelihood differentiation between two villages in Yesanpo tourism district in China[J]. Journal of Mountain Science，14(11)：2359-2372.

Ian Scoones. 2009. Livelihoods perspectives and rural development[J]. The Journal of Peasant Studies,，36(1)：171-196.

Ian Scoones.1998.Sustainable rural livelihoods：A framework for analysis[C]，Institute of Development Studies,Working pape：1-23.

Isfenti Sadalia，Linda T.Maas，Joiverdia，et al. 2017.The strengthening of development capital and governance towards sustainable livelihood in coastal areas of Medan[J].Academic Journal of Economic Studies.3(3)：12-18.

J.D.Rigg.2006.Forests，marketization，livelihoods and the poor in the Laos[J].Land Degradation and Development，(17)：123-133.

Jacob A. Mincer.1974.Schooling，experience，and earnings[M].Cambridge：National Bureau of Economic Research.

James S. Coleman.1988.Social capital in the creation of human capital[J].American Journal of Sociology，(94)：95-120.

Jan Nyssen，Amaury Frankl，Amanuel Zenebe，et al.2015.Environmental conservation for food production and sustainable livelihood in Tropical Africa [J]. Land Degradation and Development，26(7)：629-783.

Jandhyala B. G. Tilak.2002.Education and Poverty[J].Journal of Human Development[J]. 3(2)：191-207.

Jay Belsky.1984.The determinants of parenting：a process model[J].Child Development，55(1)：83-96.

Jeeban Panthi，Suman Aryal，Piyush Dahal，et al.2016.Livelihood vulnerability approach to assessing climate change impacts on mixed agro-livestock smallholders around the Gandaki river basin in Nepal[J].Regional Environmental Change，16(4)：1121-1132.

Jeffrey M. Wooldridge. 2002. Econometric analysis of cross section and panel data [M]. Cambridge：MIT Press.

Jim Kinsella，Susan Wilson，Floor De Jong，et al.2000.Pluriactivity as a livelihood strategy in Irish farm households and its role in rural development[J].Sociologia Ruralis，40(4)：481-496.

John Farrington. 2001. Sustainable livelihoods，rights and the new architecture of aid [R]. London：Overseas Development Institute.

John Giles，Albert Park，Fang Cai.2006. Reemployment of dislocated workers in urban China：The roles of information and incentives [J]. Journal of Comparative Economics，34 (3)：582-607.

John Knight，Linda Yueh. 2008. The role of social capital in the labor market in China[J]. Economics of Transition，16(3)：389-414.

JohnParman.2012.Good schools make good neighbors：Human capital spillovers in early 20th century agriculture[J].Explorations in Economic History，49(3)：316-334.

Jonathan Guryan，Erik Hurst，Melissa Kearney.2008.Parental education and parental time with children[J].Journal of Economic Perspectives，22(3)：23 -46.

Joshua E. Cinner，Örjan Bodin.2010. Livelihood diversification in tropical coastal communities：a network-based approach to analyzing 'livelihood landscapes'[J]. PloS One，5(8)：1-13.

Josphat Mushongah，Ian Scoones.2012.Livelihood change in rural Zimbabwe over 20 years[J]. Journal of Development Studies，48 (9)：1241-1257.

Jun Wang，Yang Wang，Shuangcheng Li，et al.2016.Climate adaptation，institutional change，and sustainable livelihoods of herder communities in Northern Tibet[J].Ecology and Society，21(1)：5-15.

Katharine Vincent.2007.Uncertainty in adaptive capacity and the importance of scale[J].Global Environment Change，17(1)：12-24.

Khamaldin D. Mutabazi，Stefan Sieber，Claude Maeda. 2015. Assessing the determinants of poverty and vulnerability of smallholder farmers in a changing climate：The case of Morogoro Region，Tanzania[J].Regional Environmental Change，15(7)：1243-1258.

Kristin Helmore，Naresh Singh.2001.Sustainable livelihoods：Building on the wealth of the poor [M]. Bloomfield，Conn：Kumarian Press.

Laurence E D Smith，Sophie Nguyen-Khoa，Kai Lorenzen.2005.Livelihood functions of inland fisheries：Policy implications in developing countries[J].Water Policy，(7)：359-383.

Lena Giesbert，Kati Schindler.2012.Assets，shocks，and poverty traps in rural Mozambique[J]. World Development，40 (8)：1594-1609.

Liu Wanhai.2008. An analysis and reflection on effective teaching[J].Education，3(1)：149-161.

Luc Christiaensen，Lionel Demery，Jesper Kuhl.2011.The evolving role of agriculture in poverty reduction：An empirical perspective[J].Journal of Development Economics，96(2)：239-254.

Madoery，O. 2011. From the heads of household program to the Youth Program：Active employment policies，Argentina 2003-2010[R].CEA-ILO Program ILO Country Office for Argentina，Buenos Aires.

Malte Reimers，Stephan Klasen.2013.Revisiting the role of education for agricultural productivity [J]. American Journal of Agricultural Economics，2013，95(1)：131-152.

Marc Lindenberg.2002. Measuring household livelihood security at the family and community level in the developing world[J].World Development，30(2)：301-318.

Marcel Fafchamps，Agnes R.1999.Quisumbing.Human capital，productivity，and labor allocation in rural Pakistan[J].Journal of Human Resources，34(2)：369-406.

Marcel Fafchamps，Bart Minten.2002.Returns to social network capital among traders[J].Oxford Economic Papers，54(2)：173-206.

Marrit Van Den Berg. 2010. Household income strategies and natural disasters：Dynamic livelihoods in rural Nicaragua[J].Ecological Economics69(3)：592-602.

Mary Jo Bane，David T. Ellwood. 2017. Welfare realities：from rhetoric to reform [M]. Cambridge，MA：Harvard University Press.

Mengping Li，Xuexi Huo，Changhui Peng，et al.2017.Complementary livelihood capital as a means to enhance adaptive capacity：A case of the Loess Plateau，China [J]. Global Environmental Change，(47)：143-152.

Mengtian Cao，Dingde Xu，Fangting Xie，et al. 2016. The influence factors analysis of households' poverty vulnerability in southwest ethnic areas of China based on the hierarchical linear model：A case study of Liangshan Yi autonomous prefecture[J].Applied Geography，(66)：144-152.

Micah B. Hahn，Anne M. Riederer，Stanley O. Fosterc.2009.The livelihood vulnerability index：

A pragmatic approach to assessing risks from climate variability and change—A case study in Mozambique[J].Global Environmental Change, 19(1): 74-88.

Michael Lipsky.2011.Street-level bureaucracy: Dilemmas of the individual in public services[M]. New York: Russell Sage Foundation.

Michelle Adato, John Hoddinott.2009.Conditional cash transfer programs: A 'Magic Bullet' for reducing poverty[R].International Food Policy Research Institute, Washington D.C.

Michelle Adato, Michael R. Carter, Julian May.2006.Exploring poverty traps and social exclusion in South Africa using qualitative and quantitative data[J].Journal of Development Studies, 42 (2): 226-247.

Michelle Morais.2017.Poverty reduction, education, and the global diffusion of conditional cash transfers[J].London: Palgrave MacMillan: 1-184.

Monique De Haan, Erik Plug. 2011.Estimation inter-generational schooling mobility on censored samples[J].Journal of Applied Economics, (26): 151-166.

Muhammad Masood Azeem, Amin W. Mugera, Steven Schilizzi.2016.Poverty and vulnerability in the Punjab, Pakistan: A multilevel analysis[J].Journal of Asian Economics, (44): 57-72.

Nathan Clay.2018. Integrating livelihoods approaches with research on development and climate change adaptation[J].Progress in Development Studies, 18(1): 1-17.

Neil Adger W.2006. Vulnerability[J].Global Environmental Change, 16(3): 268-281.

Nicholas J. Hogarth, Brian Belcher, Bruce Campbell, et al.2013.The role of forest-related income in household economies and rural livelihoods in the border-region of Southern China[J].World Development, (43): 111-123.

Nightingale D. S.2019.Welfare policy for the 1990s[M].Cambridge, MA: Harvard University Press.

Nikolaos Benos, Stelios Karagiannis. 2018. Inequality and growth in the United States: Why physical and human capital Matter[J].Economic Inquiry, 56(1): 572-619.

Noël Alain.2006.The new global politics of poverty[J].Global Social Policy, 6(3): 304- 333.

Olaf Erenstein, Jon Hellin, Parvesh Chandna.2010.Poverty mapping based on livelihood assets: A meso-level application in the Indo-Gangetic Plains, India[J]. Applied Geography, 30(1): 112-125.

Omobowale Ayoola Oni.2014.Livelihood, agro ecological zones and poverty in rural Nigeria[J]. Journal of Agricultural Science, 6(2): 103- 119.

Onanong Longpichai, Sylvain Roger Perret, Ganesh P. Shivakoti.2012.Role of livelihood capital in shaping the farming strategies and outcomes of smallholder rubber producers in Southern Thailand[J].Outlook on Agriculture, 41(2): 117-124.

Paul M.Romer.1990.Endogenous technological change[J].The Journal of Political Economy，98 (5)：71-102.

Pedro Carneiro，James J. Heckman.2002.The evidence on credit constraints in post -secondary schooling[J]The Economic Journal，112(482)：705 -734.

Peter Lanjouw，Gershon Feder. 2001. Rural non-farm activities and rural development：From experience towards strategy[R].Washington D. C.：The World Bank，Rural Development Family：1-56.

Popular Gentle，Tek Narayan Maraseni.2012.Climate change，poverty and livelihoods：adaptation practices by rural mountain communities in Nepal[J].Environmental Science & Policy，21 (12)：24-34.

Pramod K. Singh，B. N. Hiremath. 2010. Sustainable livelihood Security index in a developing country：A tool for development planning[J].Ecological Indicators，10(2)：442-451.

Pramod K. Singh，B. N. Hiremath. 2010. Sustainable livelihood security index in development country：A tool for development planning[J]. Ecological Indicators，10(2)：442-451.

Prem B. Bhandari.2013.Rural livelihood change? Household capital，community resources and livelihood transition[J].Journal of Rural Studies，(32)：126-136.

Rajiv Mehta.2009. Rural Livelihood diversification and its measurement issues：Focus India[C]. Rome：Wye City Group on Rural Statistics and Agricultural Household Income，FAO，Second Annual Meeting，11-12 June.

Rajiv Pandey，Shashidhar Kumar Jha，Juha M. Alatalo，et al. 2017. Sustainable livelihood framework-based indicators for assessing climate change vulnerability and adaptation for Himalayan communities[J].Ecological Indicators，(79)：338-346.

Ram Krishna Mandal. 2014. Level of living and livelihood of rural tribal people In Arunachal Pradesh：A case study[J]. GALAXY International Interdisciplinary Research Journal，2(2)：18-31.

Rita Almeida，Emanuela Galasso. 2010. Jump-starting self-employment? Evidence for welfare participants in Argentina[J].World Development,38(5)：742-755.

Robert Chambers，Gordon R. Conway.1991. Sustainable rural livelihoods：Practical concepts for the 21st Century[R].UK：Institute of Development Studies：296.

Robert E. Lucas Jr.1988.On the Mechanics of Economic Development[J].Journal of Economics，22(1)：3-42.

Ronald L. Oaxaca，Michael R. Ransom. On discrimination and the decomposition of wage differential[J].Journal of Econometrics,1994,61(1)：5-21.

Rosa E.Hernandez Cruz，Eduardo Bello Baltazar，Guillermo Montoya Gomez，et al.2005.Social adaptation: Ecotourism in the lacandon forest[J]. Annals of Tourism Research, 32 (3): 610-627.

Rudolf Baumgartner, Ruedi Baumgartner, Rudolf Högger. 2014. In search of sustainable livelihood systems: Managing resources and change[M].London: Sage Publications Ltd., New Delhi, Thousand Oaks, 68-125.

Rukmani Gounder, Zhongwei Xing. 2012. Impact of education and health on poverty reduction: Monetary and non-monetary evidence from Fiji[J].Economic Modelling,29(3): 787-794.

Sanzidur Rahman, Shaheen Akter.2014.Determinants of livelihood choices: An empirical analysis from rural Bangladesh[J].Journal of South Asian Development,9(3): 287-308.

Sarah Alobo Loison. 2015. Rural livelihood diversification in sub-saharan africa: A literature review[J].Journal of Development Studies, 51 (9) : 1125-1138.

Sarah M. Martin, Kai Lorenzen. 2016. Livelihood diversification in rural Laos [J]. World Development, 83(7): 231-243.

Scott Rozelle.1996.Stagnation without equity: Patterns of growth and inequality in China's rural economy[J].The China Journal,(35): 63-92.

Sekumade, A B, Osundare, F O.2014.Determinants and effect of livelihood diversification on farm households in Ekiti State, Nigeria [J]. Journal of Economics and Sustainable Development, 5(5): 104-110.

Sharp Kay.2003.Measuring destitution: Integrating qualitative and quantitative approaches in the analysis of survey data[R].Brighton,UK: Institute of Development Studies .

Simone Cecchini, Aldo Madariaga. 2011. Conditional cash transfer programmes : the recent experience in Latin America and the Caribbean[M]. New York: United Nations publication1.

Soumyendra Kishore Datta, Atanu Sengupta. 2014. Development, environment and sustainable livelihood[M].England : Cambridge Scholars Publishing.

Stephen Morse, Nora McNamara, Moses Acholo. 2013. Sustainable livelihood approach: A critique analysis of theory and practice[M].Netherlands: Science and Business Media.

Stephen Morse, Nora McNamara, Moses Acholo. 2013. Sustainable livelihood approach: A critique of theory and practice[M]. Dordrecht: Science & Business Media.

Steven Haggblade, Peter Hazell, Thomas Reardon. 2010. The Rural non-farm economy: Prospects for growth and poverty reduction[J]. World Development, 38(10): 1429-1441.

Stewart Frusher, Ingrid van Putten, Marcus Haward, et al.2015.From physics to fish to folk: Supporting coastal regional communities to understand their vulnerability to climate change in Australia[J].Fisheries Oceanography, 25(1): 19-28.

Su Fang, Xu Zhongmin, Shang Haiyang. 2009. Study of sustainable livelihoods analysis [J].

Advances in Earth Science，24(1)：61-69.

Susan L. Cutter，Christina Finch.2008.Temporal and spatial changes in social vulnerability to natural hazards[J].Proceedings of the National Academy of Sciences of the United States of America (PNAS)，105(7)：2301-2306.

Tara Patricia Cookson.2016.Working for inclusion? Conditional cash transfers，rural women，and the reproduction of inequality[J].Antipode，48(5)：1187-1205.

Theodore W. Schultz.1961.Investment in human capital[J].The American Economic Review，1961,51(1)：1-17.

Tin Nguyen，Enjiang Cheng，Christopher Findlay.1996.Land fragmentation and farm productivity in China in the 1990s[J].China Economic Review，7(2)：169-180.

Tran Quang Tuyen.2014.A review on the link between nonfarm employment，land and rural livelihoods in developing countries and Vietnam[J].Economic Horizons，16(2)：113-123.

Travis J. Lybbert，Christopher B. Barrett.2007.Risk responses to dynamic asset thresholds[J]. Review of Agricultural Economics.29(3)：412-418.

Turner B.L，R.E. Kasperson，P.A. Matson，et al.2003.A framework for vulnerability analysis in sustainability science[J].Proceedings of the National Academy of Sciences of the United States of America，100(14)：8074-8079.

Véronique Alary，Christian Corniaux，Denis Gautier.2011.Livestock's contribution to poverty alleviation：How to measure it? [J].World Development，39(9)：1638-1648.

Wang Zhiliang，Li Yongchi，Shen R. F.2007.Correction of soil parameters in calculation of embankment settlement using a BP model[J].Engineering Geology，91(2)：168-177.

Wei Ouyang，Kaiyu Song，Xuelei Wang，et al.2014.Non-point source pollution dynamics under long-term agricultural development and relationship with landscape dynamics[J].Ecological Indicators，(45)：579-589.

World Bank.2009.From poor areas to poor people：China's evolving poverty reduction agenda-An assessment of poverty and inequality in China [R].Poverty Reduction and Economic Management Department，World Bank，Washington，D.C.

World Bank.2008.World development report：Agriculture for development[R].The World Bank，Washington D.C.

Xiaojun Huang，Xin Huang，Yanbing He，et al.2017.Assessment of livelihood vulnerability of land-lost farmers in urban fringes：A case study of Xi'an，China[J].Habitat International，(59)：1-9.

Yahia Omar Adam，Jürgen Pretzsch，Davide Pettenella.2013.Contribution of non-timber products livelihood strategies to rural development in drylands of Sudan：Potentials and failures

[J].Agricultural Systems(117)：90-97.

Yan J，Zhang Y. 2011. Livelihood vulnerability assessment of farmers and nomads in eastern ecotone of Tibetan Plateau［C］.American Geophysical Union Fall Meeting，PA23A-1750.

Yanguo Liu，Chengmin Huang，Mingtao Ding，et al.2018.Assessment of sustainable livelihood and geographic detection of settlement sites in ethnically contiguous poverty-stricken areas in the Aba Prefecture，China［J］.International Journal of Geo-Information，7(1)：1-18.

Yicheng Liang，Shuzhuo Li，Marcus W. Feldman，et al. 2012. Does household composition matter? The impact of the grain for Green Program on rural livelihoods in China［J］.Ecological Economics(75)：152-160.

Yunfeng Huang，Fangyi Li，Xuemei Bai，et al. 2012. Comparing vulnerability of coastal communities to land use change：Analytical framework and a case study in china［J］. Environmental Science and Policy (23)：133-143.

Zhong Deng，Donald J. Treiman. 1997. The impact of the cultural revolution on trends in educational attainment in the people's republic of China［J］. The American Journal of Sociology，103(2)：391-428.

阿马蒂亚·森等.2015.生活水平[M].沈国华,译. 北京:机械工业出版社.

安祥生,陈园园,凌日平.2015.基于结构方程模型的城镇化农民可持续非农生计分析——以晋西北朔州市为例[J].地理研究(11)：2021-2033.

蔡昉,都阳.2000.中国地区经济增长的趋同与差异——对西部开发战略的启示[J].经济研究(10)：30-37.

曾小溪,汪三贵.2017.中国大规模减贫的经验：基于扶贫战略和政策的历史考察[J].西北师大学报(社会科学版)(6)：11-19.

陈成文,李春根.2017.论精准扶贫政策与农村贫困人口需求的契合度[J].山东社会科学（3）：42-48.

陈传波.2005.农户风险与脆弱性：一个分析框架及贫困地区的经验[J].农业经济问题（8）：47-50.

陈辉,张全红.2016 基于多维贫困测度的贫困精准识别及精准扶贫对策——以粤北山区为例[J].广东财经大学学报(3)：64-71.

陈升,潘虹,陆静.2016.精准扶贫绩效及其影响因素：基于东中西部的案例研究[J].中国行政管理(9)：88-93.

陈帅,葛大东.2014.就业风险对中国农村劳动力非农劳动供给的影响[J].中国农村经济(6)：27-40.

陈小丽.2015.基于多层次分析法的湖北民族地区扶贫绩效评价[J].中南民族大学学报(人文社会科学版)(3)：76-80.

程名望,盖庆恩,Jin Yanhong 等.2016.人力资本积累与农户收入增长[J].经济研究（1）：168-181.

邓坤.2015.金融扶贫惠农效率评估——以秦巴山区巴中市为例[J].农村经济（5）：86-91.

邓维杰.2014.精准扶贫的难点、对策与路径选择[J].农村经济（6）：78-81.

邓小海,曾亮,罗明义.2015.精准扶贫背景下旅游扶贫精准识别研究[J],生态经济（4）：94-98.

丁建军.2014.中国 11 个集中连片特困区贫困程度比较研究——基于综合发展指数计算的视角[J].地理科学（12）：1418-1426.

丁赛,李文庆,李霞.2017.民族地区精准脱贫退出机制的实施、效果及问题——以宁夏永宁县闽宁镇为例[J].宁夏社会科学（5）：141-146.

都阳,蔡昉.2005.中国农村贫困性质的变化与扶贫战略调整[J].中国农村观察（5）：2-9.

杜伟,杨志江,夏国平.2014.人力资本推动经济增长的作用机制研究[J].中国软科学（8）：173-183.

房连泉.2016.国际扶贫中的退出机制——有条件现金转移支付计划在发展中国家的实践[J].国际经济评论（6）：86-104.

费孝通.1985.乡土中国[M].北京：生活·读书·新知三联书店.

冯伟林,陶聪冲.2017.西南民族地区旅游扶贫绩效评价研究——以重庆武陵山片区为调查对象[J].中国农业资源与区划（6）：157-163.

高波,王善平.2014.财政扶贫资金综合绩效评价体系研究[J].云南社会科学（5）：86-89.

高梦滔,姚洋.2006.农户收入差距的微观基础：物质资本还是人力资本[J].经济研究（12）：71-80.

戈大专,龙花楼,屠爽爽等.2016.新型城镇化与扶贫开发研究进展与展望[J].经济地理（4）：22-28.

葛志军,邢成举.2015.精准扶贫：内涵、实践困境及其原因阐释——基于宁夏银川两个村庄的调查[J].贵州社会科学（5）：157-163.

宫留记.2016.政府主导下市场化扶贫机制的构建与创新模式研究——基于精准扶贫视角[J].中国软科学（5）：154-162.

辜胜阻,李睿,杨艺贤等.2016.推进"十三五"脱贫攻坚的对策思考[J].财政研究（2）：7-16.

顾仲阳.2014-3-12.精准扶贫,不撒胡椒面[N].人民日报.

关云龙,付少平.2009.可持续生计框架下的农户生计资产分析——基于四省五县的调查[J].广东农业科学（12）：269-272.

国家统计局.2017.中国农村贫困监测报告 2017[M].中国统计出版社.

国家统计局住户调查办公室.2019.中国农村贫困监测报告 2019[M].中国统计出版社.

韩佳丽,王志章,王汉杰.贫困地区劳动力流动对农户多维贫困的影响[J].经济科学,2017（6）：87-101.

韩长斌.2010.毫不动摇地加快转变农业生产方式[J].求是(10)：29-32.

韩峥.2004.脆弱性与农村贫困[J].农业经济问题(10)：8-12.

何斌,刘志娟,杨晓光.2017.气候变化背景下中国主要作物农业气象灾害时空分布特征：西北主要粮食作物干旱[J].中国农业气象,38(1)：31-41.

何得桂,党国英.2015.西部山区易地扶贫搬迁政策执行偏差研究——基于陕南的实地调查[J].国家行政学院学报(6)：119-123.

何军,唐文浩.2017.政府主导的小额信贷扶贫绩效实证分析[J].统计与决策(11)：169-172.

何其春.2012.税收、收入不平等和内生经济增长[J].经济研究(2)：4-13.

何仁伟,刘邵权,陈国阶等.2013.中国农户可持续生计研究进展及趋向[J].地理科学进展(4)：657-670.

何仁伟.2014.山区聚落农户可持续生计发展水平及空间差异分析：以四川省凉山州为例[J].中国科学院大学学报,2014,31(2)：221-230.

洪名勇,王书特.公共领域视角下扶贫瞄准机制演进研究[J].农村经济,2017(9)：8-13.

侯麟科,仇焕广,白军飞等.农户风险偏好对农业生产要素投入的影响——以农户玉米品种选择为例[J].农业技术经济,2014(5)：21-29.

胡业翠,刘桂真,何鑫茹.2016.可持续生计框架下生态移民区农户生计资本分析——以广西环江县金桥村为例[J].农业经济(12)：37-40.

黄承伟,王小林,徐丽萍.2010.贫困脆弱性：概念框架和测量方法[J].农业技术经济(8)：4-11.

黄承伟.2017.深化精准扶贫的路径选择——学习贯彻习近平总书记近期关于脱贫攻坚的重要论述[J].南京农业大学学报(社会科学版)(4)：2-8.

黄继忠.2001.区域内经济不平衡增长理论[M].北京：经济管理出版社.

黄建伟,刘典文,喻洁.2009.失地农民可持续生计的理论模型研究[J].农村经济(10)：104-107.

黄建伟.2011.失地农民可持续生计问题研究综述[J].中国土地科学(6)：89-95.

黄祖辉,王敏.2002.农民收入问题：基于结构和制度层面的探析[J].中国人口科学(4)：16-22.

姜锡明,张航燕.2007.西部民族地区反贫困机制存在的问题与对策[J].经济纵横(4)：34-36.

靳小怡,李成华,杜海峰等.2011.可持续生计分析框架应用的新领域：农民工生计研究[J].当代经济科学(3)：103-109.

康晓光.1995.中国贫困与反贫困理论[M].南宁：广西人民出版社.

黎洁,李亚莉,邰秀军等.2009.可持续生计分析框架下西部贫困退耕山区农户生计状况分析[J].中国农村观察(5)：29-37.

李斌,李小云,左停.2004农村发展中的生计途径研究与实践[J].农业技术经济(4)：10-15.

李功奎,钟甫宁.2006.农地细碎化、劳动力利用与农民收入[J].中国农村经济(4)：42-48.

李君如.2016.人权蓝皮书：中国人权事业发展报告[M].北京：社会科学文献出版社.

李丽,白雪梅.2010.我国城乡居民家庭贫困脆弱性的测度与分解——基于CHNS微观数据的实证研究[J].数量经济技术经济研究(8)：61-73.

李吕麒，卢代富.2004.经济法论坛[M].北京：群众出版社.

李瑞华，汤晓丹，李永杰.2017.贫困县退出的识别方法与运行机制研究[J].农业现代化研究（6）：1016-1025.

李实，罗楚亮.2011.中国收入差距究竟有多大？——对修正样本结构偏差的尝试[J].经济研究（4）：68-79.

李树苗，梁义成，Marcus W.Feldman Gretchen C.2010.退耕还林政策对农户生计的影响研究——基于家庭结构视角的可持续生计分析[J].公共管理学报（2）：1-10.

李小云，董强，饶小龙等.2007.农户脆弱性分析方法及其本土化应用[J].中国农村经济，（4）：32-39.

李小云，唐丽霞，许汉泽.2015.论我国的扶贫治理：基于扶贫资源瞄准和传递的分析[J].吉林大学社会科学学报(4)：90-98.

李小云，叶敬忠，张雪梅等.2004.中国农村贫困状况报告[J].中国农业大学学报（社会科学版）（1）：1-8.

李小云，张雪梅，唐丽霞.2005.当前中国农村的贫困问题[J].中国农业大学学报(4)：67-74.

李小云.2013.我国农村扶贫战略实施的治理问题[J].贵州社会科学(7)：101-106.

李裕瑞，曹智，郑小玉等.2016.我国实施精准扶贫的区域模式与可持续途径[J].中国科学院院刊（3）：279-287.

李裕瑞，曹智，郑小玉，等.2016.我国实施精准扶贫的区域模式与可持续途径[J].中国科学院院刊（3）：279-287.

李志萌，张宜红.2016.革命老区产业扶贫模式、存在问题及破解路径——以赣南老区为例[J].江西社会科学(7)：61-67.

林毅夫，刘培林.2003.中国经济发展战略与地区收入差距[J].经济研究(3)：19-25.

林志宇，田桂良.2016.气象灾害对福建粮食产量影响的灰色关联度分析[J].中国农业气象，37（1）：77-83.

林竹.2011.农民工就业：人力资本、社会资本与心理资本的协同[J].农村经济(12)：125-129.

刘恩来，徐定德，谢芳婷.2015.基于农户生计策略选择影响因素的生计资本度量：以四川省402户农户为例[J].西南大学学报（自然科学版）(12)：59-65.

刘红云，骆方，张玉等.2013.因变量为等级变量的中介效应分析[J].心理学报(12)：1431-1442.

刘欢.2017.人力资本投入对农村贫困家庭的减贫效应分析——基于健康、教育、社会保险、外出务工比较视角[J].经济经纬(5)：43-48.

刘家强，罗蓉，石建昌.2007.可持续生计视野下的失地农民社会保障制度研究—基于成都市的调查与思考[J].人口研究(4)：27-34.

刘解龙.2018.精准扶贫精准脱贫中期阶段的理论思考[J].湖南社会科学(1)：49-55.

刘司可.2016.精准扶贫视角下农村贫困退出机制的实践与思考——基于湖北省广水市陈家河
　　152户贫困户的问卷调查[J].农村经济(4)：45-49.

刘彦随,周扬,刘继来.2016.中国农村贫困化地域分异特征及其精准扶贫策略[J].中国科学院院
　　刊,(3)：269-278.

刘彦随.2015-10-19.精准扶贫当依靠科学体系(新论)[N].人民日报,.

刘永富.2015-7-2.精准帮扶才能啃下"硬骨头"[N].经济日报,.

刘宇翔.2015.欠发达地区农民合作扶贫模式研究[J].农业经济问题,(7)：37-45.

陆汉文,黄承伟.2016.中国精准扶贫发展报告：精准扶贫战略与政策体系[M].北京：社会科学文
　　献出版社.

陆汉文,覃志敏.2015.我国扶贫移民政策的演变与发展趋势[J].贵州社会科学,(5)：164-168.

陆汉文.2017.贫困退出机制完善的有效途径[J].改革(10)：55-57.

罗楚亮.2010.农村贫困的动态变化[J].经济研究(5)：123-138.

罗尔斯.2015.正义论[M].北京：中国社会科学出版社.

骆永民,樊丽明.2014.中国农村人力资本增收效应的空间特征[J].管理世界(9)：58-76.

吕方.2017.精准扶贫与国家减贫治理体系现代化[J].中国农业大学学报(社会科学版),(5)：
　　17-23.

马文武,杨少垒.我国农村多维人力资本减贫效应实证研究[J].经济问题探索,2017(8)：39-49.

马晓倩.2014.干旱扰动下黄土高原典型村落农户生计可持续性分析[D].西北大学毕业论文.

蒙吉军,艾木入拉,刘洋等.2013.农牧户可持续生计资产与生计策略的关系研究——以鄂尔多斯
　　市乌审旗为例[J].北京大学学报(自然科学版)(3)：321-328.

孟庆良,郭鑫鑫.2017.基于BP神经网络的众包创新关键用户知识源识别研究[J].科学学与科学
　　技术管理,38(3)：139-148.

孟照海.2016.教育扶贫政策的理论依据及实现条件——国际经验与本土思考[J].教育研究
　　(11)：47-53.

宁泽逵.2017.农户可持续生计资本与精准扶贫[J].华南农业大学学报(社会科学版)(1)：86-94.

宁泽逵.2017.信息化对集中连片特困区农户可持续生计的影响[J].西北农林科技大学学报：社
　　会科学版(2)：123-133.

彭玮.2017.当前易地扶贫搬迁工作存在的问题及对策建议——基于湖北省的调研分析[J].农村
　　经济(3)：26-30.

钱贵霞,李宁辉.2006.粮食生产经营规模与粮农收入的研究[J].农业经济问题(6)：57-60.

秦元芳,张亿钧.2015.论人力资本投资对经济增长的作用[J].经济问题探索(10)：91-94.

人力资本结构研究课题组.2012.人力资本与物质资本的匹配及其效率影响[J].统计研究(4)：
　　32-38.

邵晓梅.2004.鲁西北地区农户农地规模经营行为分析[J].中国人口·资源与环境(6)：120-125.

申秋.2017.中国农村扶贫政策的历史演变和扶贫实践研究反思[J].江西财经大学学报（1）：91-99.

世界银行.2001.2000—2001年世界发展报告：与贫困作斗争[M].北京：中国财政经济出版社.

苏芳,尚海洋.2012.农户生计资本对其风险应对策略的影响——以黑河流域张掖市为例[J].中国农村经济（8）：79-87.

苏海,向德平.2015.社会扶贫的行动特点与路径创新[J].中南民族大学学报（人文社会科学版）（3）：144-148.

孙爱军,董增川,张小艳.2008.中国城市经济与用水技术效率耦合协调度研究[J].资源科学（3）：446-453.

覃志敏,岑家峰.2017.精准扶贫视域下干部驻村帮扶的减贫逻辑——以桂南S村的驻村帮扶实践为例[J].贵州社会科学(1)：163-168.

汤青,徐勇,李扬.2013.黄土高原农户可持续生计评估及未来生计策略——基于陕西延安市和宁夏固原市1076户农户调查[J].地理科学进展（2）：161-169.

汤青.2015.可持续生计的研究现状及未来重点趋向[J].地球科学进展(7)：823-833.

唐轲,周易,张志强等.2013.可持续生计分析框架下退耕户与非退耕户生计状况分析[J].西北林学院学报,28(4)：244-248.

唐丽霞,李小云,左停.2010.社会排斥、脆弱性和可持续生计：贫困的三种分析框架及比较[J].贵州社会科学(12)：4-10.

田素妍,陈嘉烨.2014.可持续生计框架下农户气候变化适应能力研究[J].中国人口资源与环境,（5）：31-37.

童宏保.2003.从人力资本到社会资本：教育经济学研究的新视角[J].教育与经济（4）：23-27.

童星,林闽钢.1994.我国农村贫困标准线研究[J].中国社会科学（3）：86-98.

童中贤,曾群华.2017.我国中部地区新型城镇化布局和形态优化[J].求索(4)：103-109.

万广华,张藕香.2006.人力资本与我国农村地区收入差距：研究方法和实证分析[J].农业技术经济（5）：2-8.

万广华,张茵.2008.中国沿海与内地贫困差异之解析：基于回归的分解方法[J].经济研究（12）：75-83.

万广华,章元.2009.我们能够在多大程度上准确预测贫困脆弱性？[J].数量经济技术经济研究（6）：138-148.

汪磊,伍国勇.2016.精准扶贫视域下我国农村地区贫困人口识别机制研究[J].农村经济（7）：112-117.

汪三贵,郭子豪.2015.论中国的精准扶贫[J].贵州社会科学(5)：147-150.

汪三贵,张伟宾.2011.城镇化如何保证农民生计可持续[J].人民论坛(8)：19-21.

汪三贵,张雁,杨龙.2015.连片特困地区扶贫项目到户问题研究——基于乌蒙山片区三省六县的调研[J].中州学刊(3)：68-72.

汪三贵.2016.以精准扶贫保障合理退贫[J].农经(6)：24-25.

汪三贵.2008.在发展中战胜贫困——对中国 30 年大规模减贫经验的总结与评价[J].管理世界
　　(11)：78-88.

汪三贵.2007.中国新时期农村扶贫与村级贫困瞄准[J].管理世界(1)：56-64.

汪柱旺,于瀚尧.2012.财政支出与社会物质资本形成及经济增长关系的实证研究[J].当代财经
　　(12)：47-54.

王朝明.2008.马克思主义贫困理论的创新与发展[J].当代经济研究(2)：1-7.

王弟海.2012.健康人力资本、经济增长和贫困陷阱[J].经济研究(6)：143-155.

王国敏.2005.农业自然灾害与农村贫困问题研究[J].经济学家,3(3)：55-61.

王佳宁,史志乐.2017.贫困退出机制的总体框架及其指标体系[J].改革(1)：119-131.

王介勇,陈玉福,严茂超.2016.我国精准扶贫政策及其创新路径研究[J].中国科学院院刊(3)：
　　289-295.

王立剑,叶小刚,陈杰.2018.精准识别视角下产业扶贫效果评估[J].中国人口资源与环境(1)：
　　113-123.

王利平,王成,李晓庆.2012.基于生计资产量化的农户分化研究——以重庆市沙坪坝区白林村
　　471 户农户为例[J].地理研究(5)：945-954.

王敏,方铸,江淑斌.2016.精准扶贫视域下财政专项扶贫资金管理机制评估——基于云贵高原 4
　　个贫困县的调研分析[J].贵州社会科学(10)：12-17.

王三秀.2010.可持续生计视角下我国农村低保与扶贫开发的有机衔接[J].宁夏社会科学(4)：
　　73-77.

王晟.2007.失地农民可持续生计问题对策探析[J].中国农业资源与区划(3)：57-62.

王士君,田俊峰,王彬燕等.2017.精准扶贫视角下中国东北农村贫困地域性特征及成因[J].地理
　　科学(10)：1449-1458.

王小华,王定祥,温涛.2014.中国农贷的减贫增收效应：贫困县与非贫困县的分层比较[J].数量
　　经济技术经济研究(9)：40-55.

王询,孟望生.2013.人力资本投资与物质资本回报率关系研究——基于世代交叠模型的视角[J].
　　当代财经(7)：5-15.

王彦星,潘石玉,卢涛.2014.生计资本对青藏高原东缘牧民生计活动的影响及区域差异[J].资源
　　科学,36(10)：2157-2165.

王延忠等.2016.民族发展蓝皮书:中国民族发展报告(2016)[M].北京:社会科学文献出版社.

王兆峰,向秋霜.2017.基于 MOA 模型的武陵山区社区居民参与旅游扶贫研究[J].中央民族大学
　　学报(哲学社会科学版)(6)：94-102.

王志章,韩佳丽.2017.贫困地区多元化精准扶贫政策能够有效减贫吗？[J].中国软科学(12)：

11-20.

韦惠兰,冯茹,范文安.2008.生态补偿与林缘社区的可持续生计——以甘肃白水江国家级自然保护区为例[J].农村经济(4)：62-65.

温忠麟,叶宝娟.2014.中介效应分析：方法和模型发展[J].心理科学进展(5)：731-745.

文晶.2017-08-23.筑牢致贫返贫"防火墙"[N].经济日报,第15版：扶贫开发.

吴孔森,杨新军,尹莎.2016.环境变化影响下农户生计选择与可持续性研究——以民勤绿洲社区为例[J].经济地理(9)：141-149.

吴新叶,牛晨光.2018.易地扶贫搬迁安置社区的紧张与化解[J].华南农业大学学报(社会科学版)(2)：118-127.

吴昭雄,王红玲,胡动刚等.2013.农户农业机械化投资行为研究——以湖北省为例[J].农业技术经济(6)：55-62.

西奥多·舒尔茨.2016.改造传统农业[M].梁小民,译,北京：商务印书馆.

西奥多·舒尔茨.2017.对人进行投资[M].吴珠华,译,北京：商务印书馆.

向德平,高飞.2013.政策执行模式对于扶贫绩效的影响——以1980年代以来中国扶贫模式的变化为例[J].华中师范大学学报(人文社会科学版)(6)：12-17.

谢旭轩,张世秋,朱山涛.2010.退耕还林对农户可持续生计的影响[J].北京大学学报(自然科学版)(3)：457-464.

信桂新,阎建忠,杨庆媛.2012.新农村建设中农户的居住生活变化及其生计转型[J].西南大学学报(自然科学版)(2)：122-130.

邢成举,李小云.2013.精英俘获与财政扶贫项目目标偏离项目的研究[J].中国行政管理(9)：111.

徐鲲,李晓龙.2016.地方政府竞争、环境质量与空间效应[J].软科学(3)：31-35.

徐莉萍,凌彬,谭天瑜.2013.我国农村扶贫利益共同体综合绩效评价模式研究[J].农业经济问题(12)：58-64.

徐鹏,徐明凯,杜漪.2008.农户可持续生计资产的整合与应用研究——基于西部10县(区)农户可持续生计资产状况的实证分析[J].农村经济(12)：89-93.

徐孝勇,赖景生,寸家菊.2010.我国西部地区农村扶贫模式与扶贫绩效及政策建议[J].农业现代化研究(2)：161-165.

徐月宾,刘凤芹,张秀兰.2007.中国农村反贫困政策的反思——从社会救助向社会保护转变[J].中国社会科学(3)：40-53.

许汉泽,李小云.2017.精准扶贫背景下农村产业扶贫的实践困境——对华北李村产业扶贫项目的考察[J].西北农林科技大学学报(社会科学版)(1)：9-16.

许汉泽.2015.扶贫瞄准困境与乡村治理转型[J].农村经济(9)：80-84.

许岩,曾国平,曹跃群.2017.中国人力资本与物质资本的匹配及其时空演变[J].当代经济科学

（2）：21-30.

薛二勇,周秀平.2017.中国教育脱贫的政策设计与制度创新[J].教育研究(12)：29-36.

寻舸.2013.基于自组织理论的武陵山片区的扶贫开发机制[J].经济地理(2)：146-150.

荀关玉.2017.云南乌蒙山片区农业产业化扶贫绩效探析[J].中国农业资源与区划 (1)：193-197.

闫志明,蒲春玲,胡赛等.2015.基于新疆南部地区实证的棉农生产行为影响因素分析[J].中国农业资源与区划(6)：139-145.

阎建忠,吴莹莹,张镱锂等.2009.青藏高原东部样带农牧民生计的多样化[J].地理学报 （2）：221-233.

阎建忠,喻鸥,吴莹莹等.2011.青藏高原东部样带农牧民生计脆弱性评估[J].地理科学,31(7)：858-867.

杨安华.2014.连片特困地区区域发展与扶贫攻坚的几个关键问题[J].吉首大学学报(社会科学版) (2)：80-87.

杨龙,汪三贵.2015.贫困地区农户脆弱性及其影响因素分析[J].中国人口资源与环境 (10)：150-156.

杨文,孙蚌珠,王学龙.2012.中国农村家庭脆弱性的测量与分解[J].经济研究(4)：40-51.

杨云彦,赵峰.2009.可持续生计分析框架下农户生计资本的调查与分析：以南水北调(中线)工程库区为例[J].农业经济问题(3)：58-65.

姚先国,张海峰.2008.教育、人力资本与地区经济差异[J].经济研究(5)：47-57.

姚洋.2000.中国农地制度：一个分析框架[J].中国社会科学(2)：54-66.

叶初升,罗连发.2011.社会资本、扶贫政策与贫困家庭福利——基于贵州贫困地区农村家户调查的分层线性回归分析[J].财经科学(7)：100-109.

叶静怡,薄诗雨,刘丛.2012.社会网络层次与农民工工资水平——基于身份定位模型的分析[J].经济评论(4)：31-42.

尹庆双,王薇,王鹏.2011.我国农村居民的收入与健康状况循环效应分析——基于 CHNS 数据的实证分析[J].经济学家(11)：43-51.

于秀波,张琛,潘明麒.2006.退田还湖后替代生计的经济评估研究——以洞庭湖西畔山洲垸为例[J].长江流域资源与环境(5)：632-637.

虞崇胜,余扬.2016.提升可行能力：精准扶贫的政治哲学基础分析[J].行政论坛 (1)：22-25.

喻忠磊,杨新军,杨涛.2013.乡村农户适应旅游发展的模式及影响机制——以秦岭金丝峡景区为例[J].地理学报,2013(68)：1143-1156.

岳希明,李实,王萍萍等.2007：42-55.透视中国农村贫困[M].北京：经济科学出版社,.

张敦富.1999.区域经济学原理[M].中国轻工业出版社.

张光辉.1996.农户规模经营与提高单产并行不悖[J].经济研究(1)：55-58.

张光南,张海辉,杨全发.2011.中国"交通扶贫"与地区经济差距——来自 1989—2008 年省级面板数据的研究[J].财经研究(8)：26-35.

张琦,史志乐.2016.我国农村贫困退出机制研究[J].中国科学院院刊(3):296-301.

张苏,曾庆宝.2011.教育的人力资本代际传递效应述评[J].经济学动态(8):127-132.

张天云,陈奎,魏伟等.2012.BP神经网络法确定工程材料评价指标的权重[J].材料导报,26(1):159-163.

赵冬缓,兰徐民.1994.我国测贫指标体系及其量化研究[J].中国农村经济(3):45-49.

赵文娟,杨世龙,王潇.2016.基于Logistic回归模型的生计资本与生计策略研究:以云南新平县干热河谷傣族地区为例[J].资源科学(1):136-143.

赵曦.2006.中国西部农村的反贫困治理研究[J].四川大学学报(哲学社会科学版)(6):5-11.

赵鑫铖.2014.物质资本与人力资本积累的最优规模和结构研究——一个理论分析框架[J].经济论坛(8):173-176.

赵雪雁,李巍,杨培涛等.2011.生计资本对甘南高原农牧民生计活动的影响[J].中国人口资源与环境(4):111-118.

赵雪雁,张丽,江进德等.2013.生态补偿对农户生计的影响——以甘南黄河水源补给区为例[J].地理研究(3):531-542.

郑洪超,杨姝琴.2009.长期经济增长中人力资本对物质资本边际报酬递减的"克服"——从韩国、台湾地区经济起飞得到的启示[J].经济研究导刊(6):178-179.

郑瑞强,陈燕,张春美等.2016.连片特困区财政扶贫资金配置效率测评与机制优化——以江西省罗霄山片区18个县(市、区)为分析样本[J].华中农业大学学报(社会科学版)(5):63-69.

仲俊涛,米文宝,樊新刚等.2015.可持续生计框架下连片特困区发展机理——以宁夏限制开发生态区为例[J].应用生态学报(9):2767-2775.

周恩宇,卯丹.2017.易地扶贫搬迁的实践及其后果——一项社会文化转型视角的分析[J].中国农业大学学报(社会科学版)(2):69-77.

周洁,姚萍,黄贤金等.2013.基于模糊物元模型的南京市失地农民可持续生计评价[J]中国土地科学(11):72-79.

周侃,樊杰.2015.中国欠发达地区资源环境承载力特征与影响因素——以宁夏西海固地区和云南怒江州为例[J].地理研究(1):39-52.

周玉龙,孙久文.2017.社会资本与农户脱贫——基于中国综合社会调查的经验研究[J].经济学动态(4):16-29.

周振,张琛,彭超等.2016.农业机械化与农民收入:来自农机具购置补贴政策的证据[J].中国农村经济(2):68-82.

朱玲.2011.创新扶贫方式,消除极端贫困人口的边缘化[J].中国经济报告(4):96-100.

邹薇,张芬.2006.农村地区收入差异与人力资本积累[J].北京:中国社会科学(2):67-79.

左停,杨雨鑫,钟玲.2015.精准扶贫:技术靶向,理论解析和现实挑战[J].贵州社会科学(8):156-162.

后　记

本书以我的博士论文为基础。

在我撰写本书的过程中,我的博士导师西南大学王志章教授倾注了大量心血。从选题、构思到形成初稿再到最终定稿,我都获得了王老师的悉心指导。期间几易其稿,经历多轮修改,王老师始终不辞辛苦地帮我完善,向我提出宝贵的建议。王老师博学笃志的治学态度、专之弥深的学术造诣、勤耕立读的敬业品质、孜孜不倦的奉献精神都令我受教终身!除了学术上的指导和教诲,恩师给予我的更是人生的启迪和思想的升华,在王老师的关心爱护下,我在科研道路上越走越稳,并收获了亲情、友情和爱情,社会角色更加多元。尤其是留学期间,王老师的关心和鼓励成为我克服困难的精神动力,使我能够顺利完成本书。值此书稿完成之际,诚挚地向辛勤培育我的导师王志章教授致以最衷心的谢意!

同时,本书在撰稿过程中得到了许多专家和老师的指导。感谢西南大学张卫国、温涛教授、张应良教授、祝志勇教授、徐一鸣教授、段豫川教授、杨刚教授、王定祥教授、邓宗兵教授、杨丹教授、刘自敏教授、刘新智教授、黄庆华教授、高静教授、张骞副教授、兰剑副教授、张国栋老师、李梦竹老师以及美国麻省大学的 Mohan 教授、Michael 教授、Kumble 教授、Nancy 老师、LR 老师为本书修改完善提出的建设性意见。

入职西南大学国家治理学院以来,感受到学校和学院致力于为青年教师营造良好工作环境所付出的诸多努力,我也得以有条件进一步完善修改本书,在此向西南大学国家治理学院潘孝富教授、吴江教授、任丑教授、王斌教授、诸彦含教授、邱德胜教授、张朋副教授等对我的帮助和支持表示深深的感谢！

最后，感谢清华大学出版社责任编辑刘志彬老师、朱晓瑞老师在出版过程中不厌其烦对本书给予修改并提出指导意见，他们敬业的工作态度和扎实的专业素质使本书能够最终得以付梓。

孙晗霖

2021 年 3 月于西南大学国家治理学院

生计资本视域下贫困地区
精准脱贫户可持续生计研究

Research on the Sustainable Livelihood of the Households Lifted out of
Poverty in Impoverished Areas: Based on the Perspective of Livelihood Capital

上架建议：可持续生计

ISBN 978-7-302-58534-3

清华社官方微信号

扫我有惊喜

9 787302 585343 >

定价：128.00元